A
HISTORY
OF
EGYPT

IN THE MIDDLE AGES

埃及通史

6

中世纪的埃及

[英] 斯坦利·莱恩·普尔———— 著   刘舒婷————译

重庆出版集团 重庆出版社

图书在版编目（CIP）数据

埃及通史. 中世纪的埃及 /（英）斯坦利·莱恩·普尔著；刘舒婷译. -- 重庆：重庆出版社，2025. 5.
ISBN 978-7-229-19708-7

Ⅰ. K411

中国国家版本馆CIP数据核字第20257XQ204号

埃及通史：中世纪的埃及
AIJITONGSHI: ZHONGSHIJI DE AIJI

[英] 斯坦利·莱恩·普尔 著　　刘舒婷 译

出　　品：	华章同人
出版监制：	徐宪江　连　果
责任编辑：	陈　丽　史青苗
特约编辑：	王宏亮
责任校对：	黄琳梅
营销编辑：	刘晓艳　冯思佳
责任印制：	梁善池
封面设计：	@框圈方圆

重庆出版集团
重庆出版社 出版

（重庆市南岸区南滨路162号1幢）

北京毅峰迅捷印刷有限公司　印刷

重庆出版集团图书发行有限公司　发行

邮购电话：010-85869375

全国新华书店经销

开本：889mm×1194mm　1/32　印张：13　字数：278千
2025年5月第1版　2025年5月第1次印刷
定价：85.00元

如有印装质量问题，请致电023-61520678

版权所有，侵权必究

本书是《埃及通史》（全6卷）中的第 6 卷

根据斯克里布纳之子公司所出版本译出

英国东方学家和考古学家

剑桥大学荣誉博士、伦敦国王学院古代史教授

斯坦利·莱恩·普尔的作品

序言

本卷讲述中世纪埃及的历史——起始于640年撒拉逊人征服埃及，终止于1517年奥斯曼土耳其人吞并埃及，第一次在不涉及信奉伊斯兰教的哈里发国一般历史的情况下进行连续叙事。将近九个世纪的各种事件压缩成一卷，意味着许多有趣的主题必定不能展开叙述，好在每章开头的"参考文献提示"[1]能够使学生，特别是熟悉阿拉伯语的学生获得更多的细节。

除了书中引用的那些作品，我特别感谢马克斯·范·贝尔歇姆[2]，他不仅允许我复制他的铭文照片，还在准备每章开头的"铭文提示"[3]方面提供了宝贵的帮助——他好心地将自己即将出版的《阿拉伯语铭文资料集》(Materiaux pour un Corpus Inscriptionum Arabkarum) 一书的校样和他在叙利亚搜集的马穆鲁克统治时期的铭文资料寄给我。我还要感谢我的同事R. H. 查尔斯[4]教授和J. B. 伯里[5]教授，在我参考埃塞俄比亚和拜占庭关于阿拉伯征服历史的资料方面，他们帮助了我；我还要感谢向我提供插图的M. P. 卡萨诺瓦和马克斯·赫兹。

斯坦利·莱恩·普尔

于都柏林圣三一学院

1900年12月18日

【注释】

1　本译本未收入。——译者注
2　马克斯·范·贝尔歇姆（Max van Berchem, 1863—1921），瑞士语言学家、碑文学家和历史学家。——译者注
3　本译本未收入。——译者注
4　R. H. 查尔斯（R. H. Charles, 1855—1931），爱尔兰神学家、《圣经》学者和翻译家。他翻译了大量希伯来语作品。——译者注
5　J. B. 伯里（J. B. Bury, 1861—1927），英裔爱尔兰历史学家、古典学者、研究中世纪罗马历史的学者和语言学家。——译者注

目录

● 第 1 章　001

THE ARAB CONQUEST
(639—641)

阿拉伯征服
(639 年—641 年)

● 第 2 章　015

A PROVINCE OF THE CALIPHATE
(641—868)

埃及成为哈里发的领地
(641 年—868 年)

● 第 3 章　049

TULUN AND IKHSHID
(868—969)

突伦王朝和伊赫什德王朝
(868 年—969 年)

● 第 4 章　089

THE SHIA REVOLUTION
(969)

什叶派革命
（969 年）

● 第 5 章　117

THE FATIMID CALIPHS
(969—1094)

法蒂玛王朝的哈里发
（969 年—1094 年）

● 第 6 章　165

THE ATTACK FROM THE EAST
(969—1171)

东方的入侵
（969 年—1171 年）

● 第 7 章　203

SALADIN
(1169—1193)

萨拉丁统治时期
（1169 年—1193 年）

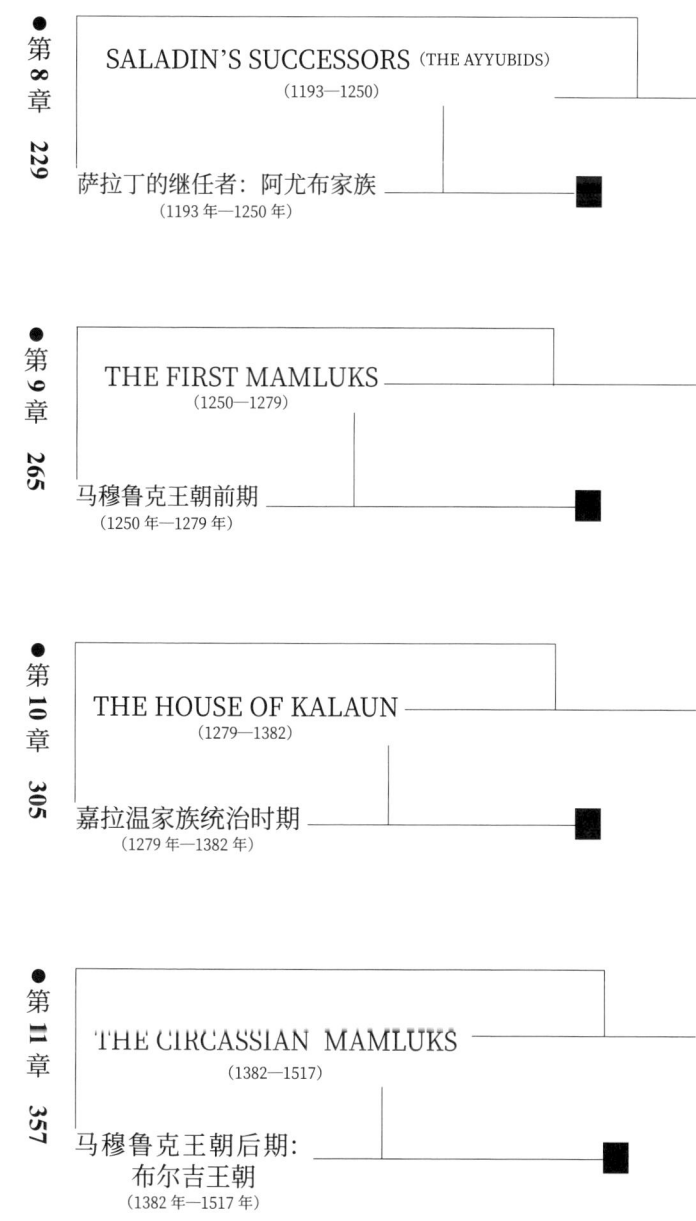

● 第 8 章　229

SALADIN'S SUCCESSORS (THE AYYUBIDS)
(1193—1250)

萨拉丁的继任者：阿尤布家族
（1193 年—1250 年）

● 第 9 章　265

THE FIRST MAMLUKS
(1250—1279)

马穆鲁克王朝前期
（1250 年—1279 年）

● 第 10 章　305

THE HOUSE OF KALAUN
(1279—1382)

嘉拉温家族统治时期
（1279 年—1382 年）

● 第 11 章　357

THE CIRCASSIAN MAMLUKS
(1382—1517)

马穆鲁克王朝后期：
布尔吉王朝
（1382 年—1517 年）

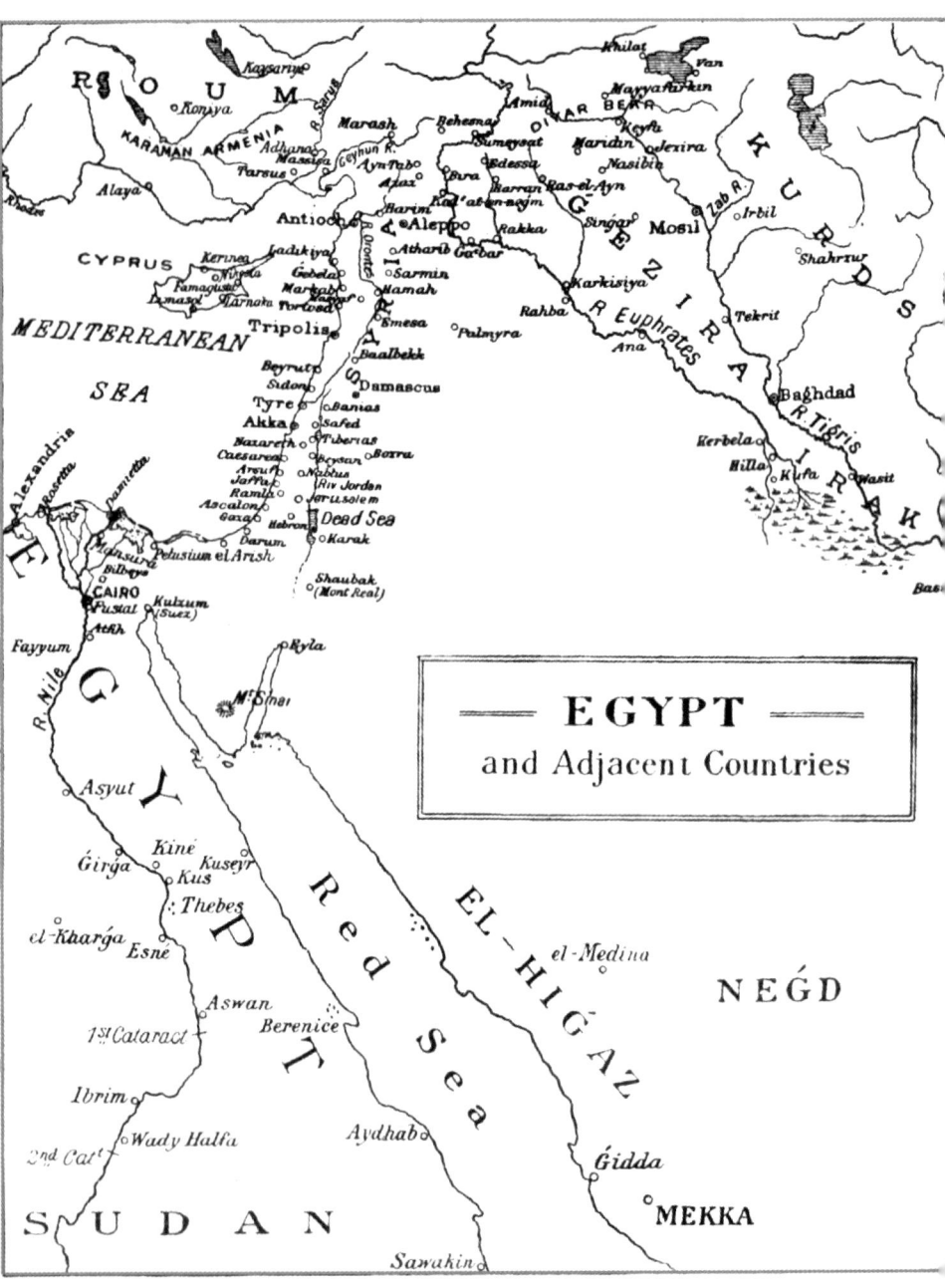

埃及及其邻近国家

插图目录

图 1 ●阿慕尔清真寺，位于福斯塔特 / 018

图 2 ●奥萨马·伊本·泽伊德的玻璃砝码，720年制作 / 026

图 3 ●奥贝达拉的玻璃印章，729年制作 / 027

图 4 ●卡西姆·伊本·奥贝达拉的玻璃砝码，730年制作 / 029

图 5 ●阿卜杜勒-马利克·伊本·亚齐德的玻璃砝码，750年制作 / 030

图 6 ●耶兹德·伊本·哈特姆的玻璃砝码，761年制作 / 032

图 7 ●穆罕默德·伊本·萨德的玻璃砝码，769年制作 / 033

图 8 ●萨利之子法德勒的玻璃砝码，785年制作 / 034

图 9 ●马蒙统治时期的一第纳尔金币，814年在福斯塔特发行 / 039

图 10 ●阿什纳斯的玻璃砝码，834年雕刻 / 040

图 11 ●10世纪罗达岛上的尼罗河水位测量尺 / 053

图 12 ●开罗的艾哈迈德·伊本·突伦清真寺，877年到879年建造 / 055

图 13 ●艾哈迈德清真寺中的铭文，879年雕刻 / 057

图 14 ●艾哈迈德·伊本·突伦统治时期的钱币，881年在米瑟发行 / 058

图 15 ●刻在木板上的一间商店的地契，882年雕刻 / 060

图 16 ●阿布-穆萨·哈鲁发行的钱币，904年在米瑟发行 / 067

图 17 ●穆罕默德·伊本·突格吉统治时期发行的一第纳尔钱币，943年在

巴勒斯坦发行 / 076

图 18 ●阿布·哈西姆·乌努朱尔·伊赫什德统治时期的一迪拉姆钱币，949年在大马士革发行 / 079

图 19 ●阿布·哈西姆·乌努朱尔·伊赫什德统治时期的一第纳尔钱币，950年在米瑟发行 / 081

图 20 ●穆伊兹·利丁·阿拉统治时期的一第纳尔钱币，969年在米瑟发行 / 098

图 21 ●穆伊兹·利丁·阿拉统治时期的四分之一第纳尔钱币，974年在巴勒斯坦发行 / 104

图 22 ●阿扎尔清真寺的门，972年建造 / 107

图 23 ●阿齐兹·比拉统治时期的一第纳尔钱币，976年在米瑟发行 / 119

图 24 ●哈基姆·阿姆鲁·阿拉统治时期发行的四分之一第纳尔钱币，1004年在西西里发行 / 125

图 25 ●哈基姆·阿姆鲁·阿拉统治的一第纳尔钱币，1015年在米瑟发行 / 128

图 26 ●哈基姆·阿姆鲁·阿拉的玻璃砝码，1012年制作 / 129

图 27 ●哈基姆清真寺 / 130

图 28 ●阿里·扎希尔统治时发行的一第纳尔钱币，1030年在米瑟发行 / 136

图 29 ●穆斯坦绥尔·比拉的玻璃砝码 / 138

图 30 ●穆斯坦绥尔·比拉统治时期发行的一第纳尔钱币，1047年在米瑟发行 / 140

图 31 ●伊本·突伦清真寺内贝德-格马利的铭文，1077年雕刻 / 153

图 32 ●开罗扎维拉城门，1091年建造 / 155

图 33 ●开罗的纳斯尔城门，1087年建造 / 158

图 34 ●穆斯塔里统治时期的一第纳尔钱币，1101年在特里波里斯发行 / 170

图 35 ●阿米尔·哈卡姆·阿拉统治时期的玻璃砝码 / 171

图 36 ●阿米尔·哈卡姆·阿拉统治时期发行的一第纳尔钱币，1123年或1125年在库斯发行 / 175

图 37 ●刻有"人们期待的伊玛目"的一第纳尔钱币，1131年发行 / 176

图 38 ●扎菲尔统治时期的玻璃砝码 / 180

图 39 ●扎菲尔统治时期的一第纳尔钱币，1149年在米瑟发行 / 181

图 40 ●阿迪德统治时期的玻璃砝码 / 185

图 41 ●阿迪德统治时期的一第纳尔钱币，1168年在开罗发行 / 194

图 42 ●穆斯塔迪的玻璃砝码，萨拉丁于1171年发行 / 205

图 43 ●努尔丁统治时期的一第纳尔钱币，1173年，萨拉丁在开罗发行 / 210

图 44 ●萨拉丁统治时期的一第纳尔钱币，1179年在开罗发行 / 214

图 45 ●开罗城堡，1798年绘制 / 215

图 46 ●开罗城堡图 / 216

图 47 ●开罗城堡上雕刻的萨拉丁时期的铭文，1183年雕刻 / 217

图 48 ●开罗城堡的台阶之门，1183年建造 / 218

图 49 ●萨拉丁统治时期的银币，1186年在阿勒颇发行 / 221

图 50 ●耶路撒冷圣安妮教堂内萨拉丁的铭文，1192年雕刻 / 222

图 51 ●阿迪勒一世统治时期的一第纳尔钱币，1199年在亚历山大发行 / 232

图 52 ● 一个谢赫墓中的壁画，1216年雕刻 / 237

图 53 ● 开罗城堡上的鹰，可能是在13世纪早期雕刻的 / 247

图 54 ● 卡米勒统治时期的一第纳尔钱币，1225年在亚历山大发行 / 249

图 55 ● 萨利赫·阿尤布统治时期的一第纳尔钱币，1239年在开罗发行 / 250

图 56 ● 萨利赫·阿尤布陵内的铭文，1252年雕刻，在开罗发现 / 252

图 57 ● 舍哲尔-杜尔女苏丹统治时期的一第纳尔钱币，1250年在开罗发行 / 279

图 58 ● 伊兹丁·艾贝克统治时期的一第纳尔钱币，1256年在亚历山大发行 / 280

图 59 ● 拜巴尔一世统治时期的一第纳尔钱币，1261年在亚历山大发行 / 288

图 60 ● 在清真寺发现的拜巴尔一世的狮子徽章，1268年制作 / 289

图 61 ● 嘉拉温的陵和礼堂，1284年建造 / 312

图 62 ● 萨拉丁·赫利勒统治时期的一第纳尔钱币，在开罗发行 / 314

图 63 ● 阿尔-阿迪勒·怯的不花统治时期的一第纳尔钱币，1294年或1295年在开罗发行 / 320

图 64 ● 开罗纳西尔清真寺学院中的铭文，1299年雕刻 / 322

图 65 ● 马球能手的徽章 / 332

图 66 ● 纳西尔·阿德-丁·穆罕默德的碗，收藏在大英博物馆 / 333

图 67 ● 塔塔尔·希加齐亚公主在开罗的清真寺的铭文，1360年雕刻 / 338

图 68 ● 开罗城堡的高塔 / 340

图 69 ● 纳西尔·阿德-丁·穆罕默德的椅子，14世纪制作，目前收藏在开

罗博物馆 / 342

图 70 ● 森格尔·舒盖和萨拉尔的清真寺，1323年建造 / 344

图 71 ● 一个玻璃灯罩，上面有埃米尔马里达尼的徽章，14世纪作品 / 345

图 72 ● 纳西尔·阿德-丁·穆罕默德在开罗城堡中的圆柱厅，1313 年建造 / 346

图 73 ● 一个灯罩，上面印有埃米尔图库兹德米尔的徽章，收藏在大英博物馆 / 347

图 74 ● 纳西尔·阿德-丁·穆罕默德统治时期的一第纳尔钱币，1340年在开罗发行 / 348

图 75 ● 纳西尔·哈桑统治时期的一第纳尔钱币，1349 年在开罗发行 / 349

图 76 ● 位于开罗的埃米尔耶什贝克的宫殿，旁边是纳西尔·哈桑的清真寺 / 350

图 77 ● 纳西尔·哈桑陵内的纪念铭文，1384年雕刻 / 352

图 78 ● 纳西尔·哈桑的清真寺，1362年修建 / 354

图 79 ● 一位埃米尔的徽章，雕刻在象牙和彩色木材上 / 364

图 80 ● 巴库克统治时期的一第纳尔钱币，1385年在阿勒颇发行 / 365

图 81 ● 位于开罗郊外巴库克墓地清真寺的讲坛，1401年到1411年修建 / 366

图 82 ● 巴库克的珐琅玻璃灯，收藏在开罗博物馆 / 368

图 83 ● 纳西尔-阿德-丁·法拉吉统治时期的一第纳尔钱币，1407年在开罗发行 / 370

图 84 ● 谢赫·马穆迪的库法体铭文 / 371

图85●谢赫·马穆迪统治时期的一第纳尔钱币，1415年在亚历山大发行 / 373

图86●巴尔斯拜统治时期的一第纳尔钱币，1425年在亚历山大发行 / 377

图87●卡特贝统治时期的一第纳尔钱币 / 379

图88●阿什拉芙·卡特贝的陵墓清真寺，1474年建造 / 380

图89●卡特贝清真寺的门，1474年建造 / 383

图90●阿什拉芙·卡特贝下令在艾资哈尔附近建造的驿站，1477年修建 / 384

图91●阿什拉芙·卡特贝的徽章 / 385

图92●一个灯罩，上面有阿什拉芙·卡特贝的徽章 / 386

图93●埃米尔埃兹贝克的徽章，发现于他的清真寺，1495年雕刻 / 387

图94●开罗城堡中图曼贝一世的铭文，1500年雕刻 / 389

图95●16世纪罗塞塔的房子 / 390

图96●阿什拉芙·卡苏-古里统治时期的一第纳尔钱币，1508年在开罗发行 / 391

图97●指挥官阿克图的徽章 / 392

图98●18世纪时开罗城堡大门——阿扎布门 / 394

图99●苏莱曼一世统治时期的钱币，1520年在米瑟发行 / 395

图100●阿里·贝·卡比尔的钱币，1769年在米瑟发行 / 396

图101● 1859年的开罗城堡 / 397

第1章

阿拉伯征服

(639 年—641 年)

THE ARAB CONQUEST

(639–641)

632年，阿拉伯人的先知穆罕默德去世。在几年之内，穆罕默德的追随者们占领了阿拉伯、叙利亚和迦勒底，击败拜占庭帝国皇帝和波斯萨珊王朝国王伊嗣埃三世的军队。639年，阿拉伯人入侵埃及。哈里发奥马尔不情愿地接受了将军阿慕尔·伊本-阿斯的紧急陈述，甚至规定，如果一封召回信在军队进入埃及领土之前到达军队，军队就应该返回麦地那。信寄出去了，但阿慕尔设法在打开信之前越过了边境，从而达到了他的目的。他年轻时曾游历亚历山大，并且对这个富裕的城市念念不忘。639年秋，奥马尔和阿慕尔·伊本-阿斯一起从耶路撒冷回到大马士革附近时，对埃及的远征就已经在计划了。639年12月12日，阿慕尔在埃及的边境城镇阿里什，举办了古尔邦节。

阿拉伯军队集结了三千五百名或四千名士兵，并且很快获得四千名士兵的增援。它几乎全由骑兵组成，并且装备了长矛、剑和弓。萨拉森人（阿拉伯人）遇到的第一次抵抗是在培琉喜阿姆，东罗马军队在这里坚持抵抗了一个月，直到围攻者取得胜利——这种胜利部分是在科普特人或埃及本地人的帮助下实现的，他们热切期盼从拜占庭人[1]手中解放出来的前景。宗教大分裂始于451年召开的卡尔西顿会议。埃及人推崇基督一性论，支持"雅各派"教会，但拜占庭皇帝支持在埃及的"卡尔西顿派"或"米列凯派"教会。于是，埃及和拜占庭帝国形成尖锐的敌对关系。米列凯派对占埃及大部分人口的雅各派的迫害彻底"消灭"了埃及人对遥远的拜占庭帝国皇帝可能保有的一丝忠诚,这为外国势力干涉埃及铺平了道路。事实上,波斯人在不久前的616年征服埃及。直到阿拉伯人入侵前几年(626年),波斯帝国的势力才被拜占庭帝国所驱逐。埃及曾经服侍过很多外国主人,并且在他们的统治下遭受苦难。因此,埃及人不在乎统治者更迭。在埃及人看来,任何替代拜占庭帝国皇帝的统治者都可能会更好。他们对拜占庭统治者的广泛不满促成了阿拉伯人入侵战争的轻松胜利。这一点可见于阿拉伯人占领培琉喜阿姆期间,亚历山大牧首——被阿拉伯人称为"阿布-米亚明",可能是被放逐的雅各派牧首亚历山大的本杰明一世——建议科普特人支持入侵者。

拜占庭驻军在距离米瑟大约三十公里的比比斯再次迎战阿拉伯入侵者。阿慕尔·伊本-阿斯的军队花了一个月时间围攻比比斯[2]。占领比比斯后,阿慕尔·伊本-阿斯在乌姆-杜尼恩(今开罗阿布丁附近的村庄或郊区)再次与拜占庭帝国的驻军作战。阿拉伯人再次获胜,并且占领乌姆-杜尼恩。但进一步行动前,阿慕尔·伊本-阿斯请求奥马尔增派军队。奥马尔派遣了第二批增援部队。因此,阿拉伯军队的兵力达到了一万二千人[3],其中一部分士兵驻扎在尼罗河西岸,向艾斯尤特和贝尼萨前进,试图插入法尤姆。在法尤姆,阿拉伯军队遭到提拜德公爵狄奥多西和将军马洛斯的约翰的反抗。阿拉伯军队的主力在尼罗河东岸,驻扎在米瑟附近。米瑟被称为"埃及的巴比伦",是古代的孟菲斯向北[4]的延伸地。米瑟由一支庞大的拜占庭军队守卫,建有坚固的要塞。116年,马基乌斯·图波重建了米瑟要塞，要塞遗址被称为"卡斯尔-埃什-谢玛"，意为"蜡烛城堡"。阿慕尔·伊本-阿斯将阿拉伯军队分成三部分，一部分驻扎在巴比伦北部，一部分驻扎在滕杜亚斯（位于巴比伦西南部、尼罗河西岸守卫森严的边界地区），一部分向北撤回赫利奥波利斯，希望诱使拜占庭军队离开米瑟要塞。与此同时，阿慕尔·伊本-阿斯让另外两支部队从拜占庭驻军的后方和侧面袭击。他的战术成功了。拜占庭军队从米瑟要塞的防御工事中走出来，进攻赫利奥波利斯的阿拉伯驻军，但被阿拉伯军队的其余部队从后面包抄。拜占庭军队被打得溃不成军，被赶到尼罗河边，接着乘船顺流而下，逃跑了。此后，阿拉伯军队占领了滕杜亚斯。在战斗中，滕杜亚斯的拜占庭驻军大部分阵亡，只剩下三百人将自己关在堡垒内。随后，他们乘船撤退到尼基乌。占领滕杜亚斯后，除了一处被封锁的城堡，阿拉伯军队迅速占领整个米瑟。根据与尼基乌的约翰几乎同时代的编年史，后来，阿拉伯军队没有再攻打米瑟，只是削减了米瑟的要塞[5]。罗马人在赫利奥波利斯的失败是如此彻底，以至于不仅该地区的主要城市落入阿拉伯人的手中，甚至在法尤姆，阿卡迪亚的行省总督多曼提亚努斯也秘密逃离了主要城镇，抛弃了分散在埃及中部的罗马军队，匆匆下尼罗河前往尼基乌；于是，阿拉伯人占领了法尤姆、阿苏特，最终占领了贝内萨，并进行了大屠杀。

阿拉伯历史学家对阿拉伯军队占领米瑟的记载彼此矛盾，但有一个主要事实可以肯定，即阿拉伯军队在赫利奥波利斯取得胜利，并且这场胜利发生在9月尼罗河涨潮前。阿拉伯历史学家还记录了后来尼罗河涨潮期间米瑟被占领的情况。他们补充了埃及人和阿拉伯人之间的各种谈判，甚至娱乐的故事，并以正式条约告终。条约提到一名来自米瑟、叫阿布-马里安的"公教徒（catholic）"。阿布-马里安加入阿慕尔·伊本-阿斯的军队，并且在一名主教的陪同下制订了和平条约的内容。阿慕尔·伊本-阿斯对阿布-马里安和主教表达了善意，延续已故先知穆罕默德对科普特人的友好态度，根据他们与伊斯玛仪——先知的祖先——的埃及母亲夏甲的传统亲戚关系，向他们提供了通常的选择——要么信奉伊斯兰教，要么支付征服者向所有非穆斯林征收的特殊人头税。阿布-马里安和主教都不愿接受第二种选择，但对阿布-马里安和主教的意见，拜占庭指挥官阿塔布[6]不予理睬。在一次夜袭阿拉伯人的行动中，阿塔布被杀。随后，赫利奥波利斯战役爆发。埃兹-祖贝耶尔的增援部队攀登上米瑟，打开了一扇门，埃及人求和。根据塔巴里记载的阿拉伯传统，埃及与阿拉伯签订的条约如下："奉慈悲的真主之名，阿慕尔·伊本-阿斯给予米瑟人大赦，正像给他们自己的，米瑟人信仰的宗教，拥有的财产、教堂和十字架、土地和水源都不应被干涉或减少。努比亚人不可住在米瑟人中。如果米瑟人签订这项和平条约，那么当尼罗河涨潮时，米瑟人应该支付吉兹亚（即人头税）五千万迪拉姆[7]。他们中的每一个人都应对他们中的强盗可能犯下的暴行负责。至于那些不加入这个条约的人，税收总额应按比例减少；但我们对他们不负有责任。如果尼罗河水位上升的幅度比平时小，那么税收应该按比例减少。加入这个条约的罗马人和努比亚人,应该受到与米瑟人同样的对待。凡拒绝条约者,必须离开埃及,但此人在离开埃及途中必须得到保护,直到他到达安全的地方。税分三次征收,每次征收税额的三分之一。此条约由真主、先知、哈里发、守信的统帅和信徒保证……由埃兹-祖贝耶尔及其子阿卜杜拉和穆罕默德见证,并且由瓦丹撰写。"[8]

大多数阿拉伯历史学家认为,和平条约的谈判是由梅纳斯·阿尔-穆卡基斯之子格尔吉斯促成的。格尔吉斯(或称乔治)被尊为埃及的最高统治者,并且被谴责为基督教最大的叛徒[9]。起初,他确实反对阿拉伯人,但在米瑟被占领后——此时,他与大部分埃及军队撤退到米瑟对面的"花园岛",然后他开始与阿慕尔·伊本-阿斯通信,希望在尼罗河水退潮从而限制阿拉伯军队进军前,争取到更好的条款。条约达成的基础是在埃及征收二第纳尔(大约一基尼)人头税。人头税的征收对象不包括妇女、儿童和老人。另外,条约还规定征收适度的土地税,以及招待阿拉伯军队三天。显然,这是指为阿拉伯军队提供补给。埃及人接受了这些条件。他们给了拜占庭军队两个选择,一个是接受条款,另一个是撤退到亚历山大[10]。但拜占庭皇帝赫拉克利乌斯拒绝签订条约。乔治前去拜见阿慕尔·伊本-阿斯,并且说,虽然拜占庭方面继续战争,但自己会信守诺言。乔治向阿拉伯将军提出三个请求:不撕毁与埃及人的契约;直到所有罗马人成为奴仆,罗马人的财物被夺去成为战利品,不与拜占庭方面讲和;如果乔治死了,那么他可以葬在亚历山大的圣约翰教堂。阿慕尔·伊本-阿斯同意了上述三个要求。从此，大多数埃及人（或称科普特人），协助阿拉伯军队对抗拜占庭军队，并且为阿拉伯军队提供运输服务和物资。

占领米瑟后，为了重新开放与尼罗河西岸的交流，阿慕尔·伊本-阿斯的第一个行动是在米瑟附近建一座浮桥。另外，这座浮桥还可以用来抓捕顺河而下去尼基乌和亚历山大的罗马逃亡者。阿慕尔·伊本-阿斯集结自己的军队，并且将在尼罗河西岸的部队带到尼罗河东岸。随后，他大力推进围攻巴比伦要塞的行动。最终，641年4月9日，巴比伦要塞被攻陷[11]。

阿拉伯历史学家们叙述了围攻巴比伦的各种逸事。这些逸事很有趣，显示了当前传统，以及阿拉伯入侵者给罗马人和埃及人留下的印象。阿拉伯人的礼仪、虔诚和英勇无畏的简单特性得到了强调。例如，一天，一个阿拉伯人从马背上下来祈祷。这时，一群衣着华丽的罗马人从堡垒内冲出来，突然袭击了他。当罗马人走近时，阿拉伯人中断祈祷，骑上马向罗马人冲去。罗马人被阿拉伯人的英勇吓了一跳，急忙放下武器和装备，拔腿就跑。阿拉伯人没有注意到这些战利品，一直追赶，直到将罗马人赶进堡垒。阿拉伯人回到自己祈祷被打扰的地方，继续完成祈祷仪式。又有一次，乔治派使者们访问阿慕尔·伊本-阿斯的营地。在营地被款待了几天后，使者们回去面见乔治，乔治令他们描述一下阿拉伯人。使者们如此回答："我们发现，阿拉伯人热爱死亡胜过热爱生存。阿拉伯人谦逊，而不骄傲。阿拉伯人对这个世界没有欲望。阿拉伯人坐在尘土之上，吃放在膝盖上的食物，经常洗澡，认真祈祷。我们既难以分清阿拉伯人中的强者和弱者，也难以辨别他们中的主人和奴隶。"

巴比伦要塞被攻陷时，阿拉伯将军阿慕尔·伊本-阿斯准备尼罗河一退潮就向北进军。在赫利奥波利斯大获全胜后，他派遣了几支小分队前往不同的地方，到达萨伊德（上埃及）和法尤姆，以及往北来到亚历山大、达米亚特和廷尼斯。阿拉伯军队在大多数地方都没有遇到什么抵抗，并且像往常一样对归顺的埃及人征收人头税和土地税。拜占庭军队集中在几个大城市内。阿慕尔·伊本-阿斯在米瑟组建了强大的军队，并且在要塞的墙下停了一支舰队。随后，他率军沿尼罗河东岸前进，与总督特奥多鲁斯交战。但阿慕尔·伊本-阿斯发现，特奥多鲁斯和大部分拜占庭军队已经撤退到亚历山大，拜占庭军队将多曼提亚努斯留在尼基乌，并且令塞门努德的达雷斯保卫"两条河"。在阿拉伯军队逼近尼基乌时，多曼提亚努斯从尼基乌乘船逃到亚历山大。641年5月13日，阿拉伯军队没有遭遇任何抵抗就进入了尼基乌。据说，阿拉伯军队屠杀了当地所有居民，并且在被尼罗河环抱的"尼基乌岛"实施暴行。阿慕尔·伊本-阿斯从尼基乌向北推进，占领阿提里比斯、布斯里斯、达西斯和萨卡，希望在洪水泛滥阻碍行军前征服整个尼罗河三角洲地区。然而，在达米亚特，阿慕尔·伊本-阿斯发现自己被运河和尼罗河的支流挡住了去路。阿拉伯军队撤回米瑟，并且在米瑟重新出发。阿慕尔·伊本-阿斯这次选择了尼罗河西岸的路线，通过特列努提斯进军，并且与拜占庭军队作战三次，到达亚历山大以南二十英里的基尔亚文。阿慕尔·伊本-阿斯向埃及首府亚历山大发起第一次进攻，但被击退。此时，亚历山大已经被"蓝派"和"绿派"、拜占庭人和埃及人、希腊人和科普特人分成多个碎片地区，已经没有条件抵抗入侵者。此时，亚历山大总督特奥多鲁斯正在罗得岛。暂时接替其职位的多曼提亚努斯是一个无能的管理者。他与其同僚——下埃及省总督梅纳什不和。亚历山大城的混乱状态和居民的恐慌，足以解释为何一个如此坚固的要塞最终向阿拉伯军队投降了。实际上，亚历山大城本可以依靠其优越的海岸环境增强防御工事。

因此，当阿拉伯人到达亚历山大附近时，他们发现拜占庭军队不堪一击。阿拉伯人占领米瑟和亚历山大时，在阿慕尔·伊本-阿斯麾下服役的一名男子的报告被塔巴里[12]保存了下来。这名男子叫齐亚德·祖贝迪。齐亚德·祖贝迪说，阿拉伯军队占领巴比伦后，进入米瑟和亚历山大之间的尼罗河三角洲，到达贝西卜。在贝西卜，亚历山大总督特奥多鲁斯派人送信给阿慕尔·伊本-阿斯，提出支付人头税，条件是阿慕尔·伊本-阿斯交出拜占庭军队的俘虏。阿慕尔·伊本-阿斯回信说，自己要请示当时在麦地那的哈里发奥马尔。他将特奥多鲁斯的话写下来，然后将信念给阿拉伯军队听。停战期间，阿拉伯军在贝西卜等待，直到奥马尔的回信到达。阿慕尔·伊本-阿斯大声读出奥马尔的信。奥马尔要求亚历山大当地居民缴纳人头税。亚历山大俘虏可以选择信仰伊斯兰教,也可以选择忠于自己民族的宗教。如果他们选择信仰伊斯兰教,那么他们属于穆斯林。如果他们坚持自己的信仰,那么应该被送回亚历山大,但已经被送到阿拉伯的俘虏不能被送回亚历山大。因此,阿拉伯人让其余俘虏做出选择。一些俘虏选择了伊斯兰教。这时,阿拉伯军高呼"真主至大"。齐亚德·祖贝迪说:"这是我们征服埃及以来听到的最大声的赞美。"其他选择忠于埃及宗教的俘虏被送回亚历山大,人头税的总额也确定下来。于是,亚历山大投降,阿拉伯军队进入亚历山大。

与齐亚德·祖贝迪一样,尼基乌的约翰没有提到亚历山大曾遭到长期围攻,但提到亚历山大牧首塞勒斯从君士坦丁堡带回大量武器,前往巴比伦[13]会见阿慕尔·伊本-阿斯,提出和平条件,并且承诺向阿拉伯人进贡。谈判结果是亚历山大应该按月向阿拉伯人进贡,并且交出一百五十名士兵和五十名平民作为人质;穆斯林不应干涉基督教教会及其事务;允许犹太人——毫无疑问,犹太人也上缴贡金——留在亚历山大;在十一个月的时间内,穆斯林应该远离亚历山大;随后,罗马人会登船离开亚历山大,拜占庭方面不会派军队收复亚历山大。642年9月17日,拜占庭军队离开亚历山大。如果穆斯林严格遵守十一个月远离亚历山大的规定,那么投降条约签订的日期是641年10月[14]。

阿拉伯作家们用自己惯用的夸张手法形容642年的亚历山

大：根据他们的描述，当时，亚历山大有四百家剧院、四千家公共浴池、六十万人口——没有计算妇女和儿童，其中有二十万罗马人和七万犹太人。对阿拉伯人的破坏或掠夺行为，早期的历史学家们没有留下只言片语。或者说，由于亚历山大是按条款投降的，所以任何破坏行为都是不允许的。根据尼基乌的约翰的记载，阿慕尔·伊本-阿斯征收约定的税额，但没有从教堂带走任何物品，也没有破坏亚历山大或掠夺当地物品，保护了亚历山大居民及其财产。亚历山大图书馆被毁的故事，以及将图书馆的书籍用于焚烧四千家公共浴池的故事，在早期记载中是找不到的。希腊历史学家们没有提到这些故事，尼基乌的约翰、伊本-阿卜德-哈卡姆、塔巴里也没有提及。这些故事首次在13世纪，即亚历山大被阿拉伯军队占领六百年后，出现在阿布德-拉蒂夫和阿布-勒法拉格的作品中。这与尼基乌的约翰描述的阿慕尔·伊本-阿斯保护亚历山大人的财产完全相反。阿布德-拉蒂夫和阿布-勒法拉格描述的故事可能源自阿拉伯人征服波斯期间曾焚烧拜火教徒的书。

从亚历山大被围攻的一件逸事中，我们可以看出激励阿拉伯士兵的精神。阿慕尔·伊本-阿斯的儿子阿卜杜拉受了重伤。阿卜杜拉痛苦地呻吟着，抱怨其父没有带领阿拉伯军队回到和平与安宁的地方。阿慕尔·伊本-阿斯的回答是这一种群的典型："安宁，在你前面，而不是后面。"[15]

【注释】

1　本书会使用"罗马人"而不是"希腊人"来指代东罗马或拜占庭帝国。在阿拉伯语中，拜占庭人被称为"尔-鲁姆"，其单数形式为"鲁米"。——原注

2　当时的埃及官员乔治·穆卡基斯的女儿亚美尼萨描述了比比斯驻军在战争中的传奇故事。瓦基迪记录了这些故事，我认为故事不能被毫无保留地接受。关于比比斯战役的描述可见于伊迪丝·路易莎·布彻的《埃及教的故事》第1卷359页到第360页和艾蒂安·马克·卡特勒梅尔《埃及和一些邻近地区的地理和历史记忆》第1卷第53页到第54页。——原注

3　另一种说法认为，埃兹-祖贝耶尔带领一万两千名官兵增援阿慕尔·伊本-阿斯。这一数字虽然不可靠，但可以肯定阿拉伯军的总兵力很小。——原注

4　阿拉伯人征服埃及时，孟菲斯虽然已经衰败，但仍然存在。不过，由于编年史家们从来没有提到过孟菲斯，所以他们很可能使用"米瑟"指代"孟菲斯"。此时，米瑟有很多模糊不清的地方，"米瑟"这个词也被用来表示埃及更增加了这种模糊不清。阿拉伯的历史学家经常提到巴比伦，但只提到巴比伦是座要塞。此外，对巴比伦，阿拉伯历史学家们只字不提。与此同时，没有证据表明，巴比伦或米瑟是独立于要塞存在的。我们只在尼基乌的约翰的编年史中发现米瑟与米瑟要塞的区别。然而，6世纪，希洛克罗斯和塞浦路斯人乔治都提到孟菲斯，而不是巴比伦。此外，他们还提到一定有一座有人居住的城市代表古老的孟菲斯。这座城市位于孟菲斯北部，可能有人认为这座城市坐落在尼罗河西岸，但所有权威学者都认为米瑟位于尼罗河东岸巴比伦要塞附近。根据尼基乌的约翰的记载，滕杜亚斯位于尼罗河西岸。孟菲斯是座巨大的城市，并且其郊区米瑟和滕杜亚斯很可能有所延伸，穿过尼罗河，靠近巴比伦要塞。——原注

5　在尼基乌的约翰的编年史中，阿拉伯军队占领米瑟和占领巴比伦要塞被仔细区分。这部编年史的第十四章讲述阿拉伯军队占领米瑟发生在640年9月1日到641年8月31日，第十五章讲述阿拉伯军队占领巴比伦，但记录的占领时间不太可信。尼基乌的约翰仔细区分这两次占领。因此，对这一点，我们需要认真对待。根据佐藤贝格先生的观点，尼基乌的约翰的编年史的标题由这部编年史的阿拉伯语译者确定，但我们认为阿拉伯语译者是基于一定证据做此安排的。——原注

6　阿塔布又被阿拉伯人称为曼达库尔（或曼哈弗尔）·伊本·库尔库伯，阿塔布的阿拉伯语昵称为"埃-阿拉格"或"埃-乌尔里"，意为"毒蛇"。——原注

7　这种说法可能有错误，可能指"缴纳人头税每人二纳尔和土地税五千万迪拉姆"。因为土地税，而不是人头税，会根据洪水泛滥的程度按比例调整。伊本·赫勒敦引用8世纪后半叶的记录，指出埃及的土地税为将近四千四百万迪拉姆。根据阿布·萨利的记载，阿慕尔·伊本-阿斯对所有人征收二十六又三分之二迪拉姆——二纳尔的年税，但对富人征收二迪拉姆和三亚德伯的小麦税。因此，埃及税收达一千两百万第纳尔，因为伊本·赫勒敦估计除了儿童和老年人，埃及人口有六百万。"第纳尔"通常缩写为"D"。一纳尔黄金比半英镑的价值还大，大概相当于半基尼。——原注

8　塔巴里《年鉴》，迈克尔·扬·德·戈耶编辑，第1卷，第2588页。——原注

9　628年，一个叫"穆卡基斯"的人与阿拉伯先知穆罕默德通信。穆卡基斯向阿拉伯先知送去两名女奴、一头白骡子、一罐本哈蜂蜜，以及其他礼物。其中，一位少女，即一头馨发的科普特人玛丽成为阿拉伯先知的妾。但由于阿拉伯历史学家认为"穆卡基斯"只是埃及历任罗马统治者的头衔——"穆卡基斯"可能是希腊语"μεγανχής"的误写，意为"最光荣的"，所以与穆罕默德通信

的可能是生活在640年的另一个叫"穆卡基斯"的人。可以肯定,阿慕尔·伊本-阿斯和"总督乔治"有过通信,因为尼基乌的约翰提到,阿慕尔·伊本-阿斯占领米瑟和法尤姆后,为推进占领尼罗河三角洲的工作,"下令总督乔治在卡里布建造水道"。尼基乌的约翰还补充道:"此时,埃及人开始协助阿拉伯人。"这位"乔治"可能是格尔吉斯-穆库卡基斯·伊本·梅纳什的儿子乔治,是穆库卡基斯——即埃及总督,在亚历山大统治全埃及。阿拉伯军占领米瑟后,乔治向阿拉伯军提供帮助。这证实了阿拉伯编年史家讲述的一些故事。阿慕尔·伊本-阿斯对乔治下令暗示了双方的地位和关系。此时,必须有人就基督教事宜谈判,并且此人必须是埃及人,而不是罗马人。因此,在阿拉伯的传统中,穆卡基斯作为条约谈判者有章可循。——原注

10 这份条约可能是尼塞弗鲁斯提及的条约。尼塞弗鲁斯说道,亚历山大牧首塞勒斯(可能是阿拉伯传统中说的主教)被拜占庭皇帝希拉克略召回君士坦丁堡,并且因同意向阿拉伯人进贡而受到谴责。塞奥法尼斯也提到一项条约。这项条约指出亚历山大的塞勒斯同意支付十二万第纳尔并进贡三年,但塞奥法尼斯似乎指的是亚历山大投降时签订的第二份条约。在希腊作家混乱的叙述中,有一种普遍的观点,即牧首很早就同意向阿拉伯人进贡。对此,可以参见约翰·巴格内尔·伯里:《后罗马帝国》,第2卷,第271页。——原注

11 巴比伦要塞被攻陷的日期是尼基乌的约翰提供的,他说这是复活节后第二天。不过,尼基乌的约翰说错了年份。根据塔巴里著作的波斯语版本,巴比伦是在641年3月20日到641年4月17日之间被攻陷的,但这一点没有出现在塔巴里著作的阿拉伯语版本中。——原注

12 塔巴里《年鉴》,迈克尔·扬·德·戈耶编辑,第1卷,第2581页到第2583页。——原注

13 这里的"巴比伦"可能是错误的,正确的地名应该是"贝西卜"。在阿拉伯语中,这两个地名很容易混淆。但由于641年复活节前,亚历山大的塞勒斯回到埃及,亚历山大的塞勒斯在巴比伦会见阿慕尔·伊本-阿斯,并且开始谈判。之后,亚历山大的塞勒斯与阿慕尔·伊本-阿斯在贝西卜继续谈判。——原注

14 然而,根据许多阿拉伯历史学家的记载,普遍接受的说法是,亚历山大遭受了长达十四个月的围攻。其间,阿拉伯军队损失了两万多名士兵。关于围攻亚历山大的许多故事流传了下来,其中一些故事确实与后来645年阿拉伯人再次征服亚历山大有关。根据这些故事,赫利奥波利斯战役时,阿拉伯军有几支分队被派往埃及各地,其中一支分队被派往亚历山大。这支分队可能侦察亚历山大长达十四个月,但围攻亚历山大的故事与齐亚德·祖贝迪和尼基乌的约翰的记载相矛盾。此外,阿拉伯军队的攻城器具肯定很差。尽管阿拉伯军队很早就使用投石机和石弹作战,但这些不足以摧毁亚历山大的堡垒。阿慕尔·伊本-阿斯被俘和侥幸逃脱的传说不大可能发生。我们不知道在这十一个月的宽限期中,阿拉伯军队与拜占庭军队的相互关系如何。根据尼基乌的约翰记载,阿拉伯军队来到亚历山大是为征收人头税,由此引发的骚乱被亚历山大牧首塞勒斯平息。但没有证据表明阿拉伯军队是否像阿拉伯的历史学家讲述的那样占领了亚历山大,或是在亚历山大城外收税并遵守停战约定——这一点似乎更有可能。根据几位阿拉伯历史学家重复的一个传说故事,亚历山大很快被阿拉伯人占领,但很快被拜占庭军队夺回。随后,拜占庭军队被再次驱逐出亚历山大,并且从陆路和海路逃走。但这既可能指征收人头税造成的骚乱,也可能指645年从拜占庭官员曼努埃尔手中再次征服亚历山大。人们普遍认为,亚历山大居民被允许缴纳人头税,而不是被没收所有财产,是亚历山大投降的证据,尽管一些编年史家将其解释为大赦的结果。阿拉伯军队不是通过武力征服埃及的,因为根据穆罕默德制订的法律,以武力征服的国家必须剥夺其

所有权利，没收其所有财产，但征服亚历山大是基于一定条件的。因此，亚历山大是主动投降的。——原注

15 阿拉伯人征服埃及的历史模糊得令人困惑，其中有太多复杂的问题难以厘清，无法在此讨论。上文的叙述主要是基于尼基乌的约翰、伊本·阿卜德-哈卡姆、塔巴里和后期一些历史学家的记载。然而，尼基乌的约翰的编年史中的某些章节显然是颠倒的，我把第一百一十六章到第一百一十八章放在第一百一十五章之前。我很高兴看到埃德蒙·赖特·布鲁克斯先生在仔细研究了《拜占庭杂志》的研究主题后，得出了与我相同的结论。这意味着阿拉伯军队向北进发到达米埃塔一定是在641年春末夏初洪水泛滥前。同样，巴比伦要塞的沦陷时间也有错误。这种错误无可避免，因为尼基乌的约翰的编年史有多个翻译版本。阿拉伯的历史学家提供了一个有价值的日期是伊本·阿卜德-哈卡姆指出的：639年12月12日，在阿里什，阿慕尔·伊本-阿斯庆祝了古尔邦节。阿拉伯作者们对许多历史事件发生的确切日期各有说法，但尼罗河潮水的涨落情况有助于确定季节和事件顺序。尼基乌的约翰提供的一个日期似乎是毫无疑问的。这个日期是"复活节前的那个星期四"，亚历山大牧首塞勒斯去世。这天只能是642年3月21日。这个日期的重要性在于确定了641年，亚历山大的塞勒斯庆祝了其生前最后一个复活节。因此，亚历山大的塞勒斯参与亚历山大投降的谈判一定发生在641年，而不是642年。阿拉伯历史学家提供了另一个重要说明，即希拉克略驾崩后九个月，亚历山大投降。希拉克略是在641年2月11日驾崩的。因此，九个月后是641年10月到641年11月之间，这符合条约中约定的642年9月17日前拜占庭军队撤离亚历山大。根据阿拉伯历法，亚历山大投降的日期是伊斯兰历20年穆罕默德月1日，即公元640年12月21日。此处，亚历山大投降的月份很可能不正确，但年份与最早的编年史家伊本·伊沙克和瓦基多提供的一致。至于伊本·伊沙克和瓦基多提供的阿拉伯征服巴比伦和亚历山大的时间与上文给出的时间一致。伊本·阿卜德-哈卡姆证实在奥马尔统治第八年，即伊斯兰历20年，亚历山大被攻陷。641年4月和641年10月，分别是阿拉伯军占领巴比伦和亚历山大的时间。这证明了一则阿拉伯流行的传说，即巴比伦在经过七个月围攻后被占领，巴比伦被围攻十四个月后亚历山大投降。因此，围攻巴比伦开始于640年9月，即占领米瑟后不久。此时，尼罗河涨潮。阿拉伯军出现在亚历山大附近——虽然不是围攻——是在641年9月。——原注

第 2 章

埃及成为哈里发的领地
(641 年—868 年)

A PROVINCE OF THE CALIPHATE
(641--868)

亚历山大投降是阿拉伯征服埃及的最后一个重要行动。埃及其他地方没有大力抵抗阿拉伯军队。埃及——从红海的埃拉到地中海的巴尔卡，从尼罗河的第一瀑布到尼罗河口——变成了阿拉伯哈里发的一个行省。641年到642年冬，阿拉伯人遍布埃及各地，并且忙于恢复埃及的秩序和征税。阿慕尔·伊本-阿斯不会让自己的手下闲下来。他对手下说："出去！现在这个季节好极了。等到牛奶馊掉、树叶枯萎、蚊子繁殖时，我们才回到帐篷里。"此时，甚至努比亚都向阿拉伯进贡。阿慕尔·伊本-阿斯的副官阿卜杜拉·伊本·萨德率领两万名士兵征服了努比亚。帮助过入侵者阿拉伯人的科普特人对统治者的更迭表示欢迎，并且得到了奖赏。阿慕尔·伊本-阿斯让乔治继续担任埃及总督，并且任命施努达和菲洛塞诺斯为里弗和法尤姆的总督。乔治、施努达和菲洛塞诺斯都与阿拉伯人交好，并且努力征税。亚历山大每月进贡二万二千枚金币[1]，乔治将进贡额增加到三万二千枚金币。许多埃及人成为穆斯林，以逃避缴纳人头税。另外一些人则因为交不起税而躲起来。在城镇和村庄，征服者与被征服者混合居住。尼罗河三角洲苏尔特的少女们自愿与阿拉伯士兵结合，成为著名的穆斯林的母亲。

埃及的都城不再是亚历山大。这座巨大的商业中心，很可能会因为尼罗河泛滥，而中断与麦地那——当时哈里发王权所在地——之间的陆路交通。奥马尔还没想到永久占领埃及，也不愿失去阿慕尔·伊本-阿斯带领的卓越军队。因此，他禁止士兵在埃及获得土地并在埃及扎根，以使军队能随时准备到别的地方开始新的远征。此外，亚历山大是罗马统治和正统教会暴政的象征。因此，科普特人很反感亚历山大。奥马尔命令阿慕尔·伊本-阿斯选择一个更中心的位置作为埃及首府。阿慕尔·伊本-阿斯选择了靠近巴比伦要塞的一个平原，在古埃及首都孟菲斯以北不远的地方，即围困米瑟期间阿慕尔·伊本-阿斯部队驻扎的地方。阿慕尔·伊本-阿斯在这里建造了自己的清真寺，虽然经过多次改建和修复，但至今仍然屹立不倒[2]。阿慕尔·伊本-阿斯将这座城市命名为"福斯塔特"，意为"帐篷"。根据阿拉伯传说，阿慕尔·伊本-阿斯率军征服亚历山大时，在福斯塔特驻军，但离开时，他没有撤走自己的帐篷，因为他不想惊扰在帐篷上筑巢的鸽子。在随后的三个世纪（7世纪到10世纪），福斯塔特一直是埃及的政治中心，直到969年卡希拉（即现在的开罗）在福斯塔特附近建立起来。然而，甚至在建立卡希拉后，福斯塔特仍然是埃及的商业中心，以区别于政治中心卡希拉，直到1168年被领导十字军远征的耶路撒冷国王阿马里克一世入侵埃及时烧毁。根据埃及地形学方面最博学的权威马克里齐[3]的观点，"福斯塔特位于现在被称作'米瑟'的城市，从靠近尼罗河的部分到米瑟东部的穆卡塔姆山都是荒地和耕地。除了现在被称为'蜡烛城堡'[4]的城堡，米瑟城内没有其他建筑。一位为东罗马皇帝治理埃及的罗马总督从亚历山大来到福斯塔特时，曾经住在蜡烛城堡里。蜡烛城堡俯瞰尼罗河，船停泊处靠近城堡西门。蜡烛城堡北边有树木和葡萄

图1 ● 阿慕尔清真寺，位于福斯塔特

园，再往北就是古老的清真寺（即阿慕尔清真寺）的所在地。蜡烛城堡和大山之间有许多基督教教堂和修道院。"埃及的新统治中心福斯塔特发展迅速，不久成为阿拉伯帝国的主要城市之一。

在此后的二百二十五年时间里，埃及是阿拉伯帝国的一个行省。阿拉伯人似乎并没有彻底改变埃及的政府组织：阿拉伯人适应性很强，乐于接受他人观点。阿拉伯人发现埃及已经拥有现成的政府系统，与罗马人一样，阿拉伯人继续采用埃及现有的行政体系。毫无疑问，埃及的行政体系历史悠久，几乎未经修改[5]。埃及的政府架构一直沿用到阿拉伯帝国统治时期，该系统发展成为一系列完全分散的下级政府与在福斯塔特的主要政府松散地相互关联。乡村里的谢赫[6]隶属于地区长官，地区长官又向总督汇报工作。然而，只要地方官员能按时收齐税，中央政府几乎不干涉地方官员的管理工作。整个政府机构运作的目的是尽可能多地征税。有一个特别部门负责土地灌溉，每年任命检查员维护政府下令修建的堤坝。但当地堤坝由每座村庄或城镇单独管理，并且由当地基金支付维护费用。埃及总督由哈里发任命。埃及总督通常任命三名主要官员，分别负责军事、司法和财政事务。这三人被称为元帅、大卡迪[7]和司库。元帅指挥、控制军队和警察，维持秩序。大卡迪是首席法官，还是造币厂的管理者（至少到13世纪时），并且负责宗教事务。司库的职责是收税，其职责十分重要，并且常常由哈里发直接任命，独立于总督。在收税和支付政府开支后，司库将剩余的钱交给哈里发掌管的国库。有时，司库从交给哈里发国库的固定支付额中获取收入，并尽可能地从税收中获利。有时，总督将司库的财政职务与自己的政治职能适当结合。毫无疑问，相当多的余额留在了官员的口袋里，没有到达哈里发那里。由于官员的频繁更换和任期的不确定性，形成这样的行政体系不可避免。在奥斯曼土耳其帝国统治时期，埃及的行政体系仍然如此。

阿慕尔·伊本-阿斯在新首府福斯塔特征税。就人头税而言，他第一年（642年）征收了一百万第纳尔，第二年（643年）征收了四百万第纳尔，第三年（644年）征收了八百万第纳尔。人头税收入的变化表明，阿拉伯是逐渐控制埃及财政的。根据伊本·阿卜德-哈卡姆的估计，不包括妇女和儿童，埃及人口为六百万到八百万。阿慕尔·伊本-阿斯征收到的税总额达一千二百万第纳尔，其中包括对一百五十万英亩耕地征收的三百万第纳尔土地税，对四百万成年男性征收的八百万第纳尔人头税，以及一百万第纳尔的各种关税和捐税[8]。

奥马尔的政策对于土地耕种者十分友好。只在当富有的科普特人试图隐藏其财富和逃避税收时，才会出现严厉惩罚的情况。如果富人企图避税，那么其财产会被没收，有时没收的财产数额会大得惊人。通过改善灌溉系统，阿慕尔·伊本-阿斯提高了土地的生产力，古老的强制劳役体系得以实施：十二万名工人在冬季和夏季保持工作，维护和改善水坝、运河。老运河，被称为"图拉真河（Amnis Trajanus）"，将巴比伦和长期堵塞的红海连接起来。在不到一年的时间内（641年），老运河得到疏浚并重新开放[9]。谷物用船运到麦地那，而不是像前一年（640年）那样用大篷车运送。尽管政府治理如此有效和稳健，但奥马尔对从埃及得到的收入并不满意[10]。他将阿慕尔·伊本-阿斯降职为尼罗河三角洲总督，并且令阿卜杜拉·伊本·萨德[11]管理上埃及。不久，奥马尔被谋杀，阿卜杜拉·伊本·萨德被任命为全埃及总督。

离开福斯塔特前，阿慕尔·伊本-阿斯取得了另一项显著成功。645年，在尼罗河三角洲的罗马人的支持下，亚美尼亚人曼努埃尔率领一支由三百艘帆船组成的舰队占领了亚历山大。科普特人害怕他们痛恨的米列凯派再次统治埃及，恳求他们的勇士去对付敌人。阿慕尔·伊本-阿斯带领一支军队从陆路和水路赶往亚历山大,并且在尼基乌附近遇到拜占庭军队。拜占庭军队的弓箭手阻止阿慕尔·伊本-阿斯的军队从河上登陆。因此,阿拉伯军队损失惨重。阿慕尔·伊本-阿斯的马中箭,一些著名的士兵开始逃跑。这时,一名拜占庭将军要求与阿拉伯军人一对一战斗。一名阿拉伯勇士骑马从队伍中走了出来,两支军队全副武装站在两边,直到决斗结束。经过一个小时的战斗,这名阿拉伯勇士用刀杀死了对手。在此鼓舞下,阿拉伯人怀着巨大的愤怒袭击拜占庭军队。拜占庭军队在失去了将军的情况下,逃到了亚历山大。在取得战斗胜利的尼基乌,阿拉伯人建造了一座"(具有神性的)怜悯清真寺"来纪念。亚历山大的城墙被摧毁,阿慕尔·伊本-阿斯说:"这样一来,我们的士兵可以从四面八方进入亚历山大,如同进妓院一样简单。"作为奖赏,获胜的阿慕尔·伊本-阿斯被任命为埃及军队的指挥官,而不是埃及总督。他婉言谢绝了这一奖赏,只说了一句简短的话,"我还不如在别人挤奶时抓着牛角呢"。

新上任的总督阿卜杜拉·伊本·萨德激励自己以阿慕尔·伊本-阿斯为榜样。651年到652年,他率军入侵努比亚,围攻栋古拉,用投石机砸毁基督教堂,迫使黑人求和。当时签订的条约被伊本-萨利姆保存了下来,马克里齐引用了条约的内容。这是一份奇怪的文件:

"以真主的名义,这是阿卜杜拉·伊本·萨德埃米尔[12]与努比亚首领及其辖地上的所有人民签订的一份条约。这份条约对努比亚人中的大小人物都具有约束力。努比亚的领土范围从阿斯旺到艾瓦。阿卜杜拉·伊本·萨德实现了努比亚人和阿拉伯人之间的和平，并且为努比亚人和阿拉伯人创造安全的生活环境。努比亚人将在真主及其使徒——真主保佑和拯救的先知穆罕默德——的保护下安居乐业。只要努比亚人遵守我们之间的条约，埃及就不会攻击努比亚，不会向努比亚人发动战争，也不会侵犯努比亚领土。努比亚人进入埃及，只能作为旅行者，而不是定居者。埃及人进入努比亚，只能作为旅行者，而不能作为定居者。努比亚必须保护进入努比亚领土并在努比亚旅行的阿拉伯人及其盟友，直到他们离开努比亚。努比亚人应该放弃在你们中间寻求庇护的阿拉伯人的奴隶，并且将阿拉伯人的奴隶送回伊斯兰国家。同样，对与阿拉伯人作战的阿拉伯逃亡者，努比亚人须将他们从努比亚驱逐到阿拉伯帝国。努比亚人不可为阿拉伯逃亡者叫屈，也不可阻挡捉拿阿拉伯逃亡者。努比亚人不可在阿拉伯人的旅途上设置任何障碍。直到阿拉伯人离开努比亚领土，努比亚人只能帮助阿拉伯人。努比亚人要照管阿拉伯人在努比亚城市和郊区修建的清真寺，不妨碍任何人在清真寺内祈祷。努比亚人要清扫、点亮、尊敬清真寺。每年，努比亚人要交给阿拉伯人的领袖，即哈里发，三百六十个奴隶。这些奴隶要从努比亚的中产阶级中挑选，男女皆可，必须没有身体缺陷，但不能是老头、老妇和小孩。努比亚人要将奴隶交给阿斯旺省总督。从艾瓦到阿斯旺，任何穆斯林都没有义务击退努比亚的敌人，或攻击、阻挡努比亚的敌人。如果努比亚人窝藏阿拉伯人的奴隶，杀死阿拉伯人或其盟友，或试图破坏阿拉伯人建在努比亚城市和郊区的清真寺，或拒绝交出三百六十个奴隶，那么阿拉伯人将不再承诺保护努比亚的和平与安全，并且对努比亚人怀有敌意，直到真主决定阿拉伯人与努比亚人的关系。真主是最好的裁判。为履行这份条约，阿拉伯人和努比亚人以真主的名义，以契约和信仰，并且以真主的使徒穆罕默德——真主保佑并拯救他——的名义起誓。努比亚人也要以自己宗教中最神圣的人物，以弥赛亚、使徒和所有努比亚人在信仰和宗教中敬佩的人物的名义起誓。真主见证阿拉伯人和努比亚人订立的条约。伊斯兰历31年斋月，即652年5月到652年6月，由阿慕尔·伊本-阿斯写就。"

在埃及与努比亚签订这份条约前，巴克特，即每年三百六十个奴隶的贡品，都献给阿慕尔·伊本-阿斯。此外，努比亚方面还送来另外四十个奴隶作为礼物，但他拒绝接受。作为交换，阿慕尔·伊本-阿斯送给努比亚人谷物和食物。这种交换持续了很长时间。每年有三百六十个奴隶定期交给卡斯尔的一名埃及军官。卡斯尔距离埃及边境城市阿斯旺五英里[13]。另外，为交换小麦、大麦、扁豆、布料和马，努比亚方面还送去四十个奴隶。条约和奴隶贡品的效力一直持续到马穆鲁克统治时期，即条约签订六百多年后。

655年，努比亚战争结束三年后，一支七百艘到一千艘帆船的拜占庭舰队出现在亚历山大附近。阿拉伯方面只有两百艘船抵抗入侵者。首先，阿拉伯军队发射大量的箭。箭用完后，阿拉伯军队使用石头攻击拜占庭舰队。石头用完后，阿拉伯军队使用刀剑战斗，直到将拜占庭军队赶走。由于阿拉伯军队在茂密的丛林中向对手发射或投掷武器，所以这场战斗被称为"桅杆之战"。此后的几个世纪，虽然拜占庭舰队偶尔发动袭击，但埃及不再受外国军队侵扰。与此同时，阿卜杜拉·伊本·萨德加紧征税，得到了一千四百万第纳尔的收入。在麦地那的哈里发奥斯曼·伊本·阿凡对阿慕尔·伊本-阿斯说："现在，骆驼产奶更多了。"阿慕尔·伊本-阿斯回答："是的，但以伤害骆驼幼崽为代价。"加重赋税的结果是埃及人的普遍不满。埃及人愤而反抗，将副总督赶出福斯塔特，宣布不再遵从奥斯曼·伊本·阿凡的命令，拒绝承认从巴勒斯坦归来的阿卜杜拉·伊本·萨德为总督，并且派遣一支军队到麦地那要求埃及人自己选择总督。一封被截获的书信似乎在为奥斯曼·伊本·阿凡的两面派行为辩解。这使埃及民怨更甚。最终，奥斯曼·伊本·阿凡被杀。在麦地那的埃及阿拉伯人对此负有很大责任。与其他地方一样，埃及也在争夺哈里发的继承权。新任哈里发阿里得到人民的大力支持，阿里派了一名总督来到福斯塔特。在阿慕尔清真寺，这位总督大声宣读自己的使命。然而，这位总督被阴谋赶下台，下一位总督甚至没到任就被毒死了。一万人曾发誓要为奥斯曼·伊本·阿凡报仇。这一万人在位于尼罗河三角洲东部哈夫的卡里布塔集合，反抗阿里的统治。在这一万人和五千名叙利亚士兵、五千名埃及人的支持下，阿慕尔·伊本-阿斯击败埃及总督的军队，结束了阿里在埃及的统治。658年7月，阿慕尔·伊本-阿斯重新入主福斯塔特。他的第二次总督任期持续了五年多，但除了对利比亚的柏柏尔人发动的几次远征，他的任期内没有发生什么重大事件。鉴于他的卓越贡献，大马士革倭马亚王朝第一任哈里发穆阿维叶一世将埃及的全部收入在支付了行政费用后都赏赐给了他。664年1月，阿慕尔·伊本-阿斯去世，享年九十岁。他留下七十袋第纳尔金币，每袋重十蒲式耳[14]，即二亚德伯[15]。这些金币大约重一百六十磅，相当于十吨！据说，阿慕尔·伊本-阿斯的儿子们拒绝继承这笔不义之财。但用阿拉伯历史学家的话说："真主最清楚。"

在麦地那、大马士革和巴格达哈里发的相继统治下，据记载，埃及一共曾拥有九十八位总督。直到868年，艾哈迈德·伊本·突伦建立了一个实际独立的王朝。在此，没有必要详细讲述这些总督的情况。总督们采取的制度一直是相同的。只是根据总督、司库和其他官员的性格，选用的政策时而温和、时而严厉。有几位总督被描述为慷慨正直，对人民仁慈，并且深受人民爱戴。总督的下属官员严格执法，他们通过新的苛捐杂税充盈国库。总督的任职情况大大受制于哈里发反复无常的性情。他们并非都诚实正直。然而，根据关于基斯·伊本·萨德的记载，他离职时，拒绝继续使用其在福斯塔特建造的房子，因为"这座房子是用阿拉伯人的钱建造的"，并且应该作为未来埃及总督的官邸。另一位杰出的统治者是"虔诚、正直而坚不可摧"的哈里发奥马尔二世。奥马尔二世常说："当礼物从门口进来时，诚实会从窗口飞出去。"然而，正是在哈里发奥马尔二世的指示下，埃及总督奥萨马·伊本·泽伊德实施了一项十分强硬的政策，即"牛奶要挤干，流尽最后一滴血"。正常的税收并不多，非穆斯林支付的人头税大约每年一基尼，土地税大约是每英亩一基尼。每年的税

图 2 ● 奥萨马·伊本·泽伊德的玻璃砝码，720 年制作

收从一千二百万第纳尔增加到一千四百万第纳尔。9 世纪上半叶，土地税的标准是每英亩二第纳尔，总计四百八十五万七千第纳尔。但在埃及，征税者并不总是满足于合法税收。除了人头税和土地税，埃及人还要支付其他各种关税，如对贸易和销售等征收的关税。关税数额不断增加，从而税收总额增加了。穆斯林臣民还要支付什一税（作为穷人税）和财产税。8 世纪初，地方官员报告国库已经满得不能再存放更多的金币了。于是，奥马尔二世下令将多余的钱用于建造清真寺。其中，阿慕尔清真寺被修复了。据说，当工人们在一个晚上外出回家时，总督库拉带酒进入神圣的清真寺，并且听着音乐喝了一整晚酒——这是处理剩余金钱的一种方式。然而，一些地方长官严厉禁止酒店和公共娱乐场所营业。

当然，在埃及居住的绝大多数居民是信奉基督教的科普特人，无论存在何种压迫，科普特人都是主要承受者。然而，几乎没有证据表明科普特人受到了残忍的对待。征服者阿

慕尔·伊本-阿斯接见了一批修士，修士们要求获得自由，并恢复其牧首本杰明的职位。阿慕尔·伊本-阿斯准许他们获得自由，并且邀请流亡的本杰明回到埃及。阿拉伯人自然更喜欢埃及的国家教会或雅各派教会的盟友，穆斯林不喜欢君士坦丁堡的基督教正统派，后者在埃及仍然有追随者。总督马斯马拉·伊本·穆哈拉德·安萨里允许科普特人在福斯塔特桥附近修建教堂，这对信徒来说是一个丑闻。686年，阿卜杜勒-阿齐兹·伊本·马尔万为了休养，搬到孟菲斯附近的胡尔万居住，他选择尼罗河对岸塔姆韦的科普特修道院作为自己的住所[16]，并且为此付给修士们两万第纳尔。值得注意的是，根据阿拉伯人的说法，埃及是一个被征服的国家，埃及人没有权利，他们不能拥有土地，其财产很容易被没收。实际上，这种情况经

图3 ● 奥贝达拉的玻璃印章，729年制作

常发生。阿卜杜勒-阿齐兹·伊本·马尔万的侄子和继任者阿卜杜拉·伊本·萨德对埃及人进行残酷压迫。阿卜杜拉·伊本·萨德禁止基督教徒穿有头巾的外衣，并且下令在所有公共文件中使用阿拉伯语，而不是像以前那样使用科普特语。历史学家们记录了敲诈、任意罚款、酷刑和麻烦的通行证等事件。阿卜杜拉·伊本·萨德还强迫修士佩戴徽章：如果有修士被发现没有佩戴徽章，那么他所在的修道院有可能遭到掠

夺。更糟糕的压迫者是司库奥贝达拉·伊本·哈巴布。722年，奥贝达拉·伊本·哈巴布按照哈里发耶兹德二世的命令，全面破坏基督教徒的圣像。这样的迫害导致位于比比斯和达米亚特之间的哈夫的科普特人反抗。虽然科普特人的反抗一时间被镇压了，但他们在后来的岁月里一次次奋起反抗。科普特牧首被监禁，这使努比亚信奉基督教的人气愤不已，努比亚国王赛里亚库斯率领十万努比亚人远征埃及。后来，科普特牧首被释放，努比亚军队在他的请求之下才返回努比亚。

穆斯林历史学家马克里齐没有试图弱化科普特人遭受的迫害。他讲述了被阿拉伯士兵从修道院中拖出来的一位女修士的英勇事迹。菲奥尼亚是一位十分美丽的处女，这使俘获她的阿拉伯士兵无法决定谁拥有她。在阿拉伯士兵讨论时，菲奥尼亚主动向士兵的首领透露了一种油膏的秘密，即她的祖先用这种油膏涂在身上，身体变得坚不可摧。士兵的首领说，只要菲奥尼亚能证明油膏确实有效，就让她回到修道院。"于是，首领和菲奥尼亚一起进入修道院。她走到一幅画像前，并且在画像前祈祷，恳求圣母帮助她解脱。"接着，菲奥尼亚在自己的脖子上抹了油。一名士兵拔出自己锋利的剑。"菲奥尼亚弯下膝盖，露出脖子。她将自己的脸蒙起来，说：'你们中间如果有壮士，那么可以用刀砍我的脖子，你必能在这个秘密中看见神的大能。'持剑的阿拉伯士兵用尽全力砍了下去。菲奥尼亚的头立刻从身上掉下来。她达到了自己的目的：保全自己的贞洁，使自己在基督面前，能像当初被造时一样是一个纯洁的处女，没有受到尘世的玷污。无知的巴什穆尔人看到少女菲奥尼亚的遭遇后，才知道其意图。阿拉伯士兵懊悔无比，十分难过。此后，他们没有伤害任何处女，而是将她们释放了。"[17]

值得注意的是，尽管面对间歇性压迫和不变的低下地位，为逃避缴纳人头税和其他不平等对待，一部分科普特人改信了伊斯兰教，但大部分科普特人仍然坚守自己的信仰。725年前后，科普特人口为五百万。732年前后，司库卡西姆·伊本·奥贝达拉认识到信仰伊斯兰教的科普特人的数量没有明显增长。于是，他从基斯部落引入五千名阿拉伯人，并且将他们安置在福斯塔特东北方向的哈夫。很快，哈夫成为这五千名阿拉伯人

图4 ● 卡西姆·伊本·奥贝达拉的玻璃砝码，730年制作

造反的温床。除了新增的阿拉伯人，阿拉伯人口的数量一定已经相当可观，尽管在伊斯兰教统治的第一个世纪（7世纪），阿拉伯人几乎被限制在大城市。当时，大多数总督似乎都是在阿拉伯军队的护送下来到埃及的。在不同时期，士兵数量估计有六千、一万，甚至两万。许多士兵很可能定居在城镇，有些士兵甚至与科普特妇女通婚。阿拉伯士兵无疑是政府偏袒的对象，并且以牺牲基督教徒的利益为代价。一处记录显示，埃及政府派发了两万五千第纳尔为阿拉伯士兵还债。阿拉伯部落不时整体迁移到埃及。例如，9世纪中期，拉比阿部落的一个分

图5●阿卜杜勒-马利克·伊本·亚齐德的玻璃砝码，750年制作

支肯兹部落主要定居在萨伊德，其成员与当地人通婚，并且成为后来法蒂玛王朝和萨拉丁统治时期发生叛乱的一个重要政治因素。

在倭马亚王朝的哈里发统治时期，埃及总督一职都由阿拉伯人担任。其中，四位总督是在位哈里发的儿子或兄弟。倭马亚两位哈里发到访埃及：一位哈里发是马尔万一世，他于684年访问埃及，打败对手阿卜杜拉·伊本·祖贝耶尔的同党。另一位哈里发是马尔万二世，他被篡位者阿拔斯家族打败后，逃到埃及。他途经吉萨到福斯塔特，并且派军队占领萨伊德（上埃及）和亚历山大。但马尔万二世被阿拔斯王朝的将军萨利·伊本·阿里所杀。750年8月，萨利·伊本·阿里为阿拔斯王朝占领了福斯塔特。已故哈里发马尔万二世的追随者或者被赶出埃及，或者被当场杀死。

从倭马亚王朝到阿拔斯王朝政权的过渡并没有出现多少波折。埃及一些曾服务于倭马亚王朝的总督很愿意接受阿拔斯王朝的任命，旧王朝倭马亚王朝的许多重要人物都被召到阿拔斯王朝哈里发的宫廷议事。阿拔斯王朝官员的任期更不稳定。在阿拔斯王朝时期，埃及总督的任期通常只有倭马亚王朝时期总督任期的一半[18]。在阿拔斯王朝统治下，大部分埃及总督由阿拔斯家族成员担任，其他的埃及总督大多由阿拉伯人担任。但856年，阿拔斯王朝哈里发开始任命突厥人担任埃及总督。此后，除了法蒂玛王朝时期，几乎没有阿拉伯人出任埃及总督。从834年到艾哈迈德·伊本·突伦单独统治的872年，埃及行省是哈里发的突厥卫队指挥官或哈里发的儿子与兄弟的领地。这些领主并不直接治理埃及，而是任命一位副总督治理埃及，并且向副总督支付盈余收入[19]。

朝代更迭以总督官邸所在地的变化为标志。倭马亚王朝的埃及总督一般住在福斯塔特。不过，两名埃及总督暂时将埃及政府所在地搬到亚历山大，并且留下一名副总督住在福斯塔特。阿拔斯王朝的埃及总督在福斯塔特东北部平原一个叫哈姆拉-库斯瓦（意为"更远的红色通道"）的地方，建了一个新城作为首府。与其称这个新城为城市，不如称它为军事中心：一些阿拉伯部落的士兵曾在这里建造用于防御的房屋。这个城市也被称为阿斯卡尔，意为"军队"。750年，阿拔斯王朝的将军萨利在阿斯卡尔驻扎。萨利的副手阿布-万在阿斯卡尔盖房子。阿斯卡尔成为总督、总督侍卫和各部大臣们的官邸[20]。阿斯卡尔和福斯塔特之间相隔一个郊区。725年，曾流经福斯塔特的尼罗河支流已经向西撤退了一点距离。埃及总督的另一座官邸叫库巴特-哈瓦（意为"空中的穹顶"）。809年到810年，埃及总督哈特姆在穆卡塔姆山顶建造了这座宫殿。这里也是现在开罗城堡的所在地。总督们经常在穆卡塔姆山享受凉爽的微风。

在巴格达的阿拔斯王朝哈里发的统治下，埃及频繁爆发叛乱。与其说这些叛乱是科普特人发动的——科普特人是叛乱的参与者，不是叛乱的发动者——不如说它们是阿拉伯人发动的。伊斯兰教内部出现了严重的教派分裂。且不说伊斯兰教内四个正统神学派别存在轻微差异。其中，马利克派建立在伟大、神圣的马利克·伊本·阿纳斯的教导上。在埃及，马利克派在8世纪到10世纪是信徒最多的伊斯兰教派。不过，9世纪初伊玛目沙斐仪来到福斯塔特之后，沙斐仪派的信徒数量开始逐渐增加，取得了持续到今日的主导地位。什叶派和逊尼派之间的严重敌意分裂了穆斯林，前者维护阿里家族对哈里发的神圣权利，后者维护实际掌权的哈里发。在埃及，支持阿里后

图6●耶兹德·伊本·哈特姆的玻璃砝码，761年制作

裔登上哈里发之位的人和哈瓦里吉派（又称起义者，该派信徒与阿里的倒台有很大关系）频繁活动。被引入哈夫的阿拉伯部落不断叛乱。754年，一直在巴尔卡与柏柏尔人作战的萨利的将军阿布-万被迫返回埃及镇压哈瓦里吉派的大规模叛乱。最终，阿布-万杀死三千名哈瓦里吉派叛乱分子，并且将他们的头颅送到福斯塔特。759年，巴尔卡爆发了另一场战争。在巴尔卡，哈瓦里吉派与柏柏尔人、倭马亚王朝晚期的支持者们联合击败了埃及军队。下一任埃及总督是休梅德·伊本·卡赫塔巴。上任时，他带来一支两万人的军队，并且很快获得增援，继续作战。几次失败后，休梅德·伊本·卡赫塔巴成功击败叛军并杀死哈瓦里吉派的首领。接下来登上历史舞台的是阿里派的追随者阿拉维斯。阿拉维斯又称阿利德。阿里家族的阿里·伊本·穆罕默德·伊本·阿卜杜拉差点成为埃及哈里发，直到阿拔斯王朝哈里发曼苏尔在巴士拉抓住并杀死阿里家族的一名叛乱者，并且采取威慑性战略，将受害者的头暴露在福斯塔特的清

图 7 ● 穆罕默德·伊本·萨德的玻璃砝码，769 年制作

真寺里。这让阿利德十分害怕,叛乱以失败告终。然而,这场叛乱如此严重,结果埃及总督耶兹德·伊本·哈特姆在764年禁止穆斯林前往麦加开展年度朝圣活动。765年,他镇压了阿比西尼亚的哈瓦里吉派的叛乱。作为对他的服务的奖励,766年,巴尔卡省首次被划入耶兹德·伊本·哈特姆的埃及政府的管辖范围。

此时轮到科普特人叛乱了。他们两次在尼罗河三角洲的塞门努德叛乱。767年,科普特人在萨卡叛乱,两次打败埃及总督的军队,并且驱逐了税吏。下埃及相当多的地区爆发公开叛乱,直到几年后才恢复秩序。叛乱的结果自然是更严厉的镇压和迫害。在穆萨·伊本·奥莱伊的温和统治下,埃及暂时恢复了平静。他对人民很仁慈。穆萨·伊本·奥莱伊是一位有名的圣徒,喜欢在清真寺内讲故事,背诵祷文。779年,阿布·萨利施行严厉的政策。他是人们熟知的蒙杜之子。阿布·萨利是第一位来自突厥的、才能突出、精力充沛的统治者,但很严厉。他发现埃及到处都是哈夫来自基斯部的劫匪。于是,他从

图 8 ● 萨利之子法德勒的
玻璃砝码,785 年制作

速将罪犯处决。阿布·萨利坚持，在自己的统治下，偷窃行为不能存在。因此，他下令，所有房屋的门，甚至是旅馆的大门，晚上都要开着，而人们过去常常在开门前张网以防狗进入。阿布·萨利禁止公共浴池雇用看守，并且宣布如果人们的东西被偷，他会用自己的钱补偿。人们在洗澡前会把衣服放在更衣室里，大声喊道："阿布·萨利，看管好我的衣服！"然后，人们就去洗澡，心里十分踏实，因为没人敢碰他们的衣服。但阿布·萨利的严厉政策，引起的恐惧比减轻的恐惧要多得多。阿布·萨利施行的禁奢令十分荒谬，还规定了法官和其他官员佩戴的头饰。他不断干涉埃及人生活的方方面面，使埃及人十分不满。阿布·萨利离职时，埃及人非常欢喜。

782年，萨伊德（上埃及）爆发了一场严重的政治叛乱。倭马亚王室成员迪希亚·伊本·穆萨布在萨伊德自立为哈里发。上埃及大部分人加入了迪希亚·伊本·穆萨布的阵营，政府军被击退。阿拔斯王朝向埃及派来一位新总督。他一上任就诈取前任总督三十五万第纳尔作为没能镇压叛乱的罚金。随后，为讨好哈里发马赫迪，新总督加倍征收土地税，并征收新的关税。迪希亚·伊本·穆萨布的叛乱引起埃及人的憎恨，甚至士兵们也弃他而去。哈夫的阿拉伯部落抓住机会再次拿起武器，迪希亚·伊本·穆萨布败亡，其继任者的下场同样悲惨。迪希亚·伊本·穆萨布的继任者没能镇压萨伊德的叛乱，但在镇压叛乱过程中，发生了一个特别事件。总督的弟弟向叛军的将军下战书，要求一对一战斗。双方厮杀，结果都战死，两军仓皇逃走。直到为阿拔斯王朝征服埃及的萨利之子法德勒将这场大规模叛乱镇压下去。法德勒从叙利亚调来一支忠诚的军队。在萨伊德，这支军队取得一系列战斗的胜利。在福斯塔特，迪希亚·伊本·穆萨布被处死，尸体被钉在十字架上，头被送到巴格达的哈里发那里。

不幸的是，法德勒因胜利而得意忘形，最终被撤职。他的侄子继承了总督之位。他的侄子是一个正直仁慈的人——除了对科普特人。他的侄子摧毁了科普特人的教堂。他推行的雄心勃勃的治理措施，导致他被哈里发哈伦-拉希德撤职。法德勒及其侄子都是阿拔斯家族的成员，所以有朝一日都可能被选为哈里发，而拉希德不能轻视他们。下一任埃及总督穆萨·伊本·伊萨也有同样的野心。他也是阿拔斯家族的成员。他为官经验丰富，受到科普特人欢迎，因为他允许科普特人重修被毁坏的教堂。穆萨·伊本·伊萨被举报谋害哈伦-拉希德。这时，哈伦-拉希德呼喊道："真主，我将罢免穆萨·伊本·伊萨，并且派遣宫廷中最谦逊的人做埃及总督。"哈伦-拉希德母亲的近侍奥马尔骑着骡子来到宫廷之上。巴尔马克家族的加法尔问奥马尔："你愿意做埃及的统治者吗？"奥马尔答道："我愿意。"话音刚落，奥马尔就骑着骡子赶去福斯塔特，后面跟着一个驮着行李的奴隶。奥马尔走进总督官邸。穆萨·伊本·伊萨看着这位陌生的来客，问奥马尔来做什么。奥马尔将哈伦-拉希德的公文交给穆萨·伊本·伊萨。穆萨·伊本·伊萨念罢公文，用《古兰经》里的词句大声喊："真主诅咒法老，法老说'我难道不是埃及的国王？'"随后，他将总督事务交给"最谦逊的人"奥马尔。这个故事让人难以置信，太像哈伦-拉希德的一个恶作剧了。有一点可以肯定，即792年穆萨·伊本·伊萨卸任埃及总督。

埃及总督更迭期间，哈夫的阿拉伯人持续发动叛乱。802年和806年，分别爆发了激烈的战斗。游牧民族不但拒绝纳税，而且掠夺旅客、盗窃牲畜，在埃及边境阿拉伯人的支持下袭击巴勒斯坦。807年，阿拉伯人的一些首领被一个奸诈的圈套牵制。808年，哈伦-拉希德驾崩后，他的两个儿子阿明和马蒙争夺哈里发之位，这削弱了埃及人对王室的忠诚，并且导致哈夫的阿拉伯人发动新的叛乱。阿明和马蒙分别任命埃及总督。两位总督相互竞争。阿明精明地选择了基斯部阿拉伯人的领袖担任埃及总督，从而获得对政府最不满派别的支持。因此马蒙任命的总督被打败并杀掉了。

798年，超过一万五千名安达卢西亚人（除妇女和儿童外）抵达亚历山大港，这为哈夫地区的阿拉伯人带来了新的力量来源。在科尔多瓦的一次叛乱后，这些安达卢西亚难民被倭马亚家族的哈卡姆一世赶出西班牙。事实上，那次叛乱差点推翻哈卡姆一世的统治[21]。安达卢西亚人被允许上岸，但不能进入亚历山大港。因此，安达卢西亚人靠海上贸易勉强维持生计。很快，他们成为改变政治形势的一个因素。他们与强大的阿拉伯部落莱希姆结盟，并且在815年占领亚历山大。在亚历山大，安达卢西亚人时而与政府军交战，时而与哈夫的不满分子交战。826

年，哈里发马蒙将当时最著名的将军之一阿卜杜拉·伊本·塔希尔派往埃及，来自呼罗珊的可靠老兵担任他的军官。827年，阿卜杜拉·伊本·塔希尔的军队围攻亚历山大长达十四天。最终，安达卢西亚人同意和解，并且登上自己的船，带着包括自由民和奴隶、妇女和儿童在内的人离开。任何留在亚历山大的安达卢西亚人都会被处死。安达卢西亚人航行到克里特岛，并且在克里特岛定居及实施统治。拜占庭帝国直到961年才收复克里特岛。

阿卜杜拉·伊本·塔希尔承担了一项艰巨的任务。放逐安达卢西亚人前，他与总督奥贝达拉·伊本·萨里展开争斗，因为奥贝达拉·伊本·萨里拒绝辞去总督一职。直到阿卜杜拉·伊本·塔希尔停止向他供应粮食，他才离开福斯塔特。作为保住总督之位的最后希望，深更半夜，奥贝达拉·伊本·萨里向阿卜杜拉·伊本·塔希尔送去一千个奴隶作为贡品。当时，每个奴隶手中都拿着一个丝绸钱包，钱包里装有一千第纳尔。但阿卜杜拉·伊本·塔希尔打发奴隶们回去，并且说："我白天都不肯收下你们的礼物，何况夜间呢？"收复福斯塔特及驱逐安达卢西亚人后，曾被马蒙预言性地称为"胜利者"的、成功的将军阿卜杜拉·伊本·塔希尔恢复了埃及的整体秩序，重组军队，并且使埃及再次效忠哈里发。马蒙允许他拥有埃及的全部收入，高达三百万第纳尔[22]，作为对其卓越贡献的回报。阿卜杜拉·伊本·塔希尔被描述为公正而仁慈的统治者、有学问的人和诗人忠实的朋友，因为他与几名诗人交

图 9 ● 马蒙统治时期的一第纳尔金币，814 年在福斯塔特发行

好。埃及的阿卜杜拉维瓜以阿卜杜拉·伊本·塔希尔的名字命名，这是他引入埃及的一种瓜。

在阿卜杜拉·伊本·塔希尔强大而明智的统治下，埃及获得短暂的安宁。但在他离开埃及并前往波斯东北部的呼罗珊省（他自己的家）时，埃及安宁的局面被打破了。哈夫的阿拉伯人迅速发动叛乱，并且向首府马塔里亚挺进，击败埃及新任总督的军队。埃及新任总督烧毁了自己的行李，躲在福斯塔特的城墙后面。马蒙的弟弟穆阿台绥姆率领四千名突厥士兵前来救援时，发现福斯塔特已经被阿拉伯人封锁。829年，穆阿台绥姆一回到巴格达，就将哈夫的阿拉伯人逐出福斯塔特，并且杀死他们的首领。但五个月后，哈夫的阿拉伯人再次发生叛乱，科普特人也纷纷加入叛乱阵营。最终，马蒙决定前往埃及。

832年，马蒙到访埃及，这是阿拔斯王朝的哈里发首次访问尼罗河地区。此时，诗人的赞美诗不断在马蒙耳边回响。马蒙从"空中的穹顶"俯瞰时，感到十分失望。"神，诅咒法老

图10 ●阿什纳斯的玻璃砝码，834年雕刻

吧！"马蒙大声喊道，"因为法老说：'难道我不是埃及的国王吗？'"一位神回答道："不要这样说，因为经上说：'我们毁掉法老和他的百姓巧妙建造的东西。'况且神毁灭的那些东西，如果不是法老和他的百姓留下的，还能是什么呢？"随后，他羞辱了无能的埃及总督，处死了一名叛乱头目，并且派突厥的阿夫申率领一支军队进入哈夫地区。在哈夫，反叛的科普特人被残忍地屠杀，他们的村庄被烧毁，妻子和孩子被卖作奴隶。这种严厉的镇压击溃了科普特人的士气。之后，他们再没有爆发大规模叛乱。许多科普特人皈依了伊斯兰教。从此，埃及穆斯林的人数超过了基督教徒的人数，阿拉伯人开始在乡村定居，而不是像以前那样只在大城市定居。至此，埃及第一次成为一个实质上的伊斯兰国家。

马蒙还访问了亚历山大和萨卡。传说，他试图打开吉萨大金字塔寻找宝藏，但因为工人们无法打开金字塔而放弃。他在埃及逗留一个多月后，回到巴格达。马蒙离开时，埃及处于和平状态，只有尼罗河三角洲的拉赫米阿拉伯人发动了一场短暂的叛乱。许多年来，虽然伊斯兰教内部在神学方面的分歧仍然存在，但埃及没有发生叛乱。马蒙坚持《古兰经》的创造性教义[23]，要求所有卡迪（法官）都坚持这个教义。一位大卡迪由于不愿遵循既定教义，被剃光胡子，遭到鞭打，并且被迫骑驴穿过城市。这位卡迪的继任者每天鞭笞他二十下，直到勒索到自己想要的金额。哈乃斐派信徒和沙斐仪派信徒被赶出清真寺。信徒阅读《古兰经》时，如果稍有疏忽就会遭到鞭打。

不久，一些规定也使科普特人心烦意乱。850年，哈里发穆塔瓦基勒颁布了一系列新法规。基督教徒被要求穿上蜂蜜色衣服，衣服上缝补有不同的补丁，使用木质马镫，在家门上放置刻有魔鬼、猿猴或狗图案的木块。女性不能穿腰带——腰带被视为女性的象征，并且命令男性佩戴腰带。基督教徒不能在公众场合展示自己的十字架，也不能在街上举游行的灯。他们的墓必须与周围的土地难以区分。另外，基督教徒被禁止骑马。这种形式幼稚的迫害只是为了制造不服从的借口，进而收取罚款和勒索。

上文提到法官因不服从上级命令而遭受鞭打，他的独立精神是法官阶层和职务的典型特征。一个充斥着贪婪统治者和喜欢敲诈勒索的司库的时代，在整个埃及政府中，腐败和不公正盛行。但人们几乎总是可以信任法官会维护神圣的法律，尽管他们会面临危险和贿赂。法律规定的范围可能是不全面的，法官虽然可能有些顽固,但至少受过教育,受过伊斯兰法学训练,并且品格高尚,为人正直。法官一职十分重要,具有巨大的影响力。即使其他大臣随着总督的快速更迭而更换,一位法官通常会经历几届政府,甚至被撤职的法官也经常会被新任总督或哈里发复职。法官宁可辞职,也不愿接受任何对其法律判决的干扰。法官在人民中广受欢迎。因此,在冒险干预法官的司法管辖从而招致民怨前,总督一定要三思。实际上,在阿拔斯王朝,总督没有权力罢免法官,因为从伊本-拉希亚(771年到772年,他被哈里发曼苏尔任命为法官)开始,法官由在巴格达的哈里发任命,薪俸如果不是由哈里发支付,也是由哈里发定的。伊本-拉希亚的俸禄是每月三十第纳尔。但827年,伊萨·伊本·蒙卡迪尔每月的俸禄为四千迪拉姆,即三百第纳尔。另外,他还有一千第纳尔的费用。任职于785年的法官盖特是正直的典范。他乐于处理人民的任何请愿,每个新月他都与律师们一起出席公开会议。盖特的继任者穆法达尔具有崇高的品格。他是第一位坚持为完整记录案件开展必要改革的人。法官的工作很艰苦,除了要求参加司法会议,还要主持宗教节日、记录日期、在清真寺内布道,以及履行其他职责。因此,在阿拉伯历史学家的论述中,人们可以看到有几个人拒绝担任法官。法官这一职位对于任职者的精力和品格,提出了很高的要求。在总督给阿布-库泽玛送去刽子手的斧头和木块后,他才接受法官一职。他是一位绳索制造者。一天,阿布-库泽玛坐在长凳上,一位老朋友问他要一条缰绳。从家中拿了一条缰绳给这位老朋友后,阿布-库泽玛才前往法庭处理案件。法官非常简朴和仁慈,坚定维护伊斯兰法律的权威,因此广受欢迎。

最后一位担任埃及总督的阿拉伯人是安巴萨·伊本·苏哈伊姆·卡尔比。在历任阿拉伯裔埃及总督中,他最优秀。他身体强壮、公正,对下属官员管理有方,对人民表现出前所未有的善意。安巴萨·伊本·苏哈伊姆·卡尔比很朴素,总是从政府所在地阿斯卡尔步行到清真寺。他严格履行宗教职责,一直严格遵守斋月的所有传统要求。他不仅是最后一位阿拉伯裔总督,也是最后一位在清真寺主持祈祷的人。在最高宗教领袖哈里发缺席的情况下,主持祈祷仪式是总督的职责。

安巴萨·伊本·苏哈伊姆·卡尔比的任期因他为了两个相反的目的两次率军入侵埃及而被人们铭记。853年5月,在福斯塔特,为了庆祝古尔邦节,他从达米亚特和廷尼斯,甚至从亚历山大的驻军中调出大部分部队参加一场盛大的检阅。此时,传来拜占庭军队突袭达米亚特海岸的消息。拜占庭人发现达米亚特没有驻军,便烧毁了达米亚特,并且俘虏了这里的六百名妇女和儿童。当安巴萨·伊本·苏哈伊姆·卡尔比到达达米亚特时,拜占庭军队已经从海上前往廷尼斯了。他一路追赶拜占庭军队,但拜占庭军队早已航行回到拜占庭。为了防止类似突袭事件再次发生,安巴萨·伊本·苏哈伊姆·卡尔比下令修建一座要塞保卫达米亚特的边境,廷尼斯同样得到了加强。

另一次入侵埃及由苏丹发起。854年,努比亚和埃及东部沙漠的巴加人拒绝每年向埃及进贡一次。自652年的战争以来，巴加人被迫每年向埃及进贡。贡品包括四百名男女奴隶、一些骆驼、两头大象和两只长颈鹿。巴加人用刀杀死翡翠山上的埃及军官和矿工，然后袭击了萨伊德人，掠夺了伊斯纳、伊德富及其他地方，导致上述地区的居民惊慌北逃。这是一件可怕的事，安巴萨·伊本·苏哈伊姆·卡尔比向巴格达的哈里发穆阿台绥姆写信请求指示。尽管几名旅行者向穆阿台绥姆讲述了埃及的荒凉和巴加人的残暴，但穆阿台绥姆依然决定恢复埃及的秩序。安巴萨·伊本·苏哈伊姆·卡尔比在埃及做了许多预备工作。首先，他在库弗特、伊斯纳、埃尔曼特、阿斯旺、尼罗河和红海的库塞勒准备了大量物资、武器、马和骆驼，并且集结了军队。七艘满载物资的船从库尔祖姆驶往艾达布附近的桑加。当时，艾达布是非洲红海沿岸的主要港口。将军库姆的穆罕默德带领七千名士兵从库斯出发，穿过沙漠到达翡翠山及栋古拉。库姆的穆罕默德进军的消息传遍苏丹，苏丹国王阿里·巴巴集结了一支庞大的军队来抵抗库姆的穆罕默德的军队。对阿拉伯人来说，幸运的是，苏丹人没穿盔甲，全身赤裸，只拿着短矛作战。苏丹军队的骆驼训练不良，难以驾驭，如同苏丹人自己一样难以组织。苏丹人看到阿拉伯人的武器和战马时，意识到如果以普通的战斗方式，就没有机会战胜阿拉伯人。但通过在各地开展的机动和小规模战斗，苏丹人使阿拉伯人疲惫不堪，耗尽了给养。苏丹人就要胜利了。这时，七艘船从库尔祖姆海岸出发。为了切断阿拉伯人的供给，苏丹人只能不惜一切代价进攻。阿拉伯将军库姆的穆罕默德将骆驼铃挂在马脖子上。接着，他大喊一声"真主至大"，下令发起全面进攻。震耳欲聋的铃声和鼓声吓坏了苏丹人的骆驼。骆驼撒腿就跑，将苏丹士兵甩了出去。平原上到处是尸体，阿里·巴巴从战场上逃了出来。他同意与埃及和好如常，并且支付拖欠的贡品。安巴萨·伊本·苏哈伊姆·卡尔比体面地接待了阿里·巴巴，让他坐在自己的地毯上，给他送去漂亮的礼物，并且邀请他访问福斯塔特。另外，安巴萨·伊本·苏哈伊姆·卡尔比前往巴格达觐见穆阿台绥姆。他还允许阿里·巴巴安全回到苏丹。

安巴萨·伊本·苏哈伊姆·卡尔比在埃及执政的四年里，展现出良好的管理能力。856年，他被召回巴格达。随后，埃及总督一职由突厥人担任，突厥人的治理方式存在很大问题。出于民族冲突的原因，突厥裔总督憎恨阿拉伯人。在哈里发穆斯塔因一项法令的支持下，突厥裔总督偏袒科普特人，并且将以前没收的科普特人的土地和财产重新归还科普特人，重建了科普特人的教堂。科普特人难以容忍阿拉伯人，穆斯林是科普特人古怪行为的受害者。一位叫耶兹德的科普特裔总督对宦官很反感。于是，他将所有宦官赶出埃及。耶兹德也不喜欢葬礼上女人的哭泣声以及赛马活动。担任埃及总督期间，他在罗达岛建立了第二个尼罗河水位测量尺。测量尼罗河水位的任务不再像以前那样由科普特人完成。耶兹德手下的财政大臣伊本·穆德比尔本性邪恶，他设立了新的税种。除了土地税和每月对商店和贸易征收的税，伊本·穆德比尔让政府垄断自然矿产和渔业，并且向售卖饲料和酒的店铺征税。耶兹德统治时期，埃及经常爆发骚乱。第一次骚乱发生在亚历山大，接着哈夫爆发骚乱。亚历山大的骚乱还没平息，哈夫的骚乱又起。第三次骚乱发生在吉萨，第四次骚乱发生在法尤姆。当时，整个埃及陷入混乱，并且发生了许多流血事件，许多人被关进监狱，人民受到难以想象的残酷压迫。妇女被严格要求待在家里，甚至不能前往墓地和浴池。从事表演行业或以恸哭为职业的妇女被监禁。在清真寺内，甚至没人会大声说出"以真主的名义"。所有穆斯林都要整齐排列，没有人敢稍微偏移队伍一英寸：一个突厥人拿着鞭子站在一旁，像个中士一样指挥穆斯林保持队形。大量琐碎的规则和仪式习俗的变化激怒了埃及人。最终，埃及迎来一位懂得如何治理的突厥裔总督。这位总督的名字是艾哈迈德·伊本·突伦。对他的统治和他的突伦王朝，我们将在下一章叙述。

【注释】

1. 这里所说的金币肯定是指苏勒德斯，用阿拉伯第纳尔表示。贝拉德胡里提到，730年亚历山大的人头税从之前的一万八千第纳尔增加到三万六千第纳尔。根据每人每年缴纳二第纳尔，这个月税额意味着阿慕尔·伊本-阿斯统治时期，埃及应纳税的男性人口不超过十九万二千人，一个世纪后不超过二十一万六千人。——原注

2. 阿慕尔清真寺原来的结构已经全部消失。这是"一个简单的长方形房间，长二十八点九米、宽十七点三米。低矮的屋顶由几根柱子支撑。墙壁很可能被烘过，但很可能只是由未烘过的砖块砌成，墙壁没有抹上灰泥。地板上铺满了卵石。像今天的大柱廊一样，光线可能是从屋顶的方孔射进来的。阿慕尔清真寺没有尖塔或其他吸引人的外部特征，没有壁龛或任何其他内部装饰"。在这座简陋的建筑里，埃及的征服者阿慕尔·伊本-阿斯作为哈里发的代表主持公众祈祷，站在地板上布道，因为哈里发禁止修建讲道坛。阿慕尔·伊本-阿斯的房子就在阿慕尔清真寺正门对面。——原注

3. 马克里齐：《希塔特》，第1卷，第286页。——原注

4. 这座堡垒之所以被称为"蜡烛城堡"，可能是因为城堡内有许多科普特教堂使用的蜡烛。有学者认为"蜡烛城堡"可能是"埃及城堡"的误读。——原注

5. 约瑟夫·格拉夫顿·米尔恩指出，在罗马统治埃及时期，埃及各省总督履行大将军的职责，各省副总督履行托帕奇的全部职责和将军的部分职责，土地检查员库鲁履行古埃及的斯托洛格的职责。罗马统治晚期的税收似乎比阿拉伯时期的税收重得多。——原注

6. 谢赫是阿拉伯家庭或村庄的男性领袖，也指虔诚、受人尊重、具有重要地位或巨额财富的阿拉伯男性。——译者注

7. 卡迪（cadi）是伊斯兰国家或穆斯林社区的法官。——译者注

8. 阿拉伯历史学家对埃及人口的估计完全不一致。根据伊本·阿卜德-哈卡姆的记载，阿慕尔·伊本-阿斯征收的人头税为八百万第纳尔，这意味着应税男性人口有四百万，而不是六百万或八百万。但雅库布指出，670年，埃及人头税大约为五百万第纳尔。这意味着应税男性人口有二百五十万，或者很大一部分科普特人已改信伊斯兰教以逃避赋税，但所有历史学家的记述都显示并非如此。8世纪下半叶的土地税是四千四百万迪拉姆，即三百三十万第纳尔，这与640年阿慕尔·伊本-阿斯在条约中规定的五千万迪拉姆吻合。9世纪上半叶，土地税增加到将近四百二十五万第纳尔。根据比拉杜里的记载，8世纪末的总税收固定在每人四第纳尔，但这似乎是每人二第纳尔人头税和每英亩土地二第纳尔土地税的组合。——原注

9. 根据金迪的记载，643年11月，老运河清理工作开始。老运河经过比比斯汀到鳄鱼湖，然后到库尔祖姆——红海港口。老运河保持开放大约八十年，之后被忽视，并且再次堵塞。直到780年，在马赫迪哈里发统治时期，老运河重新开放。这条风景如画但具气熏天的哈利格运河流经开罗1899年，由于卫生原因，哈利格运河被填满。哈利格运河和鳄鱼湖的连接早已中断，取而代之的是布斯里斯运河（或称"淡水运河"）。——原注

10. 关于这个问题，奥马尔和阿慕尔·伊本-阿斯的真实通信记录保存在伊本-阿卜德-哈卡姆的著作中。信中表明，奥马尔将埃及视为一头奶牛。这头牛的奶用来喂养麦地那的穆斯林，而不是用来喂养福斯塔特的统治者。——原注

11. 在阿拉伯语中，"伊本"意为"……之子"。"阿卜杜拉·伊本·萨德"意为"萨德之子阿卜杜拉"。

12　埃米尔是阿拉伯酋长、地方官员等人的称号。——译者注
13　1英里约合1.6千米。——译者注
14　蒲式耳，重量单位，蒲式耳与千克的转换在不同国家及不同农产品之间是有区别的。在英国、美国、加拿大和澳大利亚，一蒲式耳大豆和小麦等于27.216千克。而同样在这四个国家，一蒲式耳玉米等于25.401千克。——译者注
15　亚德伯，是中东及北非一些国家的重量单位，在埃及1亚德伯约等于5.62蒲式耳。——译者注
16　伊斯兰历76年，即公元695年，在塔姆韦，为响应哈里发阿卜杜勒-马利克推行的货币改革，阿卜杜勒-阿齐兹·伊本·马尔万铸造了在埃及发行的第一种纯阿拉伯钱币。根据阿布·萨利的观点，阿卜杜勒-阿齐兹·伊本·马尔万想把胡尔万建设成首都。阿卜杜勒-阿齐兹·伊本·马尔万下令在胡尔万修建了几座清真寺、一座玻璃凉亭、一个尼罗河水位测量标尺、一个湖泊和引水渠，还种了树。为缓解象皮病，阿卜杜勒-阿齐兹·伊本·马尔万的医师们将阿卜杜勒-阿齐兹·伊本·马尔万送到塔姆韦，因为塔姆韦有硫磺泉。阿卜杜勒-阿齐兹·伊本·马尔万还在福斯塔特建造了一座带有镀金圆顶的宫殿。这座宫殿被称为"金色的房子"。716年，在罗达岛，奥萨马·伊本·泽伊德建造了尼罗河第一个水位测量标尺。罗达岛之前被称为"盖扎特-埃斯-西纳"，意为"工匠岛"——工匠指造船工人。罗达岛的尼罗河水位测量标尺取代了孟菲斯的旧标尺。直到944年，罗达岛的尼罗河水位测量标尺仍然在使用。861年，罗达岛又架设了一个尼罗河水位测量标尺。873年，这个标尺被艾哈迈德·伊本·突伦改进。这个标尺长十八腕尺，每腕尺分为二十四英寸。——原注
17　根据阿布·萨利《埃及的教堂和修道院》第84页到第86页。这个故事源自助祭约翰。——原注
18　倭马亚王朝时期，一百零九年间更换了三十一位埃及总督。阿拔斯王朝时期，一百一十八年间更换了六十七位埃及总督。——原注
19　这一时期，埃及总督分别是阿什纳斯，任职时间为839年到844年；伊塔施，任职时间为845年到849年；蒙塔西尔，任职时间为850年到856年；费思，任职时间为856年到868年；巴克巴克，任职时间为868年；班古格，任职时间为869年到872年；穆瓦法克，任职时间为872年。——原注
20　萨利离开埃及后，阿斯卡尔的总督邸就荒废了。但四十年后，即790年，总督官邸被穆萨·伊本·伊萨-阿拔斯修复并扩建。——原注
21　莱因哈特·多齐：《西班牙穆斯林的历史》，第2卷，第68页到第76页，莱顿，布里尔学术出版社，1851年。——原注
22　三百万第纳尔不可能是总的税收，可能是土地税的收入。但此时，土地税似乎达到了四百八十五万七千第纳尔。更有可能的是，三百万第纳尔代表的是除去行政管理成本的收入，也就是通常会被送到哈里发手中的盈余，即支付军队、官员等费用后的盈余。——原注
23　创造性是指《古兰经》被创造出来的教义立场。《古兰经》是永恒的还是被创造的，这一问题成为伊斯兰教早期的一个重要争论点。——译者注

第3章

突伦王朝和伊赫什德王朝
(868 年—969 年)

TULUN AND IKHSHID

(868—969)

从856年起，埃及总督由突厥人担任。此前二十年，埃及行省被赠予在巴格达的突厥人，他们任命了副总督来为他们管理。阿拉伯帝国统治埃及时期，各地起义不断，这导致阿拉伯裔总督的统治转变为突厥裔总督的统治。这次转变导致"信徒的领袖（commander of the faithful）"，即哈里发的世俗权威消失。自从阿拉伯人与突厥人在奥克斯河接触，并且将突厥人置于自己的统治之下，在穆斯林家庭中，突厥奴隶一直受到高度重视。突厥人强壮的身体、美丽的外表及不可多得的勇气和忠诚赢得强大的阿拉伯酋长，特别是哈里发的信任。他们相信，与他们爱嫉妒的阿拉伯同胞或波斯人相比，他们可以更安全地依靠这些被买来的外国人的忠诚，他们一直居住在波斯人之中，波斯人在帝国的管理中占有很大份额。因此，哈里发的政策在很大程度上偏向突厥人。年轻的突厥奴隶如果能为主人提供优质服务，那么通常会获得自由身份，并且得到来自阿拉伯宫廷的宝贵任命。"哈里发常常无法安抚变化多端的阿拉伯酋长，并且只能向阿拉伯酋长授予特权、赠送土地。这样做的后果是：哈里发与其臣民中最强大的酋长逐渐疏远。另外，由于哈里发完全信任突厥奴隶，实际上，突厥人控制着整个皇宫。此时，目不识丁、粗鲁蛮横的突厥奴隶兵（或称马穆鲁克）已经融入伟大的阿拉伯帝国受过教育的统治者中，但这与《古兰经》的原则存在冲突。突厥奴隶兵使用其阿拉伯主人的语言，信仰阿拉伯主人的宗教，并且学习科学知识，了解政治局势。一些能承担更艰巨任务的突厥奴隶，或在朝廷占据更显赫的职位，那就能获得解放，并且根据其才能被任命为各种政府官员。因此，许多突厥人不仅被任命为宫廷的主要官员，而且被任命为阿拉伯帝国一些最重要省份的总督。"[1]不仅如此，哈伦-拉希德的儿子哈里发穆阿台绥姆还让突厥奴隶组成一支特别卫队。从那时起，突厥奴隶卫队开始领导拥护和推翻哈里发的行动，并且在巴格达实施恐怖统治。

突伦来自塔哈甘部落，是一名突厥奴隶。815年，布哈拉总督将突伦和其他年轻人作为送给马蒙的礼物一起送到巴格达。随后，他被提拔为阿拉伯宫廷的高级官员。835年9月，可能是突伦养子的艾哈迈德·伊本·突伦出生。艾哈迈德·伊本·突伦可能是埃及未来的统治者。他接受了当时的高等教育，不但学习阿拉伯语和《古兰经》，还师从了不起的阿拉伯学者阿布-汉尼法，学习法学和神学。由于不满足巴格达教授的才学，艾哈迈德·伊本·突伦几次前往塔尔苏斯，向专职讲师学习，并且后来成为伊斯兰教义方面的权威。带着这种求学的精神，他孜孜不倦地向萨马拉——哈里发穆阿台绥姆在底格里斯河的新居——年轻的突厥人讲授军事课程。在一次从塔尔苏斯出发的旅途中，艾哈迈德·伊本·突伦打败了一些阿拉伯人劫掠者，并且从他们那里搜出他们从君士坦丁堡劫掠的一大笔财宝。随后，他将财宝带给穆阿台绥姆。后来，艾哈迈德·伊本·突伦被选去押解被罢黜的主教穆斯塔因前往流放地瓦西特。有人给艾哈迈德·伊本·突伦一笔可观的贿赂，要他放走穆斯塔因，但他愤怒地拒绝了。854年，在曾与突伦前妻结婚的巴克巴克埃米尔被授予埃及封地时,突伦派继子艾哈迈德·伊本·突伦作为代表出席盛会。

868年9月,艾哈迈德·伊本·突伦来到福斯塔特担任埃及总督。当时,他三十三岁。一位富有的朋友预付了一万第纳尔作为他的开销。显然,新总督艾哈迈德·伊本·突伦身无分文。另外,由于以前没有担任任何职务,他不懂得怎样压榨臣民。不过,艾哈迈德·伊本·突伦很有才能。他看人很准,很快就建立起自己的权威。在他整个统治期间,其亲信瓦西特的艾哈迈德是一位能干的助手。艾哈迈德·伊本·突伦得先对付司库伊本-穆德比。伊本-穆德比是个狡猾的骗子,多年来一直可以任意支配财政收入,并且能维持比总督艾哈迈德·伊本·突伦更显赫的地位。伊本-穆德比总是由一百名身强力壮的年轻奴隶骑兵护送。这些奴隶都很漂亮,穿着华丽的服装,披着波斯斗篷,手持银色鞭子。艾哈迈德·伊本·突伦上任时,伊本-穆德比给他送去一万第纳尔。令伊本-穆德比惊讶的是,艾哈迈德·伊本·突伦将钱退了回去。他告诉伊本-穆德比,自己不要钱,只要奴隶卫兵。伊本-穆德比只好将自己的奴隶卫兵送给艾哈迈德·伊本·突伦。他发现艾哈迈德·伊本·突伦没有将自己放在眼里。于是,伊本-穆德比请求哈里发穆阿台米德罢免艾哈迈德·伊本·突伦。然而,艾哈迈德·伊本·突伦仍然继续担任埃及总督。除了自己的属员,艾哈迈德·伊本·突伦还有其他对手。869年,阿利德家族在亚历山大西部崛起。整个家族的一部分成员带着火把和刀剑穿过萨伊德的伊斯纳地区。最后，阿利德家族被赶到绿洲地区。

与此同时，埃及名义上的总督艾哈迈德·伊本·突伦的继父突伦被斩首。但幸运的是，总督一职由巴尔古格埃米尔担任，而巴尔古格埃米尔的女儿是艾哈迈德·伊本·突伦的妻子。在埃及，巴尔古格埃米尔不仅让自己的女婿艾哈迈德·伊本·突伦掌握大权，还将亚历山大和其他不属于自己的领地交给艾哈迈德·伊本·突伦治理。870年，艾哈迈德·伊本·突伦接管亚历山大政府，但明智地让之前的亚历山大地方长官留

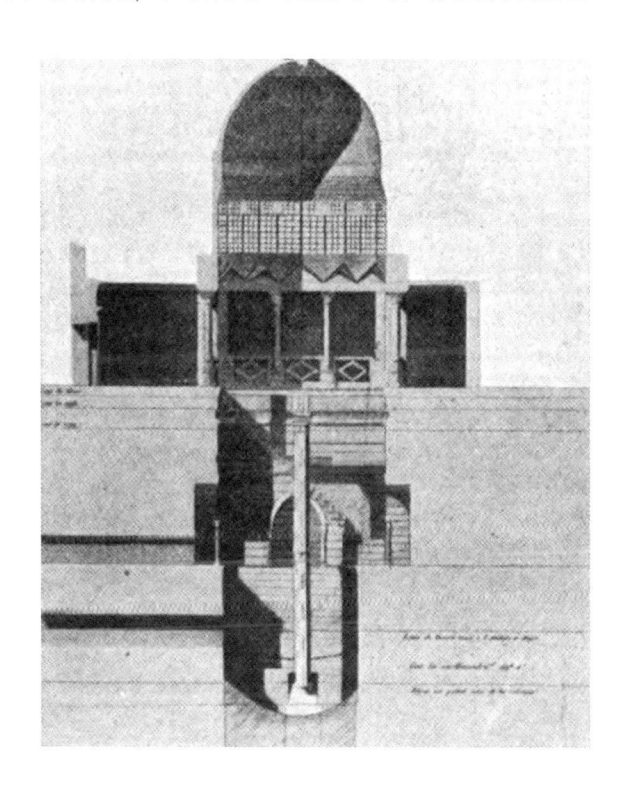

图11 ● 10世纪罗达岛上的尼罗河水位测量尺

任。此时，他的权力十分稳固。872年，埃及行省再次更换名义上的统治者，艾哈迈德·伊本·突伦甚至没有费心就获得了哈里发穆阿台米德的弟弟穆瓦法克的正式批准。因此，他被召到位于底格里斯河上的萨马拉宫，并且在穆阿台米德面前汇报自己的统治状况。显然，穆阿台米德召见艾哈迈德·伊本·突伦是艾哈迈德·伊本·突伦对手的花招。艾哈迈德·伊本·突伦简单地回应穆阿台米德的召见令，并且让亲信瓦西特的艾哈迈德向穆阿台米德送去大量贿赂和贡品。实际上，此举巩固了艾哈迈德·伊本·突伦的地位。随后，他在埃及的两个主要对手被除掉了。其中，一个对手被艾哈迈德·伊本·突伦的威胁吓坏了，回家并且死去了；另一个对手司库伊本-穆德比被调到了叙利亚财政部门。

艾哈迈德·伊本·突伦成为埃及总督。阿斯卡尔的总督府面积太小，容纳不下艾哈迈德·伊本·突伦的众多随从和庞大的军队。他也不满足于只拥有一座总督宫殿。870年，艾哈迈德·伊本·突伦在位于福斯塔特和穆卡塔姆山之间的耶什库尔山，夷平基督教徒的墓地，并且建立了皇家郊区"卡塔"，或称"专区"。"专区"名字的由来与每个职业层级或国籍的人，如家庭仆人、希腊人、苏丹人等，都会被单独分配专属住房区域有关。新城镇从现在的鲁美拉城延伸到塞因-阿比丁神殿，占地一平方英里。新宫殿建在以前的"空中穹顶"之下。宫殿中有一个大花园，大花园旁边是宽敞的赛马场，赛马场旁边有马厩和动物园。政府办公厅在大清真寺南面，至今屹

图12 ● 开罗的艾哈迈德·伊本·突伦清真寺，877年到879年建造

立不倒。一条秘密通道从政府办公厅通往埃米尔的演讲厅。后宫是一座单独的宫殿，里面有华丽的浴场、市场和奢华的娱乐场所。直到876年或877年，艾哈迈德清真寺才开始建造，工程耗时两年，建筑用料十分讲究。历史上，这座清真寺首次使用砖柱建造，而没有采用以前建筑中的石柱。清真寺的建筑师是一个科普特人。艾哈迈德·伊本·突伦向这个科普特人支付十万第纳尔建造清真寺，向他支付一万第纳尔酬劳，还向他提供一笔可观的生活津贴[2]。当时，另一项宏大的工程是由同一

位科普特建筑师设计的引水渠。这条引水渠将南部沙漠的一处泉水引去宫殿[3]。艾哈迈德·伊本·突伦还疏通了亚历山大的运河，修复了罗达岛的尼罗河水位测量尺，并且在罗达岛修建了一座堡垒。

我们注意到，870年，埃及司库向穆阿台米德进贡了七十五万第纳尔。874年后，进贡的金额增加到二百二十二万第纳尔。卡塔的一些新建筑估计花费近五十万第纳尔。除了义务救济金，艾哈迈德·伊本·突伦每月至少向穷人发送一千第纳尔。在食品方面，他每天花费一千第纳尔。他向学者支付高昂的费用，并且为庞大的军队和许多家庭提供物资。与此同时，维护边境的要塞需要大笔资金。他用每年四百三十万第纳尔的收入支付如此巨大的政府支出是难以想象的[4]。难怪有传说称，艾哈迈德·伊本·突伦建造清真寺的费用是用从地下挖出的财宝支付的。更有可能的是，正如基督教徒作者宣称的那样，艾哈迈德·伊本·突伦不时命令科普特族长交纳巨额罚金，尽管他没有向科普特人勒索不公平的税——他统治期间，科普特人罕见地没有遭到迫害。然而，不断增加的政府开支导致穆阿台米德的弟弟穆瓦法克的收入盈余中断。穆瓦法克召集了一支军队，试图推翻过于强大的总督艾哈迈德·伊本·突伦的统治，但无果而终。由于缺乏资金，穆瓦法克的军队到拉卡就走不动了。发生在萨伊德和巴尔卡的两次叛乱没有取得成功。

在安宁的环境下，艾哈迈德·伊本·突伦开拓了埃及的

图13 ● 艾哈迈德清真寺中的铭文，879年雕刻

疆域。此前，他已经按照穆阿台米德的指示占领了叙利亚。后来，虽然穆阿台米德任命马古尔担任叙利亚总督，但艾哈迈德·伊本·突伦认为自己对叙利亚行省有优先统治权。马古尔在艾哈迈德·伊本·突伦开疆拓土方面制造了不少困难。马古尔死后，艾哈迈德·伊本·突伦撤销了马古尔儿子叙利亚总督的头衔，表面上也不再服从穆阿台米德。878年4月，他率军前往大马士革，并且得到当地官员和居民的拥护。接着，艾哈迈德·伊本·突伦率军来到叙利亚。叙利亚的主要城镇表示效忠于他。效忠他的城镇远到他少年时期学习的地方塔尔苏斯。在叙利亚的城市中，只有统治者是西玛的安提阿对抗

艾哈迈德·伊本·突伦的军队。经过投石机攻击和城内归顺者的接应,878年9月,安提阿被艾哈迈德·伊本·突伦的军队攻下。随后,艾哈迈德·伊本·突伦占领了马斯萨和阿达纳。这时,塔尔苏斯开始对抗艾哈迈德·伊本·突伦的军队。当时,艾哈迈德·伊本·突伦占领的土地从幼发拉底河和拜占庭帝国的边界一直延伸到地中海的巴尔卡和尼罗河第一瀑布的阿斯旺[5]。他在拉卡、哈兰和大马士革留下一支强大的部队保卫自己的新领地,并且从老对手叙利亚司库伊本-穆德比手中勒索六十万第纳尔,然后匆忙回到埃及。879年,艾哈迈德·伊本·突伦离开埃及仅一年,其长子阿巴斯自立为埃及副总督,漠视父亲的权威。然而,艾哈迈德·伊本·突伦到达埃及时,阿巴斯失去勇气,带走了所有能带走的财宝和战争物资,并且带着八百匹马和父亲手下一万名著名的黑人步兵撤退到巴尔卡。艾哈迈德·伊本·突伦试图说服阿巴斯,并且派贝克尔法官去跟阿巴斯讲道理,但没有用。愚蠢的年轻人阿

图14 ●艾哈迈德·伊本·突伦统治时期的钱币,881年在米瑟发行

巴斯拒绝所有提议，只梦想着建立一个北非王国。阿巴斯甚至围攻特里波里斯，掠夺勒比达。最后，阿巴斯被突尼斯贵族阿赫拉比德赶走，损失惨重。881年，阿巴斯被其父艾哈迈德·伊本·突伦的军队打败了，并且被带到福斯塔特。在福斯塔特，阿巴斯目睹军队对自己的手下施加酷刑和处决——也有说法称阿巴斯被迫亲手用刑。阿巴斯被鞭笞一百下，在囚禁中度过余生。

随着穆瓦法克和拉卡边境的埃及部队指挥官卢鲁联手，艾哈迈德·伊本·突伦及其名义上的上司穆瓦法克之间的矛盾进一步激化[6]。卢鲁带着手下所有士兵投靠穆瓦法克，甚至将艾哈迈德·伊本·突伦手下的官员伊本·萨夫万赶出幼发拉底河畔的卡尔基西雅。穆瓦法克远不是美索不达米亚最强大的诸侯。另外，他还嫉妒哥哥穆阿台米德拥有的一切权力。882年，穆阿台米德投靠艾哈迈德·伊本·突伦，因为艾哈迈德·伊本·突伦承诺保护他。当然，他投靠艾哈迈德·伊本·突伦的一部分原因是想保住埃及的贡品，并且降低穆瓦法克的影响力。毫无疑问，穆阿台米德出现在米瑟的军队中，会增加野心勃勃的艾哈迈德·伊本·突伦的威望，并且可能在某种程度上改变穆阿台米德的地位和埃及的未来。但穆阿台米德在前往埃及途中不幸被抓，并且被带回萨马拉。艾哈迈德·伊本·突伦试图占领圣城麦加，但以失败告终。他的军队被赶出麦加。在神圣的清真寺内，艾哈迈德·伊本·突伦被当众诅咒。

这些事件激怒了艾哈迈德·伊本·突伦。为了表达自己的不满，他将摄政王穆瓦法克的名字从星期五的祈祷中去掉。在星期五为摄政王祈祷，以及在钱币上刻上摄政王的名字，是伊斯兰国家人民对统治者表达敬意的主要方式。艾哈迈德·伊本·突伦甚至在大马士革召集会议。法官和律师以摄政王穆瓦法克虐待其兄长穆阿台米德为由，宣布罢黜他并剥夺他的继承权。贝克尔在埃及当了二十多年的法官，以严谨、认真著称。他拒绝签署宣言，因为宣言的依据和合法性遭到质疑。因此，贝克尔被关进监狱。他在狱中备受折磨而死。被囚禁期间，他仍然担任法官，并且从监牢的窗户里教授学生。最后，穆阿台米德受到专横的弟弟穆瓦法克的强迫，下令在自己管辖的每个清真寺的讲坛上诅咒艾哈迈德·伊本·突伦。毫无疑问，如果穆瓦法克没有在应对定居在美索不达米亚下游的泽戈或东非奴隶的严重叛乱

图 15 ● 刻在木板上的一间商店的地契，882 年雕刻

时被课以最高限度的税，那么艾哈迈德·伊本·突伦的无耻行为将会受到更严厉的惩罚。

在埃及西北边境，艾哈迈德·伊本·突伦拥有更好的运气。他与皇帝的友好关系变成了敌意，他在塔尔苏斯的副官哈拉夫在881年领导了一次成功的突袭，并且带回很多战利品。883年，凯斯塔·斯蒂领导的拜占庭军队与艾哈迈德·伊本·突伦的部队在塔尔苏斯附近的克里斯索布隆交战。最终，拜占庭军队遭受了灾难性失败，至少六万名基督教徒被杀死。艾哈迈德·伊本·突伦获得了珍贵的金银物品、珠宝镶嵌的十字架、圣器[7]和法衣，以及一万五千匹马。指挥胜利军队的宦官们得意扬扬，摆脱了主人艾哈迈德·伊本·突伦的束缚。艾哈迈德·伊本·突伦不得不维护自己的权威。那是一个严冬，他的对手控制了大坝，整个埃及遭受洪水之苦，围攻阿达纳的部队几乎被淹死。艾哈迈德·伊本·突伦被迫撤退到安提阿。由于战争和贫困，安提阿的大量水牛产的奶失去营养，并且导致艾哈迈德·伊本·突伦染上痢疾。他被用担架抬到福斯塔特。在这里，艾哈迈德·伊本·突伦的病情越来越严重，这使其医生们感到恐惧。他拒绝听从医生的嘱咐，无视医生规定的饮食。艾哈迈德·伊本·突伦发现自己病情恶化时，就砍掉医生的头，或者鞭打医生直到医生死去。穆斯林、犹太教徒和基督教徒为艾哈迈德·伊本·突伦的康复公开祈祷，但徒劳无功。《古兰经》《托拉》和《福音书》都救不了他。884年5月，艾哈迈德·伊本·突伦去世，这时他还不到五十岁。

基于艾哈迈德·伊本·突伦统治时期伊本·达亚所著的艾哈迈德·伊本·突伦传记，伊本·哈利坎将艾哈迈德·伊本·突伦描述为"慷慨、公正、勇敢、虔诚的君主，有才能的统治者，擅长判断人的品格。艾哈迈德·伊本·突伦亲自处理一切公共事务，重新任命各行省的官员，并且十分关心臣民的状况。他钦佩有学问的人，每天都盛情招待自己的朋友和公众。他每月捐献一千第纳尔。当一位官员向艾哈迈德·伊本·突伦咨询，是否应对戴精致面纱和金戒指但要求施舍的女人给予施舍时，他回答说，'救济每一个向你伸出手的人'。艾哈迈德·伊本·突伦虽然有这些美德，但他喜欢采用暴力手段。他执政时期，共有一万八千人被囚禁或处死。他十分熟悉《古兰经》，背诵经书的声音很动听，没有人比他更努力地背诵经书"。尽管需要大量收入为其宏伟的计划和增建辉煌的建筑提供资金支持，并且用于维护其奢华的宫殿，但到目前为止，艾哈迈德·伊本·突伦不仅没有提高税收，还废除了伊本-穆德比新设立的税种，并且保障农民对土地的所有权和使用权。因此，可以说艾哈迈德·伊本·突伦统治时期税收的增长是由于农业收成更好，而不是苛捐重税。他去世后，埃及金库内有一千万第纳尔，埃及军队有七千到一万个奴隶骑兵，两万四千个奴隶卫兵，三百匹马，数千匹骡子、驴子和骆驼，以及一百艘战舰。从阿拉伯帝国征服埃及开始，艾哈迈德·伊本·突伦统治时期，埃及的实力最强大。

艾哈迈德·伊本·突伦有十七个儿子和十六个女儿。他的第二个儿子阿布-勒-盖什·胡马拉韦[8]继承了他的遗产。艾哈迈德·伊本·突伦去世后，为了避免发生遗产继承纠纷，他那因谋反而被囚禁在监狱内的长子阿巴斯被典狱官杀死。阿布-勒-盖什·胡马拉韦即位时年仅二十岁，却明显有纵欲的嗜好。他既没有战争经验，又没有行政经验，似乎随时会被有心之人利用。为了使自己有足够的精力维持父亲艾哈迈德·伊本·突伦留下来的领地，阿布-勒-盖什·胡马拉韦需要吸取深刻的教训。他的个性很特别。他从耻辱中恢复过来，不但维持了自己的地位，而且开拓了更多的领地。阿布-勒-盖什·胡马拉韦有两个可怕的对手，即底格里斯河和幼发拉底河畔摩苏尔的突厥裔总督和安巴尔的突厥裔总督。摩苏尔总督、安巴尔总督与大马士革的执政官联手，推翻了埃及在叙利亚的统治，并且将阿布-勒-盖什·胡马拉韦的亚洲领地归还穆阿台米德，或者更确切地说，归还穆阿台米德的弟弟穆瓦法克。摩苏尔和安巴尔的总督有合理的说辞：阿布-勒-盖什·胡马拉韦没有埃及总督的正式头衔，摩苏尔总督伊沙克·伊本·昆达吉获得了穆阿台米德的任命状。当时，总督的头衔不是世袭的。摩苏尔总督和安巴尔总督在885年2月进入大马士革的穆瓦法克的儿子阿布-阿巴斯的支持下，率军占领了叙利亚。阿布-勒-盖什·胡马拉韦派遣步兵和水师抵抗摩苏尔总督和安巴尔总督的军队。一支埃及部队在奥龙特斯岛的谢扎尔，遭到封锁并被击溃。随后，阿布-勒-盖什·胡马拉韦率领一支七万人的军队进入巴勒斯坦，并且在拉姆拉附近的阿布-布特鲁斯河的塔瓦辛遇到对手的一支小部队。不幸的是，阿布-勒-盖什·胡马拉韦从来没有参加过激战，他当场惊慌失措，匆忙逃回埃及。埃及军队的大部分士兵随他回到埃及。只有埃及预备部队坚定地抵抗，在指挥官萨德·阿萨尔的带领下奋勇杀敌。萨德·阿萨尔和士兵们争先到达米瑟的安全地带。敌人忙着掠夺埃及人的营地，很快被强大的埃及预备部队击溃。萨德·阿萨尔找不到主人胡马拉韦——胡马拉韦逃离战场的行为很可耻。接着，萨德·阿萨尔向大马士革进军，重新占领这里，并且送给胡马拉韦一份急报，告诉他埃及军队大获全胜的消息。胡马拉韦在埃及无所事事地待了整整一年。其间，埃及经历了一场强烈的地震。地震摧毁了房屋，破坏了阿慕尔清真寺。一天内，福斯塔特有一千名居民死亡。胡马拉韦懦弱的形象深入人心。在大马士革的萨德·阿萨尔拒绝听命于主人阿布-勒-盖什·胡马拉韦。胡马拉韦再次出征，打败了叛乱分子，并且最终取得决定性胜利。886年6月，他进入大马士革，接着继续行军，不久与摩苏尔总督伊沙克·伊本·昆达吉展开激烈战斗。他英勇地阻止了伊沙克·伊本·昆达吉率军撤退，并且将其赶到底格里斯河附近的萨马拉。胡马拉韦在证明了自己具有将军的品质后，与穆瓦法克签订了和平协议。穆阿台米德、其弟穆瓦法克及哈里发的继承者穆塔迪德签署了一份公文，授权胡马拉韦统治埃及、叙利亚和拜占庭的边界地区，统治期限为三十年。

在获得一次战斗胜利后，胡马拉韦决定乘胜追击，介入安巴尔总督伊本·阿布尔·萨格与前盟友伊沙克·伊本·昆达吉的斗争。在美索不达米亚的战斗中，胡马拉韦获胜，并且占领拉卡[9]。作为摩苏尔和美索不达米亚的摄政王和总督，埃及首领胡马拉韦接受公众祈祷。然而，他的新附庸伊本·阿布尔·萨格变幻无常——伊本·阿布尔·萨格率军入侵叙利亚。阿布-勒-盖什·胡马拉韦再次显示了自己的军事才能。888年5月，他在大马士革附近击败了伊本-阿布尔-萨格，并且将伊本-阿布尔-萨格赶到底格里斯河畔的贝莱德。胡马拉韦在底格里斯河岸建造了一座巨大的胜利纪念碑。酋长之间的战争使他在美索不达米亚和叙利亚待了一年多时间。胡马拉韦的声望有所提高，于是，塔尔苏斯总督（曾是宦官）雅兹曼（或称巴兹马兹）与埃及交好。883年以来，巴兹马兹一直拒绝承认突伦王朝的权威。但此时，为表诚意，他向胡马拉韦献上三万第纳尔、一千件长袍、若干武器，之后追加了五万第纳尔。891年到894年，塔尔苏斯人几次袭击拜占庭帝国的领土。

891年，穆瓦法克去世。随后，伊沙克·伊本·昆达吉去世。892年，穆阿台米德去世。这些人物的去世使埃及和巴格达的关系变得更加密切。胡马拉韦统治埃及的任命被更新为三十年，他提出将自己的女儿卡特恩-内达（意为"露珠"）嫁给哈里发穆阿台米德的儿子穆塔迪德。卡特恩-内达不满十岁，所以她与穆塔迪德的婚礼推迟到895年。举行婚礼时，卡特恩-内达快十二岁了。婚前，她与穆塔迪德交换了昂贵的礼物。穆塔迪德送给卡特恩-内达一百万第纳尔、来自中国和印度的稀有香水，以及各种珍贵的物品。卡特恩-内达从埃及一直被护送到美索不达米亚，每天晚上车队都会停下，每个休息点都有已经建好的宫殿供卡特恩-内达休息。宫殿内充斥着奢侈品。卡特恩-内达的嫁妆包括四千条珠宝腰带、十箱珠宝和一千个金研钵。金研钵用来制作卡特恩-内达的香水。这些嫁妆花费了胡马拉韦一百万第纳尔。但作为回报，胡马拉韦从幼发拉底河的希特到地中海的巴尔卡的领地得到了穆塔迪德的承认。他每年向穆塔迪德进贡的金额固定在三十万第纳尔。阿布-勒-盖什·胡马拉韦的埃及军队每年的军饷达九十万第纳尔，每月仅食物方面的开支就达两万三千第纳尔。穆塔迪德对于胡马拉韦贫困的处境感到十分满意，因为只有这样，他的财富才能迅速增长。胡马拉韦完全继承了父亲艾哈迈德·伊本·突伦对宏伟建筑的热情。他扩建了位于卡塔的宫殿，并且将梅登改建成花园。花园内开满各种芬芳的花朵，遍布珍稀的树木。一个大型鸟舍内充斥着美丽的鸟儿。胡马拉韦的"金屋"装饰着自己、妻子们和歌手的画像，尽管穆斯林对画像有偏见。为了安抚胡马拉韦的不眠之夜，一张气垫床被放在一个水银湖[10]上。水银湖的面积近一百平方英尺，床的四角用柔软的绳子系在银色柱子上，床轻轻地摇晃着。胡马拉韦在床上睡觉时，兽笼内一头驯服的狮子守护着他。

虽然有狮子和来自哈夫的阿拉伯年轻卫兵保护，但胡马拉韦依然饱受皇宫阴谋之苦。896年初，由于内部阴谋，胡马拉韦在访问大马士革期间，被自己的奴隶谋杀。杀死他的犯人被钉在十字架上。在响亮的哀叹声中，胡马拉韦的尸体安葬在其父艾哈迈德·伊本·突伦旁边。此处离胡马拉韦位于穆卡塔姆山下的宫殿不远。在艾哈迈德·伊本·突伦墓前，七位《古兰经》吟诵者背诵圣书，当抬棺人将胡马拉韦的尸体放进墓中时，吟诵者碰巧在吟唱诗句"捉住他，把他拖入火狱中"。

胡马拉韦的长子阿布-阿萨基尔·盖什[11]继承了埃及总督之位。当时，他还是个十四岁的小男孩，完全不能严肃看待自己的地位，一边沉浸在自己那个年纪的快乐中，一边沉浸在自己那个年纪的愚蠢中。叙利亚和埃及北部边境不承认阿布-阿萨基尔·盖什的统治权。埃及军队和埃及政府被忽视，财政状况不佳。阿布-阿萨基尔·盖什杀死自己的三位叔叔后，在长达数月间滥用权力。最终，他被军方暗杀。阿布-阿萨基尔·盖什最后一次公开活动是将自己两位被谋杀的叔叔的头扔向叛乱分子，并且喊道："你们的埃米尔在这里！"他的弟弟阿布-穆萨·哈鲁[12]继任总督，摄政王为伊本-阿巴利。但阿布-

图 16 ● 阿布-穆萨·哈鲁发行的钱币，904 年在米瑟发行

穆萨·哈鲁与其兄长阿布-阿萨基尔·盖什一样无能,不是政治家。当时,突厥裔军官为所欲为。阿布-穆萨·哈鲁的一位叔叔带领叛军前往福斯塔特,但被击败。叙利亚和塔尔苏斯完全没有受到控制,尽管898年穆塔迪德任命阿布-穆萨·哈鲁为叙利亚和埃及的总督,条件是阿布-穆萨·哈鲁每年向穆塔迪德上交四十五万第纳尔,并且放弃叙利亚北部的领土。卡尔玛提人占领了叙利亚,围攻大马士革,埃及军队损失惨重。穆塔迪德终于认为有必要干预局势。他的军队与卡尔玛提人交战并取得决定性胜利。在一些在叙利亚的埃及埃米尔的支持下,穆塔迪德派一支舰队从塔尔苏斯前往达米亚特,又派一支部队从陆路来到叙利亚边境小镇阿巴萨——从比比斯步行到阿巴萨要一天时间,并且将阿巴萨的一座用于卡特恩-内达旅途休息的行宫改建为军队驻地。在阿巴萨,阿布-穆萨·哈鲁集结了自己麾下三心二意的军队。他醉醺醺地躺在床上时,他的两个叔叔走进他的帐篷,夺走了他毫无用处的生命[13]。谋杀阿布-穆萨·哈鲁的人中有一个是希班。希班是艾哈迈德·伊本·突伦的儿子,夺取了侄子阿布-穆萨·哈鲁的总督之位,然后谨慎地将军队撤回米瑟。在米瑟,尽管国库空虚,但希班通过做出承诺和送礼,赢得了人们的拥护。穆塔迪德的将军穆罕默德·伊本·苏莱曼追击希班。经过短暂抵抗后,希班有条件地投降,抛弃了自己的军队。905年1月10日,穆罕默德·伊本·苏莱曼进入卡塔,屠杀了希班的大部分黑人士兵,烧毁了黑人士兵的住所,彻底摧毁了艾哈迈德·伊本·突伦建造的美丽城市。虽然艾哈迈德清真寺得以保存,但城内房屋被洗劫和拆毁。愤怒的妇女们遭到虐待,好像妇女们是异教徒一样。哈里发穆克塔菲的军队在持续了四个月的肆意破坏、掠夺和勒索后撤退,将希班和突伦家族的所有剩余成员作为囚犯带到巴格达。突伦王朝持续了三十七年零四个月。在这段时间,埃及重新恢复了它在古代的重要地位,其首都拥有阿拉伯人征服埃及以来从未有过的财富和奢华。

●伊赫什德王朝统治时期

突伦王朝覆灭后的三十年内,埃及一直处在动荡不安中。埃及再次成为一个独立的省份,但穆克塔菲是一位软弱的统治者,不能有效统治埃及,因此埃及政府落在突厥士兵手中。为了阻止埃及内乱和外国入侵,从巴格达派来的军队向历任总督提出条件,即统治埃及行省的总督必须首先被军队接受,军队的支持取决于支付给他们的钱。因此,除了将军,最适合担任埃及总督的人是司库。整个动乱时期,司库一职都由马达拉尼家族控制——马达拉尼家族的成员出生于幼发拉底河畔巴士拉附近的马达拉亚。该家族逐渐在埃及获得至高无上的权力。至于其他官员,只有一人有足够的影响力担任埃及总督,那就是备受尊敬的伊本-哈巴韦赫。伊本-哈巴韦赫是埃及总督们正式拜访的最后一位法官,但他没有站起来接待他们。

穆克塔菲任命的埃及总督对埃及的控制力不够。这一点可以从一位默默无闻但精力充沛的年轻人穆罕默德-哈兰吉发动叛乱并取得成功看出。他在巴勒斯坦聚集了一些同情突伦家族遭遇的埃及人。这些埃及人占领了拉姆拉，并且以穆克塔菲的名义背诵公众祷告时的祷文。穆罕默德-哈兰吉在公开祈祷中称穆克塔菲为伊斯兰教和国家的领袖，阿布-勒-盖什·胡马拉韦一个被俘虏的儿子易卜拉欣担任埃及总督，穆罕默德-哈兰吉担任副总督。人们安静地聆听穆罕默德-哈兰吉的祈祷，似乎对叛乱者很感兴趣。叛乱者被赶出家门，没有任何生活来源。伊萨从阿拔斯将军手中接管了埃及政府。面对穆罕默德-哈兰吉带领的叛乱者，伊萨率军步步后退。905年9月，穆罕默德-哈兰吉进入福斯塔特，并且宣读了与在拉姆拉一样的祈祷文。人们仍然十分怀念艾哈迈德·伊本·突伦统治时期埃及的繁荣景象，并且为这朦胧的复辟欢欣鼓舞，甚至用藏红花将自己和马涂成黄色。穆罕默德-哈兰吉任命了必要的行政官员，并且在没有反抗的情况下住进埃及总督府邸。穆罕默德-哈兰吉的声望逐渐提高。实际上，穆罕默德-哈兰吉上位时，埃及国库空虚，因为伊萨将公款连同所有账簿和大多数职员一起带走了。因此，穆罕默德-哈兰吉根本不可能知道纳税人应缴多少税，但他的征税活动没有受到限制。他让税吏尽可能多收税，开出收据，并且承诺人们一旦拿回账簿，就按实际税额补偿，以此掩盖其勒索行径。随后，穆罕默德-哈兰吉通过海路和陆路向亚历山大派兵，尽管埃及真正的总督就在亚历山大附近扎营，并且占领了亚历山大。最后，穆罕默德-哈兰吉不仅夺回总督的财宝，还带回一些失踪的账簿。与此同时，穆克塔菲不同意穆罕默德-哈兰吉自封为副总督，并且从美索不达米亚派来一支军队，以便让穆罕默德-哈兰吉恢复理智。但穆罕默德-哈兰吉将穆克塔菲的军队逐出阿里什，并且杀死许多士兵。然而，算总账的时刻已经临近。穆罕默德-哈兰吉的一部分军队被伊萨打败。不久，穆克塔菲从海路和陆路派来更强大的部队与伊萨的部队会合。经过几场战斗，穆罕默德-哈兰吉被迫撤退到福斯塔特。在福斯塔特，他被朋友出卖，接着被送往巴格达面见穆克塔菲。作为对所有埃及人的警告，穆罕默德-哈兰吉前往巴格达途中被放在一头骆驼上。906年5月，穆罕默德-哈兰吉被处决。一个毫无背景的叛乱者竟能占领埃及首都卡希拉，并且在长达八个月的时间内反抗穆克塔菲的军队。这是阿拉伯帝国哈里发软弱无能的最明显体现。

除了内乱，埃及还面临外患。中世纪史上最重要的什叶派政权、著名的法蒂玛哈里发王朝开始征服北非。909年，强大的突尼斯阿格拉比德家族的最后一位成员到达埃及，追兵也紧随其后。913年到914年，法蒂玛将军库巴萨进入巴尔卡，犯下了令人发指的罪行。914年7月，库巴萨在法蒂玛王朝第一任哈里发阿卜杜拉·马赫迪·比拉的儿子卡伊姆的帮助下，占领了亚历山大，并且没有遭到任何抵抗。当时，惊慌失措的亚历山大居民纷纷乘船逃离，绕开福斯塔特，向法尤姆前进。在法尤姆，入侵者遭到埃及军队的进攻，很快被击败。入侵者的增援部队从巴格达赶来，但无济于事。最终，入侵者被赶出埃及。919年后，库巴萨率领军队再次袭击埃及。亚历山大居民再次乘船逃离居住的城市。随后，亚历山大被洗劫，法尤姆被摧毁，战争的硝烟弥漫到乌什穆宁。与此同时，由八十五艘船组成的法蒂玛舰队在亚历山大抛锚停泊。哈里发穆克塔迪尔一世手下的海军将领们只能在塔尔苏斯集结二十艘船对付法蒂玛的舰队，但穆克塔迪尔一世军队的反击效果显著，对手大多数船都被石脑油烧了，船员和士兵被杀死或作为俘虏被带到福斯塔特。然而，陆地作战的状况没那么乐观。时任埃及总督的希腊人杜卡·鲁米费了好大劲才让埃及军队开拔。他不得不贿赂埃及军队。即使这样，埃及军队只是战战兢兢地在吉萨扎营，以防遭到突然袭击。在这一关键时刻，杜卡·鲁米去世了，其继任者特金幸运地受到埃及军队的欢迎，并且使惊慌失措的埃及人重获信心。此外，在法尤姆的入侵者由于过度消耗粮草正遭受严重的饥荒和瘟疫。入侵者对在吉萨扎营的埃及军队发起进攻。当时，埃及军营周围筑有两条沟渠。大约在埃及军在亚历山大获胜的同一天，吉萨的入侵者被击退。但入侵者仍然控制着上埃及，即使一支拥有三千名官兵的、来自巴格达的新部队前来增援，特金也没有试图驱逐入侵者。特金深受埃及内部阴谋的困扰。司库马达拉尼和许多其他高级官员被发现与法蒂玛哈里发通信。这些官员涉嫌叛国。在信中，这些官员说渴望法蒂玛哈里发来到福斯塔特。在首都福斯塔特充满叛乱气息、亚历山大落入敌手的情况下，特金一直处于守势，直到来自美索不达米亚的第二支增援部队前来解救他。920年春，埃及军队最终向入侵者进军。经过在法尤姆和亚历山大的一系列交战，920年底前，埃及军队与入侵者的战争结束，法蒂玛军队撤退到柏柏里。

法蒂玛入侵者被驱逐后，埃及陷入了混乱。921年，从巴格达来的宦官穆尼被召回。穆尼曾担任埃及军队指挥官多年，在埃及拥有至高无上的地位。他随意罢免和设立总督。穆尼被召回巴格达后，埃及军队继续统治着政府。埃及士兵到处作恶，掠夺和杀害人民。埃及陷入严重混乱。当特金第四次被任命为埃及总督时——因为没人能安抚军队，为安全起见，他将军队驻扎在自己的宫殿内。埃及的秩序在某种程度上得到了恢复，但933年3月特金死后，特金的儿子被埃及军队赶出埃及，因为他拖欠兵饷。司库马达拉躲了起来。存在竞争关系的总督们争夺权力，各自集结军队，埃及频繁爆发冲突。934年，一场可怕的地震将许多房屋和村庄夷为平地。随后，天空中出现了流星，这增强了人们的恐惧。

在这种绝望的境地中，935年8月，穆罕默德·伊本·突格吉接管了埃及政府。埃及需要一位强大的统治者应付眼下的紧急状况，而穆罕默德·伊本·突格吉证明了自己的能力。他来自锡尔河畔费尔干纳的一个贵族家庭，头衔是"伊赫什德"，正如波斯君主的头衔是库思老，塔巴里斯坦君主的头衔是伊斯佩赫贝德。穆罕默德·伊本·突格吉的祖父古夫是哈伦-拉希德的儿子穆阿台绥姆带到伊拉克的突厥军官，他的父亲突格吉埃米尔曾在阿布-勒-盖什·胡马拉韦的军队中服役，并且立下显赫战功。突格吉埃米尔曾担任塔尔苏斯的指挥官与拜占庭军队作战，并且得到了叙利亚总督职位的奖励。然而，最终，突格吉由于自大，在大马士革的监狱内结束了自己的生命。埃及未来的统治者、突格吉的儿子穆罕默德·伊本·突格吉曾与突格吉一同被囚禁，但穆罕默德·伊本·突格吉获释了。历经磨难后，穆罕默德·伊本·突格吉在特金手下服役，并且接受委派，治理下埃及哈夫的叛乱地区。在叙利亚担任多个官职后，930年，他获得穆克塔迪尔一世批准，成为大马士革省总督。933年，哈里发卡希尔一世提名穆罕默德·伊本·突格吉为埃及总督，但当时，叙利亚的状况不允许罕默德·伊本·突格吉离开，尽管在公共祈祷中，福斯塔特的人们已经称穆罕默德·伊本·突格吉为总督。卡希尔一世派一位副总督代表穆罕默德·伊本·突格吉处理埃及事务，并且任命另一位总督暂时填补穆罕默德·伊本·突格吉的位置。直到935年，哈里发拉迪任命穆罕默德·伊本·突格吉为埃及总督，穆罕默德·伊本·突格吉才到埃及上任。在埃及掌握实权的司库马达拉怂恿上一任埃及总督抵制穆罕默德·伊本·突格吉上任，并且反对伊赫什德家族进入埃及。然而，马达拉的军队在法拉玛一败涂地，从叙利亚出发的埃及舰队沿尼罗河从廷尼斯航行到吉萨，试图控制当时的首都福斯塔特，但福斯塔特最终被伊赫什德的军队占领。

在很大程度上，之前埃及的无政府状态源于总督们及其手下官员的无能和嫉妒。这一点从伊赫什德政府十一年的铁腕统治和埃及没有出现一例叛乱或骚乱可以看出。埃及军队承认了穆罕默德·伊本·突格吉的统治。他的叙利亚军队令埃及人敬畏，埃及人不敢表现出任何不满。穆罕默德·伊本·突格吉是一位精力充沛、谨慎小心的将军，他身体强健——没人能像他那样拉弓，这使人们对他怀着很高的敬意。不过，为防遭人暗杀，穆罕默德·伊本·突格吉还是采取了许多预防措施。他热爱和平，不愿战争。他宁愿签订条约、失去领土，甚至交纳贡品，也不愿继续战斗。穆罕默德·伊本·突格吉手下有一支强大的军队。这支军队有四十万士兵，其中八千人组成穆罕默德·伊本·突格吉的护卫队。这支军队不仅阻止了法蒂玛王朝再次入侵埃及，还在卡希尔一世地位摇摇欲坠而导致的混战中支持卡希尔一世。在穆罕默德·伊本·突格吉统治时期，"信徒的领袖"即哈里发对埃及的世俗统治已经消失。阿拉伯帝国各行省的总督都获得了统治权。布韦希德人占领了波斯，萨曼尼德人占领了奥克斯河以北的土地，美索不达米亚的哈姆丹人及一些野心勃勃的突厥埃米尔为争夺巴格达和被囚禁的伊斯兰教教皇的看守一职而战，布韦希德人、萨曼尼德人、哈姆丹人混战。穆罕默德·伊本·突格吉的主要任务是保卫叙利亚省，防止叙利亚遭邻国入侵。他与伊本-雷克埃米尔发生冲突。首先，伊本-雷克占领了霍姆斯和大马士革。穆罕默德·伊本·突格吉率领的埃及军队在埃及边境的阿里什，以及距太巴列二十英里的拉贡，与伊本-雷克的军队交战，埃及军队战败。940年，穆罕默德·伊本·突格吉和伊本-雷克签订和约，规定伊本-雷克统治拉姆拉以北的叙利亚土地，埃及每年向伊本-雷克进贡十四万第纳尔。

942年，伊本-雷克去世。两年后，穆罕默德·伊本·突格吉收复叙利亚，并不费一兵一卒再次入主大马士革。943年，除了叙利亚和埃及，哈里发穆塔基还将圣城麦加和麦地那纳入穆罕默德·伊本·突格吉的统治之下。穆罕默德·伊本·突格吉命令将士们拥护自己的长子，即未来的君主。当时，埃及总督之位的世袭制确立了。在强大的哈姆丹人的王朝和图尊、巴里迪之间的竞争中，可怜的穆塔基被赶出巴格达并投靠穆罕默德·伊本·突格吉。穆罕默德·伊本·突格吉向北进军，从一个野心勃勃的哈姆丹家族成员的手中收复了阿勒颇。随后，在与拉卡相对的幼发拉底河，穆罕默德·伊本·突格吉会见了自己精神上的领主穆塔基，并敦促穆塔基与自己一同前往叙利亚或埃及寻求庇护。然而，由于太害怕其他

图17 ● 穆罕默德·伊本·突格吉统治时期发行的一第纳尔钱币，943年在巴勒斯坦发行

埃米尔，穆塔基不敢冒险采取如此关键的一步，甚至不愿意接受军队的提议，尽管他得到黄金补贴，宫廷官员也获得了大笔金钱。穆塔基向穆罕默德·伊本·突格吉表示感激，并且授予穆罕默德·伊本·突格吉及其继承人管理埃及和叙利亚的权力——期限为三十年，随后便让穆罕默德·伊本·突格吉离开。944年，图尊向穆塔基信誓旦旦地宣誓，结果穆塔基被奸诈的手段弄瞎了眼睛，最终被废黜。穆塔基及其妻子们的尖叫声淹没在鼓声和继任者的欢呼声中。

穆罕默德·伊本·突格吉统治地区的北部边境仍然危机重重。944年底，哈姆丹人的领袖赛义夫-达赫拉再次占领阿勒颇。945年，在宦官阿布-米斯克·卡富尔和雅尼斯的带领下，一支从埃及派遣的军队在奥龙特斯岛的拉斯坦（即阿勒图萨）与哈姆丹的军队交战。这场战斗造成埃及军队四千名士兵被俘，还有不少士兵被杀死或被淹死。赛义夫-达赫拉继续进军，占领大马士革，穆罕默德·伊本·突格吉不得不率领一支庞大的军队亲自与赛义夫-达赫拉的军队交战。埃及军队和哈姆丹军队在金纳斯林附近相遇。穆罕默德·伊本·突格吉将装备着短槊的轻装部队部署在前方，将一万名精挑细选的、被他称为"坚定力量"的士兵留在后方。轻装部队很快被哈姆丹军队的进攻击垮。哈姆丹军队以为自己已经取得胜利，便开始掠夺埃及军队携带的行李。这时，穆罕默德·伊本·突格吉命令"坚定力量"包围并击败哈姆丹军队。埃及君主穆罕默德·伊本·突格吉再次进入阿勒颇，接着占领大马士革。他与战败的赛义夫-达赫拉在大马士革达成一项奇怪的协议：他同意将阿勒颇和叙利亚北部拱手送给哈姆丹军队，并且为了换取对大马士革的统治权，他每年向哈姆丹人进贡。对这一行为的解释似乎是，穆罕默德·伊本·突格吉认为，他已经六十四岁，守住叙利亚北部太艰难了。他活到了战争结束后一年，946年7月，他在大马士革去世，被安葬在耶路撒冷。伊赫什德王朝的继任统治者们也被安葬在耶路撒冷。

穆罕默德·伊本·突格吉治理埃及政府的状况，几乎没有记录。与艾哈迈德·伊本·突伦一样，穆罕默德·伊本·突格吉致力于建造宏伟的建筑。在一个叫"卡弗尔花园"的游乐园里，他建造了一座漂亮的宫殿。这座宫殿位于现在的苏克-恩-纳哈辛以西，但穆罕默德·伊本·突格吉的建筑没有留下任何痕迹。在穆罕默德·伊本·突格吉统治期间，历史学家马苏第曾经访问埃及，但他更关注金字塔和其他奇迹，而不是同时期的建筑或当地人的生活。马苏第既没有描写宫殿或宫廷，没有描写宫殿或宫廷的主人穆罕默德·伊本·突格吉，也没有描写当时埃及人的生活状况。不过，他对当时的灌溉系统做了一些描述。根据马苏第的记载，9月14日尼罗河三角洲的运河大坝被切断，并且在1月关闭。"沐浴之夜"是最盛大的庆典。1月10日，人们步行前往尼罗河河边。穆罕默德·伊本·突格吉是埃及的统治者，住在一座叫姆赫塔拉的房子里，房子建在一个岛上。这个岛将尼罗河分成两边。他下令用一千支火把和彩灯照亮小岛的堤岸和小岛对岸的福斯塔

图 18 ● 阿布·哈西姆·乌努朱尔·伊赫什德统治时期的一迪拉姆钱币，949 年在大马士革发行

特。成千上万的穆斯林和基督教徒挤在尼罗河上的小船上，或者俯瞰尼罗河上的亭子，或者站在河岸上。他们穿着盛装，戴着金银珠宝首饰，热切期待盛典。盛典举办期间，到处能听到音乐声，人们载歌载舞。这是一个美妙的夜晚，也是米瑟最美丽、最欢乐的夜晚。每个房间的门都敞开着，大多数人在尼罗河中洗澡，他们知道这晚的尼罗河水可以治愈所有疾病。马苏第还写道，穆罕默德·伊本·突格吉允许人们挖掘宝藏，他们说他们在古代手稿中发现了相关线索，但其实只发现了布满雕像的洞穴和地窖。如同木乃伊一样，这些雕像由骨头和灰制成。我们虽然对穆罕默德·伊本·突格吉统治下的埃及内部事务知之甚少，但至少可以清楚地看到，穆罕默德·伊本·突格吉为混乱的埃及带来了安宁，并且首次建立了哈里发承认的埃及总督之位的世袭制度。实际上，埃及是一个独立国家。埃及总督的任期确实被限制在三十年，并且必须得到哈里发的同意才能延续，但实际上，在有才能的穆罕默德·伊本·突格吉手

中，伊赫什德王朝是独立的。

穆罕默德·伊本·突格吉的两个儿子，946年到961年在位的阿布-哈西姆·乌努朱尔·伊本·伊赫什德和961年到965年在位的阿布-哈桑·阿里·伊本·伊赫什德在名义上继承了他的埃及总督之位，但两人都没有机会证明自己的政治才能。穆罕默德·伊本·突格吉去世时，阿布-哈西姆·乌努朱尔·伊本·伊赫什德十四岁。阿布-哈桑·阿里·伊本·伊赫什德继任埃及总督时二十三岁，两人的统治时期无一例外由黑人宦官阿布-米斯克·卡富尔摄政。阿布-哈西姆·乌努朱尔·伊本·伊赫什德和阿布-哈桑·阿里·伊本·伊赫什德在担任总督期间可以获得四十万第纳尔的巨额津贴，但他们不能干涉国家大事。他们毫无反抗能力，纵情享受宫廷内的奢靡生活。965年，在哈里发穆提的认可下，阿布-米斯克·卡富尔登上总督之位，成为埃及及其属国的"主人"。阿布-哈西姆·乌努朱尔·伊本·伊赫什德和阿布-哈桑·阿里·伊本·伊赫什德在极度的默默无闻中去世了。阿布-米斯克·卡富尔是一个来自埃塞俄比亚的奴隶，被穆罕默德·伊本·突格吉用不到十英镑的价格从一名油商处买来。阿布-米斯克·卡富尔在阿布-哈西姆·乌努朱尔·伊本·伊赫什德和阿布-哈桑·阿里·伊本·伊赫什德的一生中，一直担任他们的导师。他无疑是一位优秀的仆人，尽管不是一位成功的将军。但他掌权时，极度喜爱奢华和安逸。这是当时所有黑人官员的特点。阿布-米斯克·卡富尔担任摄政期间，埃及没有外部困扰。哈姆丹军队曾入侵埃及，阿布-哈桑·阿里·伊本·伊赫什德在阿布-米斯克·卡富尔的陪同下分别在拉贡和大马士革附近的玛格-阿德拉两度战胜赛义夫-达赫拉。埃及军队进入阿勒颇，与哈姆丹军队缔结和平条约。条约内容与945年的条约相同，但埃及不再向哈姆丹进贡。阿布-米斯克·卡富尔很容易就让哈里发穆提（或其看护人）同意了穆罕默德·伊本·突格吉的两个年轻儿子阿布-哈西姆·乌努朱尔·伊本·伊赫什德和阿布-哈桑·阿里·伊本·伊赫什德继任埃及、叙利亚和圣城的总督。阿布-米斯克·卡富尔担任摄政后期，不只大马士革，还有远到阿勒颇和塔尔苏斯的整个叙利亚，都再次被纳入埃及版图。除了953年到955年麦加的朝圣活动发生了一些暂时性的骚乱，963年卡尔玛提人对叙利亚发动的袭击，966年卡尔玛提人俘虏了由两万匹骆驼组成的埃及朝圣商队，埃及的外部麻烦很少。埃及内部尽管有一系列严重地震，一场大火烧毁了福

图 19 ● 阿布·哈西姆·乌努朱尔·伊赫什德统治时期的一第纳尔钱币，950年在米瑟发行

斯塔特的一千七百所房屋，泛滥无度的尼罗河，以及由此导致的物质匮乏和困苦，但埃及人似乎一直过得相当安宁。963年，努比亚人带着火把和刀剑，在萨伊德肆意放火杀人。屠杀和饥荒没有引起埃及人的反抗。显然，高大的黑人宦官阿布-米斯克·卡富尔知道如何维持秩序。

阿布-米斯克·卡富尔是他所处时代的卢库雷斯[14]和盖乌斯·梅塞纳斯[15]。和大多数聪明的奴隶一样，他设法令自己接受教育。他喜欢与诗人和评论家交往，花一晚上时间听诗人与评论家谈论，或者让诗人和评论家为自己读古代哈里发的传记。与所有黑人一样，阿布-米斯克·卡富尔喜欢音乐。他拥有大量金钱，并且将它们慷慨地送给自己的文学家朋友们。文学家朋友们会用一些华而不实的诗句报答阿布-米斯克·卡富尔。著名诗人穆太奈比是阿布-米斯克·卡富尔的一位密友。人们可以从穆太奈比的颂歌中看到他的形象：他擅长创作赞词，后来成为其赞助人阿布-米斯克·卡富尔的一名讽刺作家。当另一位诗人用诗歌解释说，当时频繁的地震是由于埃及人在阿布-米斯克·卡富尔的美德中高兴得手舞足蹈所致时，埃塞俄比亚人阿布-米斯克·卡富尔高兴地扔给这位诗人一千第纳尔。先知穆罕默德的后裔曾为阿布-米斯克·卡富尔拿过马鞭，阿布-米斯克·卡富尔送给他一辆价值一万五千第纳尔的行李车。阿布-米斯克·卡富尔的餐桌十分奢侈，他有黑人那种快活的食肉欲。他的厨房每天宰杀一百只大羊、一百只羊羔、二百五十只鹅、五百只家禽、一千只鸽子和其他鸟类，另外还要一百罐甜食。把肉类和甜食计算在内，他的官邸每天食物的消耗量达一千七百磅。另外，官邸的仆人们还可分得五十袋酒。阿布-米斯克·卡富尔最喜欢的饮料是椰枣苹果酒。艾斯尤特的法官每季度向阿布-米斯克·卡富尔送五万个椰枣。

968年4月，阿布-米斯克·卡富尔去世。宫廷的主要官员立即集合起来选出埃及总督，少数人同意接受多数人的选择。在埃及，少数服从多数的选举程序没有先例。这表明此时在名义上对埃及拥有主权的穆提的权威被忽视了。最终，官员们选择阿布-哈桑·阿里·伊本·伊赫什德十一岁的儿子阿布-法瓦里斯·艾哈迈德·伊本·阿里担任埃及、叙利亚和圣城的总督，并且由他的堂弟侯赛因·伊本·阿卜杜拉·伊本·突格吉担任下任埃及总督。伊本-弗拉特负责埃及的财政事务，塞缪尔负责埃及的军事事务。伊本-弗拉特对埃及人的敲诈勒索及塞缪尔的无能导致埃及爆发叛乱，侯赛因·伊本·阿卜杜拉·伊本·突格吉成为埃及的摄政。但这没有持续多久。埃及政府的无能没有逃过柏柏里法蒂玛王朝第四任哈里发穆伊兹·利丁·阿拉的敏锐观察，他想成为埃及主人的勃勃野心再次燃烧起来。卡马提斯人对叙利亚的入侵，以及伊拉克的混乱状态，导致穆伊兹·利丁·阿拉此时入侵埃及不会受到东方势力的干涉。这一机会不容错失。969年，阿布-米斯克·卡富尔去世后一年多，法蒂玛王朝的军队进入福斯塔特。随着伊赫什德王朝的覆灭，埃及不再属于位于东方的正统派哈里发的管辖范围。

从阿拉伯人首次入侵尼罗河谷起，三百三十年已经过去。温驯的埃及本地人自愿接受统治者的宗教，穆斯林已经占埃及人口的绝大多数。阿拉伯人和埃及当地人融合，几乎形成了我们现在所称的埃及民族。埃及总督中少数有权势的人，如艾哈迈德·伊本·突伦、穆罕默德·伊本·突格吉和阿布-米斯克·卡富尔都是外国人。埃及总督们没有大规模扩张领土，也没有试图消灭危险的邻居法蒂玛王朝。埃及总督虽然拥有舰队，也使用过舰队，但从没有冒险派舰队前往欧洲。阿拉伯人征服埃及似乎在很大程度上没有改变当地人的物质生活条件。毫无疑问，埃及仍然实行旧的耕作和灌溉制度，但这不是因为统治者的国家发展计划或统治者考虑公众利益。阿拉伯统治者让农民自食其力，但他们主要关心的是如何获得财政收入。马克里齐记录的土地税的减少真实反映了统治者忽视农业生产。统治者几乎只在首都卡希拉营建公共工程，并且都是从自己享乐的角度出发修建建筑，如扩建和装饰宫殿、其他建筑、花园和赛马场等。一段时间内，阿布-勒-盖什·胡马拉韦这类统治者的奢侈生活虽然在一段时间内使城镇居民受益，但乡村纳税人为此付出了沉重代价。艾哈迈德·伊本·突伦和阿布-米斯克·卡富尔当政时的宫廷吸引了来自哈里发领地其他地区的学者和文人，米瑟获得了启蒙中心的美誉。但此时，在城市的重要性方面，米瑟远不及巴格达、大马士革和科尔多瓦。一方面，艾资哈尔大学还没有建立，埃及的穆斯林中还没有一个在阿拉伯文学中具有一流地位的诗人、历史学家或批评家。另一方面，我们必须记住，在阿拉伯帝国所有地区，史学批评和文学批评仍然处于开始发展的阶段。与阿布-勒-盖什·胡马拉韦同时代的、著名的塔巴里只是单纯收集故事，而没有协调或批评这些故事。马苏第曾亲眼见过穆罕默德·伊本·突格吉，但他只收集了一些奇闻逸事。哈里发领地的诗人在本质上只为宫廷服务，他们凭借自己的才能在最富有的首都获得最多的报酬。传统诗歌的必备要素——广袤的沙漠不再为诗人提供创作灵感。百科全书式和编纂式的文学创作才刚刚开始。

【注释】

1. 爱德华·托马斯·罗杰斯：《突伦王朝的钱币》，伦敦，基根·保罗、特伦奇、特鲁布纳有限公司，1877年。——原注
2. 关于艾哈迈德清真寺奇特的螺旋钻塔或尖塔的起源的故事很著名。这座尖塔的形状如同手指上缠绕着一个纸条。然而，这座位于艾哈迈德清真寺内的塔的真正原型似乎是萨马拉的软木螺旋塔。艾哈迈德·伊本·突伦年轻时肯定见过这座软木螺旋塔。不过，现代建筑师们对艾哈迈德尖塔的古老历史提出了质疑。——原注
3. 有个故事说，有人反对建造这条引水渠。于是，艾哈迈德·伊本·突伦派人去请博学的穆罕默德·伊本·阿卜德·哈卡姆博士。穆罕默德·伊本·阿卜德·哈卡姆博士说："一天晚上我在家里，艾哈迈德·伊本·突伦手下的一个奴隶来了，奴隶说'埃米尔找你'。我惊慌失措地骑上马，那个奴隶将我带离大路。'你要带我去哪儿？''去沙漠，'对方回答，'埃米尔在那儿。'我以为自己死了，就说：'愿真主帮助我。我是一个年老体衰的人，你知道艾哈迈德·伊本·突伦要我干什么吗？'奴隶同情我的恐惧，对我说：'小心不要对引水渠不敬。'我们继续往前走。突然，我看见沙漠里有火炬光。在引水渠处，艾哈迈德·伊本·突伦骑在马背上，他前面点着巨大的蜡烛。我立即下马行礼，但艾哈迈德·伊本·突伦没有跟我打招呼。然后，我说：'埃米尔啊，你的信使让我疲惫不堪，我口渴难耐。请让我喝一口水。'奴隶给我水喝，但我说：'不，我要自己取水喝。'在旁边，艾哈迈德·伊本·突伦看着，我一直喝水，直到喝饱为止。最后，我说：'埃米尔啊，在天堂的河流里，真主为我解渴，我已经喝得饱饱的了，我不知道该赞美哪个更多，是这凉爽、甘甜、清澈的泉水，还是引水渠的香味。''让他退下。'艾哈迈德·伊本·突伦说。奴隶低声说：'你的话说对了。'"参见马克里齐：《希塔特》，共两卷，布拉克，1853年到1854年。——原注
4. 这些数据来自格玛-埃德丁。格玛-埃德丁提到土地税从伊本-穆德比统治时期的八十万第纳尔增加到艾哈德·伊本·突伦统治时期的四百三十万第纳尔。四百三十万第纳尔收入肯定包括对非穆斯林征收人头税，以及其他关税和捐献。——原注
5. 艾哈迈德·伊本·突伦在占领叙利亚战争结束后，第一次将自己的名字刻在埃及的钱币上。此前，艾哈迈德·伊本·突伦在埃及铸造的钱币上只刻在位哈里发的名字。但879年到880年，米瑟的第纳尔钱币上出现了艾哈迈德·伊本·突伦和哈里发的名字。艾哈迈德·伊本·突伦一直都在钱币上刻哈里发的名字，但和其他行省的总督一样，艾哈迈德·伊本·突伦没有在钱币上刻摄政王穆瓦法克的名字。艾哈迈德·伊本·突伦的名字出现在伊斯兰历266年、267年、268年、269年、270年——艾哈迈德·伊本·突伦去世那年米瑟的钱币，伊斯兰历267年、268年、270年拉菲卡的钱币，以及伊斯兰历270年大马士革的钱币上。——原注
6. 从881年到882年，在拉卡一个郊区拉菲卡的一枚钱币上，卢鲁的名字出现在艾哈迈德·伊本·突伦的名字下方。883年，卢鲁加入穆瓦法克的阵营。之后，拉菲卡的钱币上只刻有艾哈迈德·伊本·突伦的名字，没有卢鲁的名字。——原注
7. 在礼拜仪式中用来盛放耶稣基督圣洁的身体和血的容器。——译者注
8. 刻有阿布-勒-盖什·胡马拉韦名字的金币在米瑟、拉菲卡、大马士革、霍姆斯、哈兰、安提阿、阿勒颇和菲斯汀发行。——原注
9. 伊斯兰历273年到275年的拉卡钱币上刻有阿布-勒-盖什·胡马拉韦的名字。但伊斯兰历274年

（即公元887年到888年）的一枚拉卡钱币没有刻上阿布-勒-盖什·胡马拉韦的名字。这枚钱币肯定是在伊沙克·伊本·昆达吉占领拉卡时铸造的。——原注

10　宫殿被毁后几年，人们在挖掘地面时发现了水银的痕迹。——原注

11　发行于896年的一个米瑟钱币上刻有阿布-阿萨基尔·盖什的名字。——原注

12　发行于米瑟、大马士革、阿勒颇和巴勒斯坦的钱币上刻有阿布·穆萨·哈鲁的名字。——原注

13　阿布-穆萨·哈鲁死于904年12月29日到904年12月30日。也有说法称，杀死阿布-穆萨·哈鲁的是他的奴隶，奴隶奉阿布·穆萨·哈鲁的叔叔希班的命令行事。杀死阿布-穆萨·哈鲁的也可能是营地内的一个马格拉比的士兵。——原注

14　卢库雷斯（公元前117年—公元前58年），罗马将军兼执政官，以巨富和举办豪华宴会著称。——译者注

15　盖乌斯·梅塞纳斯（公元前70年—公元前8年），罗马政治家，奥古斯都信任的顾问，著名的文学赞助人。——译者注

第4章

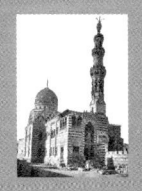

什叶派革命
(969年)

THE SHIA REVOLUTION

(969)

六十年前（909年），席卷北非、现在蔓延到埃及的伟大革命，源于对哈里发合法性的古老争论。先知穆罕默德在去世前没有明确指定继承人。因此，他的追随者陷入了无休止的争吵。为解决穆罕默德继承人的问题，选举原则被采纳，前三任哈里发，即阿布-伯克尔、奥马尔、奥斯曼，被选为麦地那教长。然而，强有力的少数人认为，"神圣权利"应该给予"神之狮阿里"，因为阿里先皈依伊斯兰教，是先知穆罕默德女儿法蒂玛的丈夫，也是穆罕默德唯一男性后代的父亲。阿里成为第四任哈里发，但遭人嫉妒、算计，最终被暗杀。阿里的儿子，即先知穆罕默德的外孙，被剥夺了继承权。阿里家族被倭马亚篡位者残酷迫害。克尔贝拉的悲剧和侯赛因·伊本·阿卜杜拉·伊本·突格吉的被害为神圣的阿里家族刻上了殉难的印记。因此，文学创作者们灵感涌现，在每年举办的波斯受难剧中表达自己的情感。

这样打开的伊斯兰教中的裂缝从未关闭，直到今天，逊尼派和什叶派的仇恨，大众选择与神圣权利之间的仇恨，比宗教迫害时期新教和天主教之间的仇恨更强烈。阿里的被排斥"为不可治愈的大分裂奠定了基础，这分裂了伊斯兰教，也摧毁了穆斯林相互间的善意，危及教义可预测的真理。在阿拉伯以外的地区，它必然会削弱信仰的传播，因为它为不信者提供了证据，证明其教授者自己意见分歧、争论和相互诅咒。在阿拉伯以外的地区，这种分裂将哈里发置于错误的位置，似乎释放出一个不同寻常的信息，即哈里发是通过迫害伊斯兰教创始人和阿拉伯帝国建立者穆罕默德的后代上位的。因此，哈里发不应该拥有王权。为弥补阿里家族遭到的迫害，教长们不得不公开祈求真主保佑阿里家族，因为通过将阿里家族排斥在哈里发之位以外，他们才有获得呼图白[1]的机会。伊斯兰教的分裂使很大一部分人的心灵与他们的精神和世俗领袖疏远了。另外，伊斯兰教的分裂为叛乱、阴谋和暴动播下了无法消除的种子，并且将篡位者放在一个摇摇欲坠的宝座上。因此，合法的哈里发继承人随时可以将篡位者推翻，并且让篡位者用破碎的权杖统治一个分裂的民族"。[2]

伊斯兰教分裂的历史，或什叶派的历史，人们可以在其他地方读到。在此，我们只需要将伊斯兰教分裂和法蒂玛王朝对埃及的征服联系起来。阿里的后代虽然普遍缺乏伟大领袖的品质，但具有烈士的毅力和献身精神。他们遭受的苦难使他们得到支持者们的狂热支持。所有试图恢复世俗权力的尝试都已证明是徒劳的，什叶派转而求助神圣家族继任候选人的精神权威，他们宣称阿里家族是伊玛目[3]或什叶派穆斯林的精神领袖。这一教义逐渐获得更神秘的意义，并且用对《古兰经》寓言式解释来支持。另外，人们认为伊玛目有神秘的影响力，虽然伊玛目隐藏了起来，但一旦对手迫害什叶派穆斯林，他很快就会以"马赫迪"（意为"救世主"）的身份站出来，清除异端哈里发帝国的一切腐败，重振先知世袭的威严。所有穆斯林都相信即将到来的救世主，认为他将恢复正义，并且为穆罕默德的第二次降临和末日审判做准备。但什叶派穆斯林对救世主降临做出了特别解释。什叶派穆斯林认为真正的伊玛目虽然肉眼看不见,但永远活着。什叶派预言救世主将很快出现,并且让自己的追随者保持警惕,拿起武器为救世主服务。为迎接救世主降临,什叶派穆斯林广泛开展组织工作:他们创立学会,利用所有宗教和教派的教义作为宣传武器,并且派遣传教士在信奉伊斯兰教的省份增加信徒数量,从而为伟大的革命铺平道路。什叶派的领袖和主要传教士与正统派伊斯兰教领袖和传教士毫无共同之处。什叶派在自己人中间是坦率的无神论者,其目的是政治性的。什叶派穆斯林使用任何形式的宗教,并将其改造成任何模式,劝诱人们信奉伊斯兰教。他们只对皈依者传授他们能承受的教义。这些人配备了"一整套改宗武器",也许是历史上最完美的改宗武器:他们呼吁热情,为理性辩护,并为他们所处的时代和时代最激烈的激情提供"燃料"。

893年,一个什叶派传教士阿卜杜拉乔装成商人,与一些在麦加参加过神圣仪式的柏柏尔朝圣者一起回到柏柏里。他受到基塔马大部落的欢迎,并且迅速在柏柏尔人中形成强大影响力。柏柏里从没有被纳入哈里发的领地。一个世纪以来,它在阿格拉布王朝的统治下,实际处于独立状态。事实上,阿格拉布王朝后期统治者的荒诞行为使他们疏远了自己的臣民。此外,自8世纪末以来,阿里派在伊德里斯王朝统治下的摩洛哥逐渐提升其影响力。根据各方面条件,柏柏里都适合发动革命。阿卜杜拉在教义宣传方面取得了迅速成功,在几年时间内,使柏柏里的二十万武装人员皈依什叶派。经过一系列战争后，908年，阿卜杜拉将阿格拉布王朝的最后一位君主齐亚达特-阿拉三世赶出柏柏里。随后，阿卜杜拉宣布伊玛目奥贝达拉为伊斯兰教的哈里发和精神领袖。奥贝达拉乔装抵达柏柏里，一路上遭到巴格达哈里发穆克塔迪尔一世的追捕。阿卜杜拉必须保证精神领袖奥贝达拉的安全，不让奥贝达拉被关在西吉尔马萨肮脏的监狱中。他恭恭敬敬地拜倒在奥贝达拉面前，称奥贝达拉为救世主。910年1月，人们在凯拉万清真寺，为奥贝达拉祈祷，称奥贝达拉为"伊玛目奥贝达拉·马赫迪，信众的领导者"。奥贝达拉大权在握，激起了阿卜杜拉的嫉妒。909年12月前，传教士阿卜杜拉还高高在上，而此时他成了无名小卒。对传教士阿卜杜拉来说，拥护阿里的后裔只是达到其个人目的的一种手段。他曾利用奥贝达拉的头衔作为革命的工具，企图将自己宣扬的教义发挥到极致，即完全达到社会和政治的无政府状态，破坏伊斯兰教，摧毁土地，剥夺获得任何自由的喜悦。然而，传教士阿卜杜拉宣扬的教义使其权威削弱，他的所有计划都落空了。他开始策划叛国行动，并且质疑奥贝达拉作为马赫迪的真实性，根据预言，他真正代表的马赫迪，应该创造奇迹，并展示其他证据，证明他的神圣使命。人们开始要求"标志"。作为回应，奥贝达拉将他杀死。

法蒂玛王朝第一任哈里发虽然没有政治经验，但他是一位精力充沛的统治者。他的统治长达二十五年，在阿拉伯人和柏柏尔人的部落中建立了威信，并且在埃及边境、摩洛哥的非斯建立城市。西西里的伊斯兰教总督向他表示忠诚。另外，他两次派探险队前往埃及。如果不是柏柏里频繁爆发叛乱,那么他可能已经永久征服埃及。遥远部落的不断叛乱、928年到929年的灾难性饥荒及阿卜杜拉的军队从埃及带回的亚洲瘟疫,导致他统治后期发生了大范围动乱。西部诸省,从塔哈特、纳库尔到非斯等地常常不顾一切表示不再效忠他。虽然他最初的成功有赖于对阿里派事业的贡献,但他的权威更多建立在恐惧而不是宗教热情的基础上。新的"东方教义"被强加在剑尖上,那些胆敢走旧路的人被以可怕的方式处置,以儆效尤。大城市里的自由思想者尽管赞同传教士的一些深奥原理,但不受待见。至少从表面上看,他严格遵守穆斯林教义。当凯拉万人开始实践传教士的先进理论,嘲笑伊斯兰教的所有规则,纵情于自由恋爱、猪肉和酒时,被严加管教。在柏柏尔人中,流传着关于他神秘力量的传说,尽管实际上没有奇迹出现。奥贝达拉通过可怕的暴行,保证被征服的省份臣服自己。他的领地的人民不敢在马赫迪的野蛮将军面前挑起同样的暴行。

奥贝达拉的长子阿布-卡伊姆曾两次率领远征军进入埃及。后来,阿布-卡伊姆继承了哈里发之位,在位时间为934年到946年。有着好战劲头的阿布-卡伊姆开始自己的统治。934年或935年,他派出一支舰队,先是骚扰法兰西南部海岸,接着封锁并占领热那亚。随后,这支舰队沿着卡拉布里亚航行,所到之处实施屠杀、掠夺、烧毁船舶、抢走奴隶。与此同时,阿布-卡伊姆第三次派遣军队入侵埃及,但此时,穆罕默德·伊本·突格吉牢牢掌控着埃及政府。他的弟弟奥贝达拉带着一万五千匹马,将阿布-卡伊姆的军队赶出亚历山大,并且在阿布-卡伊姆返回柏柏里途中将其击溃。但在大部分统治时期,除了应对阿布-耶兹德的篡位行动,阿布-卡伊姆都采取守势。阿布-耶兹德批判什叶派教义,诅咒马赫迪及其继任者,怂恿摩洛哥和柏柏里大多数人反对阿布-卡伊姆,甚至将阿布-卡伊姆赶出首都马赫迪亚,差点结束法蒂玛王朝的统治。从940年到947年,经过七年不间断的内战,这场可怕的叛乱才在第三任哈里发曼苏尔·比拉(946年到953年在位)强有力、明智的统治下平息。最终,阿布-耶兹德被杀,死后被剥皮。人们往阿布-耶兹德的皮肤里塞进稻草,然后放在一个笼子里,笼子里还关着两只猿猴,以此警告对法蒂玛王朝统治心怀不满的人。

迄今为止,法蒂玛王朝的统治者们都表现出野蛮、残暴的性格。他们似乎没有鼓励文学创作或学问,但在一定程度上,这可以用以下事实解释:文化主要属于信奉伊斯兰教正统派的哈里发帝国,其学者无法与异端伪信者打交道。8世纪,凯拉万城被阿拉伯人征服,城中保留了一些宏伟建筑的遗迹。但在首都和皇家府邸所在地,如建立于913年到918年的马赫迪亚、建立丁924年的穆罕默迪亚和曼苏里亚——古代的萨布拉,948年被修复并重新命名,穆罕默迪亚和曼苏里亚只是凯拉万的郊区——都有发现任何艺术作品或建筑物的痕迹来见证其建造者的品位。每一个都在其后继者建成时开始朽坏。

然而,随着第四任哈里发、"埃及征服者"穆伊兹·利丁·阿拉（953年到975年在位）的到来，法蒂玛王朝的历史进入了一个新阶段。他拥有政治才能，是一位天生的政治家，能把握成功的机遇，并且利用一切有利条件。穆伊兹·利丁·阿拉受过高等教育，不仅写阿拉伯诗歌，喜欢阿拉伯文学，还学习希腊语，掌握了柏柏尔语和苏达尼语的方言。据说，他甚至自学了斯拉夫语，以便与来自东欧的奴隶交谈。穆伊兹·利丁·阿拉的口才很好，他的讲话能使听众感动得流下眼泪。除了具有谨慎的政治家风度，穆伊兹·利丁·阿拉还慷慨大方。热爱正义是他最高贵的品质之一。从外在行为上看，他是一位虔诚的什叶派穆斯林。反对穆伊兹·利丁·阿拉的人声称他是无神论者，他们似乎只是基于这样一种信念，即所有法蒂玛人都信奉伊斯玛仪派传教士的神秘教义。

穆伊兹·利丁·阿拉在953年4月登基时，已经构想出一项政策，并且立即实施。首先，他视察了自己的领土，访问了每个城镇，调查城镇内居民的需求，并且为实现和平与繁荣做出努力。他攻击叛乱者的山寨，直到叛乱者放下武器，跪倒在他面前。穆伊兹·利丁·阿拉用礼物和委任状来安抚各地长官和总督，并且获得他们的忠诚。穆伊兹·利丁·阿拉任命来自拜占庭帝国的奴隶加哈尔为大臣。加哈尔曾被提升为已故哈里发曼苏尔·比拉的近臣，现在被穆伊兹·利丁·阿拉晋升为维齐尔和军队指挥官。958年，他奉命远征难以治理的马格里布。这次远征十分成功，他首先征服了西吉尔马萨和非斯，之后到达大西洋沿岸。加哈尔将一罐又一罐的活鱼和海草送达马赫迪亚，向穆伊兹·利丁·阿拉证明法蒂玛王朝达到了世界的边缘——海洋。除了西班牙的休达，从大西洋到埃及边境的所有非洲沿海地区都在和平条件下承认法蒂玛王朝哈里发的统治。

之所以出现上述结果，部分是因为先前统治时期长期斗争造成百姓疲惫，部分是因为政治上的让步和年轻、能干的统治者穆伊兹·利丁·阿拉的个人影响力。穆伊兹·利丁·阿拉对于遥远的省份采取宽容态度和安抚策略，但对马赫迪亚的阿拉伯人很严厉。凯拉万到处充斥着对法蒂玛王朝的异端"东方主义"思想心怀不满的族长和神学家们，他们随时准备谋反。穆伊兹·利丁·阿拉决心不给他们任何机会，他的一项镇压措施是宵禁。太阳落山时，号角响起，如果日落后，有人出门，那么穆伊兹·利丁·阿拉不但不设置明灯为人指路，而且会砍掉这个人的脑袋。然而，只要臣民安分守己，穆伊兹·利丁·阿拉就能公正对待他们，并且设法给他们留下好印象。

根据马克里齐的记载，穆伊兹·利丁·阿拉在一次和族长们的见面中，穿着最简单的衣服，坐在一个朴素的房间里，桌子上放着他的书写材料，周围是书。穆伊兹·利丁·阿拉希望消除族长们对自己私下过奢华、放纵生活的看法。他说："我读从东方和西方各地寄来的信，并且亲自回信。我拒绝世界上的所有娱乐方式，只想保护你们的生命，让你们的子嗣绵延，让你们的对手蒙羞，让你们的敌人气馁。"然后，穆伊兹·利丁·阿拉向族长们提供了许多提议，特别嘱咐族长们只娶一位妻子。他说:"一个男人只需要一个女人。如果你们严格遵守我的命令,那么我相信真主会让我们征服东方,如同真主让我们征服西方一样。"

征服埃及确实是穆伊兹·利丁·阿拉一生的目标。在一个贫穷的国家,统治动荡的阿拉伯和柏柏尔部落,对于他这样一个有能力的人来说实在是大材小用。统治埃及,拥有埃及的财富,控制埃及的商业、大港和温顺的人民都是穆伊兹·利丁·阿拉的梦想。两年来,他一直在通往亚历山大的路上挖井和建驿站。当时,埃及以西表面上很平静。卡尔玛提军队阻断了东部哈里发送往埃及的援助,埃及处于无助的混乱中。立下大功的阿布-米斯克·卡富尔去世了,其名义上的继任者阿布-法瓦里斯·艾哈迈德·伊本·阿里还是个孩子。维齐尔伊本-弗拉特任意逮捕、敲诈人们,使自己成为人们厌恶的对象,甚至士兵也在反抗他的统治。宫廷内的突厥侍从叛变,洗劫了维齐尔伊本-弗拉特的宫殿,甚至与穆伊兹·利丁·阿拉展开谈

图 20 ● 穆伊兹·利丁·阿拉统治时期的
一第纳尔钱币,969 年在米瑟发行

判。穆罕默德·伊本·突格吉的侄子侯赛因·伊本·阿卜杜拉·伊本·突格吉试图恢复公共秩序，但经过三个月的优柔寡断和不受欢迎的治理后，他回到自己统治的巴勒斯坦省，并且与卡马提斯人达成协议。967年，尼罗河水位很低，导致饥荒，从而加重了埃及的苦难。与往常一样，饥荒后会发生瘟疫。福斯塔特及其周边地区有六十多万人死亡，可怜的居民开始绝望地迁移到其他地方。

犹太叛徒亚库布·伊本·基里斯向穆伊兹·利丁·阿拉报告了埃及发生的所有事情。他是阿布-米斯克·卡富尔从前的宠臣，因遭到伊本-弗拉特的嫉妒被赶出埃及。他十分熟悉埃及的政治和财政状况。他的报告更坚定了穆伊兹·利丁·阿拉征服埃及的决心。穆伊兹·利丁·阿拉召集阿拉伯部落，收集大笔资金并分给阿拉伯军队许多军饷。根据马克里齐的记载，穆伊兹·利丁·阿拉收集到的资金达两千四百万第纳尔，全部用于入侵埃及之战。969年2月，加哈尔从凯拉万率领十万多名全副武装的骑兵，带着一千匹骆驼和一群驮着钱、物资和粮食的马出发。穆伊兹·利丁·阿拉亲自检阅军队。加哈尔亲吻穆伊兹·利丁·阿拉的手和马蹄铁。所有王公、埃米尔和大臣都恭敬地步行在军队统帅加哈尔前面。作为最后的恩宠，穆伊兹·利丁·阿拉将自己的长袍和战马赐予加哈尔。沿途各城镇的长官都接到命令，要步行到加哈尔的马镫处。其中一个希望用一大笔贿赂免除这种羞辱，但徒劳无功。

这支势不可当的军队逐渐逼近阿拉伯军队，埃及大臣们感到惊愕，只想获得对自己有利的条件。一个由先知穆罕默德家族的后裔阿布-格法尔穆斯林带领的贵族代表团在亚历山大附近等候加哈尔，希望与加哈尔达成协议，实现和解。加哈尔立即同意签订条约，并且在一封和解信中答应了埃及贵族们的一切要求。然而，埃及贵族们忽视了埃及军队的想法。福斯塔特的军队不愿忍受这种羞辱。另外，埃及有一支强大的作战部队，一些大臣也支持这支部队的行动。亚历山大做好了抵抗的准备，埃及军队与加哈尔的军队发生了小冲突。969年7月，加哈尔的军队已经到达吉萨对面的城镇。在埃及士兵提供的几艘小船的帮助下，入侵者强行渡过尼罗河，直逼河对岸的埃及军队，并且将其彻底击败。埃及士兵们惊慌地逃离了福斯塔特，城内的妇女们从家中跑出来，恳求族长向征服者加哈尔求情。加哈尔和他的主人穆伊兹·利丁·阿拉一样，总是宽容地处理政治问题。加哈尔再次许诺，凡是臣服于法蒂玛王朝的人一律赦免。喜出望外的人们砍掉了一些顽固不化的领袖的脑袋，并且为表忠心，将这些脑袋送到加哈尔的军营内。在福斯塔特的街道上，一个身披白旗的传令兵骑行，宣告大赦令，宣布禁止抢劫。969年8月5日，法蒂玛王朝军队敲着鼓、举着横幅，进入埃及首都福斯塔特。

969年8月5日晚，加哈尔奠定了一座新城市——更确切地说是一座坚固的宫殿——的基础，并且准备迎接自己的君主穆伊兹·利丁·阿拉。他在福斯塔特东北方向通往赫利奥波利斯的沙漠荒原中扎营，并且在离尼罗河大约一英里的地方，标出新首都的边界。除了古老的"人骨修道院",此处没有其他建筑。除了美丽的"阿布-米斯克·卡富尔花园",这里没有任何耕地。营地两边各有一块不到一平方英里的平地,加哈尔下令在此竖立木桩。当时,穆伊兹·利丁·阿拉信赖的马格拉比占星家一起商量开工建设新首都的吉时。工地木桩之间挂着绳子,绳子上挂着铃铛。占星家发出信号时,铃铛就会响起,宣布工人们开始翻土的确切时间。不过,占星家的吉时被一只乌鸦破坏了。它站在一根绳子上,使铃铛发出叮当叮当的响声。接着,工人们的铁锹插进土中,埃及新首都的建设开始了。实际上此时并不吉利,因为当时阿拉伯语名字为"卡希拉"的火星正在升起。但既然铃铛已经响起,新首都就命名为"卡希拉",寓意"军事"或"胜利"。这反映人们希望凶兆能变成吉兆。后来,新首都被称为"开罗",并且开罗的发展超出了占星家们的预设。在福斯塔特的阿慕尔清真寺,阿拔斯王朝哈里发的名字被立刻从星期五的祈祷中去掉。黑色的阿拔斯长袍被禁了,穿着纯白服装的传教士为伊玛目穆伊兹·利丁·阿拉背诵呼图白,并且祝福穆伊兹·利丁·阿拉的祖先——阿里和法蒂玛——及神圣家庭的所有成员。宣礼塔上的祈祷声被改编成什叶派风格的祈祷声。喜讯连同被杀者的头颅一起,用单峰驼传给哈里发穆伊兹·利丁·阿拉。钱币上印着法蒂玛王朝的信条"阿里是真主最高贵的代表、最虔诚的信徒,是召唤人们信奉永恒的教长","伊玛目马阿德呼吁人们承认永恒的团结",以及伊斯兰教的常规教条。两个世纪以来，清真寺和造币厂都在宣扬什叶派教规。

加哈尔立即着手恢复埃及的平静，减轻饥民的痛苦。穆伊兹·利丁·阿拉很有远见地派来满载谷物的船，从而减轻了埃及居民的痛苦。由于面包仍然处在饥荒时的高价，加哈尔公开鞭打磨坊主，建立中央谷物交易所，并且命令每位磨坊主在政府监察专员的监督下出售谷物。虽然加哈尔做出诸多努力，但饥荒仍然持续了两年。瘟疫的蔓延令人担忧，死亡人数大幅上升，尸体甚至不能及时埋葬，只得扔进尼罗河。直到971年至972年的冬天，害虫才消失，收成才增加。加哈尔亲自参加所有公共活动。每个星期六，他都坐在法庭上，并且在维齐尔伊本-弗拉特、法官和有经验的律师的协助下，听取诉讼，接受请愿，执行审判。为确保司法公正，他在每个地方法庭都任命一名埃及法官和一名马格里布法官。加哈尔坚定而公正的统治确保了和平与秩序。他建造的大宫殿，以及他下令于970年建设、972年建成的艾资哈尔清真寺不仅增添了开罗的魅力，还为无数工匠提供了就业机会。

埃及居民以一贯的冷淡态度接受了加哈尔的新政权。一名下埃及巴什摩苏尔地区伊赫什德王朝的官员煽动百姓反抗，但最终他的下场悲惨，使得百姓不愿跟随他。他被赶出埃及，在巴勒斯坦海岸被捕。根据记录，他被灌芝麻油长达一个月，直到皮肤脱落。人们在他的皮内塞满稻草，并且将他的皮挂在梁上，警告任何想造反的人。此外，加哈尔征服埃及期间似乎没有发生其他叛乱或宗派斗争。当已经覆灭王朝的大约五千名跟随者放下武器时，埃及才全面向加哈尔投降。加哈尔向努比亚国王乔治派去使者，希望乔治信奉伊斯兰教，并且按惯例向乔治征收贡品。埃及的使者受到礼遇，乔治交给使者贡品，但没有皈依伊斯兰教。圣城麦加和麦地那宣布穆伊兹·利丁·阿拉在清真寺内的最高地位。在阿勒颇，控制叙利亚北部的哈姆丹酋长向法蒂玛哈里发穆伊兹·利丁·阿拉表达敬意。然而，曾被纳入伊赫什德王朝版图的叙利亚南部地区在经过一番斗争后才向穆伊兹·利丁·阿拉屈服。侯赛因·伊本·阿卜杜拉·伊本·突格吉还在拉姆拉，遭到加哈尔的将军加法尔·伊本·费拉的进攻，并且很快被打败，在福斯塔特光头示众，最终与伊赫什德家族的其他成员一起被送到柏柏里的监狱。伊斯兰教正统派的故乡大马士革被加法尔·伊本·费拉占领。法蒂玛派的教义在大马士革发表了，这引起了逊尼派穆斯林的愤怒和厌恶。

很快，一场比被法蒂玛征服更严重的瘟疫折磨了叙利亚。卡尔玛提酋长哈桑·伊本·艾哈迈德发现最近从大马士革的税收中勒索的钱款突然中断了。于是，他决心用武力收回大马士革。他和法蒂玛王朝创始人奥贝达拉信奉同样的政治和非宗教哲学。尽管如此，他不愿意崇拜新伊玛目，并且轻蔑地称侯赛因·伊本·阿卜杜拉·伊本·突格吉为庸医、江湖骗子和伊斯兰教的敌人。他试图争取阿拔斯王朝哈里发穆提的支持，但穆提回复，对他来说，法蒂玛和卡尔玛提是一体的，他与法蒂玛和卡尔玛提没有任何关系。不过，伊拉克的布韦希德酋长为他提供了武器和资金，幼发拉底河畔拉巴的哈姆丹统治者阿布-塔格利布为他提供了兵力。哈桑·伊本·艾哈迈德在奥开尔、泰伊和其他阿拉伯部落的支持下，向大马士革进军。最终，法蒂玛军队大败，加法尔·伊本·费拉被杀。随即，在大马士革的讲坛上，穆伊兹·利丁·阿拉受到公开诅咒。这使大马士革人感到满意，甚至不得不为此支付一大笔钱。

接着，哈桑·伊本·艾哈迈德向拉姆拉进军，将法蒂玛军队的一万一千名士兵围困在雅法，并且入侵埃及。哈桑·伊本·艾哈迈德的军队在红海突袭库尔祖姆，并且在靠近地中海的埃及边界突袭培琉喜阿姆。971年10月，廷尼斯宣布反对法蒂玛王朝的统治。哈桑·伊本·艾哈迈德出现在赫利奥波利斯。加哈尔在新首都开罗挖了一条深沟。与此同时，他只留下一个入口，并且用铁门关上。他不但武装了非洲的军队和埃及军队，而且为防止维齐尔伊本-弗拉特背叛法蒂玛王朝，派去一名间谍监视伊本-弗拉特。为保证埃及人不发动暴

图21 ●穆伊兹·利丁·阿拉统治时期的四分之一第纳尔钱币，974年在巴勒斯坦发行

乱，阿里家族的治安官们被召集到被开罗深沟包围的拘留营做人质。与此同时，哈桑·伊本·艾哈迈德的军官们受到贿赂的诱惑。哈桑·伊本·艾哈迈德的军队在开罗城门前扎营两个月。一场胜负难分的战斗后，哈桑·伊本·艾哈迈德率军攻破开罗城门，强行穿过壕沟，在埃及人自己的土地上攻击埃及人。最终，哈桑·伊本·艾哈迈德的军队遭到激烈反击。在夜幕的掩护下，哈桑·伊本·艾哈迈德率军撤到库尔祖姆，将营地和行李留给法蒂玛王朝的军队抢夺。只有在夜色的干扰下，法蒂玛王朝的军队才会停止血腥的追击。在战斗中，埃及志愿军表现出出乎意料的勇气。许多与哈桑·伊本·艾哈迈德的军队为伍的伊赫什德王朝追随者都被俘虏了。在法蒂玛王朝的军队征服埃及时，伊赫什德王朝追随者是一个严重威胁，但此时，这一危险因素已经消除。廷尼斯被穆伊兹·利丁·阿拉匆忙派到伊本-阿马尔手下增援加哈尔。试图占领廷尼斯的卡尔马提舰队被迫弃锚而逃，丢下七艘船和五百名俘虏。雅法仍然被阿拉伯人围攻，但非洲军队被从开罗派到雅法解围，很快将困在雅法的法蒂玛王朝的军队带回开罗，但不敢驻守雅法。哈桑·伊本·艾哈迈德的军队向大马士革撤退，其麾下的将领彼此斗争。

　　哈桑·伊本·艾哈迈德虽然战败了，但没有被击垮。第二年（972年），他开始征募舰船和阿拉伯士兵，准备再次入侵埃及。加哈尔一直催促其主人穆伊兹·利丁·阿拉前来保护他的征服成果，并且向穆伊兹·利丁·阿拉指出其敌人卡尔玛提人第二次进攻的极端危险。上次，卡尔玛提人已经成功攻入开罗。穆伊兹·利丁·阿拉耽搁了前往埃及的行程，因为他不能放心地离开埃及西部省份。但收到这一重大消息后，他任命桑哈加的柏柏尔部落的优素福·布卢金·伊本·泽里在柏柏里担任他的副手。972年11月，穆伊兹·利丁·阿拉离开萨尔达尼亚，途经卡比斯、特里波里斯、阿格达比亚和巴尔卡，于973年5月到达亚历山大。他在亚历山大会见了一个代表团，代表团由福斯塔特的法官和其他重要人士组成。穆伊兹·利丁·阿拉的雄辩而高尚的话语使代表团成员感动得流下眼泪。973年6月，穆伊兹·利丁·阿拉在吉萨附近修道院的花园里扎营，并且受到自己尽心尽力的仆人加哈尔的欢迎。加哈尔恭敬地站在穆伊兹·利丁·阿拉身后[4]。

穆伊兹·利丁·阿拉进入开罗时的场面很庄严。与他同来的还有他的儿子、兄弟和亲属。人们在穆伊兹·利丁·阿拉前面抬着他的祖先的棺木进城。福斯塔特张灯结彩，准备迎接穆伊兹·利丁·阿拉的到来，但穆伊兹·利丁·阿拉不愿进入古都福斯塔特。他离开罗达，走过由加哈尔下令修建的新桥，直接前往开罗的宫殿。在宫殿中，他俯伏在地，感谢真主。

穆伊兹·利丁·阿拉还需要经历一场磨难才能确认自己统治者的地位是安全的。在埃及有许多确定无疑的沙里夫[5]或阿里的后裔，这些人由著名的塔巴塔巴家族的代表领导，并且大胆质疑穆伊兹·利丁·阿拉的合法性。穆伊兹·利丁·阿拉必须证明自己从阿里那里继承来的神圣伊玛目头衔，以让这些谱系学专家满意。根据传说，他召集了一个公民大会，并且邀请沙里夫们出席会议，他把剑拔出一半，说："这是我的世系。"接着，他将金子撒向与会者，补充说："这是我的证明。"这或许是穆伊兹·利丁·阿拉能提出的最好的论据。沙里夫们对这些令人信服的证据表示满意。可以肯定的是，他们无论如何看待穆伊兹·利丁·阿拉的声明，都不会提出异议。开罗各处张贴着穆伊兹·利丁·阿拉的名字和对阿里的赞美诗，穆伊兹·利丁·阿拉获得人们的欢呼。在穆伊兹·利丁·阿拉收到的礼物中，加哈尔的礼物特别显眼，这不禁使人

图 22 ●阿扎尔清真寺的门，972年建造

想到法蒂玛家族的巨额财富。加哈尔的礼物包括五百匹马，马鞍和缰绳都镶有黄金、琥珀和宝石，驮着丝绸和金线织物的双峰驼，多匹单峰驼、骡子，大量金银器皿，镶满黄金的宝剑，装着宝石的银匣子，镶满珠宝的头巾，以及九百个装满各种埃及特产的箱子。

973年，斋戒后的节日，即突厥拜兰节，穆伊兹·利丁·阿拉作为人民会众的首领亲自进行祈祷，然后在讲坛上发表呼图白。他重视自己的祭司才能，他在这个场合的甜言蜜语感动了所有人的心。仪式结束后，在四个全副武装的儿子和军队的护卫下，军队前头是两头大象，穆伊兹·利丁·阿拉回到宫殿，并且设宴款待宾客。他的宫殿位于现代开罗的中心，如同一座城市。这座宫殿有时被称为"麦地那城"，但实际上是一座巨大的皇家城堡。住在其中的有穆伊兹·利丁·阿拉及其众多女眷和仆人，以及警卫、军队和政府官员。城堡外建有宽阔的围场。这里禁止一切平民进入，甚至外国使者也不能进入。拜占庭帝国皇帝曾派特使会见加哈尔和穆伊兹·利丁·阿拉。如同进入拜占庭帝国和奥斯曼土耳其帝国的宫廷一样，特使必须在围场外下马，并且在警卫的陪同下进入城堡。

"城堡的主要建筑是大东宫，或称穆伊兹宫。大东宫是穆伊兹·利丁·阿拉的私人住宅，宫内住着他的妻妾、儿女、奴隶、宦官和仆人，估计有一万八千到三万人。小西宫，或称游乐宫，也是城堡的主要建筑。它坐落在宽敞的阿布-米斯克·卡富尔花园。阿布-米斯克·卡富尔花园内建有一个赛马场，为宫廷成员提供活动场所。大东宫和小西宫被一个叫作'宫殿之间'的广场隔开。广场可容纳多达一万人的军队阅兵。现在，在巴格达的铜匠市场仍然可以看见这座广场的名字。大东宫和小西宫由一条地下通道连接。通过地下通道，穆伊兹·利丁·阿拉往返于两座宫殿，以此显示他习惯隐居。宫殿附近有一块墓地，埋葬的是法蒂玛家族的祖先。法蒂玛家族祖先的棺木原先存放在凯拉万。宫殿附近有一座阿扎尔清真寺。作为虔诚穆斯林的领袖和领唱人，穆伊兹·利丁·阿拉在这里主持星期五的祈祷。

"阿拉伯的历史学家们说起宏伟壮丽的穆伊兹宫时，都屏住了呼吸。这座宫殿内共有四千个房间。人们打开金色的大门，来到华丽的金色大厅。穆伊兹·利丁·阿拉坐在自己的金色宝座上，其周围环绕着通常是希腊裔或苏丹尼裔的宫廷大臣。翡翠大厅装饰着美丽的大理石柱子。每逢星期一和星期四，穆伊兹·利丁·阿拉都坐在圆顶窗下的一个长沙发上。每天晚上，当受压迫和被冤枉的人走到门廊下面大声叫喊什叶派的信条时，穆伊兹·利丁·阿拉就在门廊内倾听。"[6]

以上引用文字描述的是法蒂玛王朝后期的宫殿，但对穆伊兹·利丁·阿拉在开罗活动的描写是大体准确的。所有宫殿建筑都是穆伊兹·利丁·阿拉亲自设计的，包括其中最小的细节。为了实现穆伊兹·利丁·阿拉的设计，加哈尔花了三年多时间监督施工进度。人们可以从许多文物中窥见当时埃及的财富和宫殿的富丽堂皇。穆伊兹·利丁·阿拉的一位女儿去世时，留下五袋翡翠、大量各种各样的宝石、三千件镶嵌银器、三万件西西里刺绣和九十盆水晶。四十磅的蜡被用于封她的房间和宝箱。穆伊兹·利丁·阿拉的另一位女儿去世时，留下价值二百七十万第纳尔的财宝及一万二千条华丽的裙子。穆伊兹·利丁·阿拉的妻子下令在凯拉法建造了一座清真寺，并且花费巨资装饰。这座清真寺的设计者是一位波斯建筑师，粉刷天花板和墙壁的是来自巴士拉的艺术家。穆伊兹·利丁·阿拉曾下令在波斯的图斯塔制造一块丝绸，上面用黄金和颜料绘制了一幅世界地图。这花费了穆伊兹·利丁·阿拉两万两千第纳尔。法蒂玛异端虽然阻碍了学术交流和文学发展，但刺激了艺术的发展。正统画家对现实生活的偏见束缚了他们的手脚，但这种偏见没有影响分裂的什叶派画家的创作，他们很容易接受波斯的艺术理念。法蒂玛王朝的维齐尔亚祖里让伊拉克的两位画家一较高下。其中，一位叫卡希尔的画家画了一个跳舞的女孩，她穿着白色裙子，似乎准备退到身后的黑色拱门处。卡希尔的对手伊本-阿齐兹画了一个穿红色衣服的女孩，她似乎要从一扇黄色拱门中走出来[7]。阿拔斯王朝的哈里发不会容忍这样的画作诞生。毫无疑问，法蒂玛王朝时期艺术活动很流行，西西里和埃及的艺术发展迅速。著名的巴耶象牙棺上有鹦鹉和其他鸟类图案的银制镶嵌物，刻着法蒂玛时期的铭文。维多利亚和阿尔伯特博物馆内有一个可追溯到970年的象牙盒子，它可能是制造巴耶象牙棺的同一批工人制造的。威尼斯圣马可大教堂内有一个水晶花瓶。花瓶上刻着阿齐兹·比拉的名字，阿齐兹·比拉是穆伊兹·利丁·阿拉的儿子。这个时期埃及著名的艺术品还有带金属光泽的陶器和玻璃制品及织布机。亚历山大和开罗手工制作的丝绸十分精细，精细到一件丝绸长袍卷起来可以穿过一枚普通的戒指。艾斯尤特的呢帽、贝尼萨的白色毛料、德比克的丝绸、达米亚特的凸花条纹布闻名于世。廷尼斯有一家皇家工厂，生产的所有产品都专供法蒂玛王室使用。除了亚麻，它还生产一种叫布卡拉蒙的美丽的纺织材料，用作皇家的马鞍布和其他布制品。除了本地的手工制品，波斯、小亚细亚和西西里的艺术作品在开罗很受欢迎。

然而，穆伊兹·利丁·阿拉不是一个爱奢侈、享乐的人。他既热爱美好事物，也不忘守护和扩大自己的权力。他在西西里拥有一支舰队，这支舰队曾在955年袭击西班牙海岸，带走战利品和囚犯。科尔多瓦的哈里发阿卜杜勒·拉赫曼·纳西尔派船前往突尼斯反击，并且在突尼斯烧毁博纳附近的一座小港，洗劫了柏柏里海岸。穆伊兹·利丁·阿拉对埃及港口的占领，使他构思出更大的海军计划。他下令建造马克斯港，即布拉克港的前身，作为开罗的港口。他下令在马克斯港建造六百艘船。这是自阿拉伯人征服埃及以来埃及最大的舰队。军队管理高效。穆伊兹·利丁·阿拉重视任何赢得新臣民尊重的手段。他参与所有公共事务的管理。他宣布尼罗河涨潮时水位测量尺显示的水位，主持开罗运河的挖掘工作，为麦加的克尔白制作镶嵌黄金的祈祷用丝绸地毯。地毯的面积是阿拔斯王朝或阿布-米斯克·卡富尔统治时期地毯的四倍。因此，人们认为穆伊兹·利丁·阿拉是信仰虔诚的典范。

与此同时，卡尔玛提人入侵埃及的威胁仍然挥之不去。他们试图入侵廷尼斯，但失败了，之后没有采取任何行动。穆伊兹·利丁·阿拉努力与卡尔玛提人的酋长哈桑·伊本·艾哈迈德谈判，但哈桑·伊本·艾哈迈德面对穆伊兹·利丁·阿拉寻求和解的书信，只回复道："我是哈桑·伊本·艾哈迈德。我收到你的来信，你的信虽然文字满满，但毫无意义。我会以实际行动表明我的态度。"他确实采取了行动。974年春，卡尔玛提人再次出现在赫利奥波利斯，一同出现的还有他们的盟友伊赫什德人和阿里派的人。卡尔玛提人、伊赫什德人和阿里派的人在埃及各地造成巨大破坏。穆伊兹·利丁·阿拉对此已做好准备，但其军队的防守能力不及对手的进攻能力。他的儿子阿卜杜拉率领四千名士兵，在尼罗河三角洲打败对手的偏师，但无法阻止其主力部队进军开罗。卡尔玛人的提军将埃及士兵的尸体堆满开罗城周围的壕沟。由于城墙的阻隔，穆伊兹·利丁·阿拉的军队无法进攻阿拉伯军队。穆伊兹·利丁·阿拉贿赂了卡尔玛提人最强大的盟友贝努-塔伊人的酋长贝都因十万第纳尔。在下一场战斗中，背信弃义的贝都因抛弃了哈桑·伊本·艾哈迈德。哈桑·伊本·艾哈迈德被迫逃走，其营地被捣毁，战争物资被掠夺，一千五百名追随者被杀。穆伊兹·利丁·阿拉很快派一万人前往叙利亚。在叙利亚，由于卡尔玛提人的两位领袖相互猜忌，他们的军队很快被击溃。卡尔玛提人的一位领袖将另一位领袖送到法蒂玛王朝手中。法蒂玛王朝将他和他的儿子关在木笼内,然后将他们送到埃及。卡尔玛提的瘟疫持续不停。多年来,大马士革一直成为派系斗争之地。宦官卡扬——从罗马人手中为穆伊兹·利丁·阿拉夺取特里波里斯,后被派往大马士革——无法与突厥埃米尔阿夫特金对抗,保卫大马士革。阿夫特金恢复了阿拔斯王朝哈里发的地位,并且使大马士革和周边省份太平稳定。与此同时,另一位宦官与法蒂玛王朝的军队一起占领贝鲁特,齐米西斯因此被派往叙利亚。阿夫特金立即向齐米西斯表示敬意,并且达成条约。但卡扬从特里波里斯突围,大败拜占庭军队。拜占庭军队撤退。

卡扬战胜拜占庭军队的消息和穆伊兹·利丁·阿拉的名字再次出现在麦加和麦地那的祈祷中的消息,照亮了穆伊兹·利丁·阿拉生命中的最后几天。975年圣诞节,穆伊兹·利丁·阿拉去世,享年四十六岁[8]。他在埃及仅住了两年,但推行了不少改革。他任命犹太人亚库布·伊本·基里斯和阿斯卢为土地管理者,并且严厉禁止税吏滥用职权,没收税吏的非法收入。亚库布·伊本·基里斯和阿斯卢每天坐在毗邻伊本·突伦清真寺的埃米尔办公室,整理和评估埃及的土地状况,并且监督关税部门、地税部门、人头税部门、慈善税部门及其他征税部门。另外,他们收齐拖欠款,严格审查所有投诉和申请。得益于他们的工作,埃及税收大幅增加。所有税款都必须以法蒂玛王朝流通的钱币缴纳。穆伊兹·利丁·阿拉时期发行的一第纳尔钱币,价值相当于十五点五迪拉姆,完全取代了伊赫什德王朝的阿拔斯第纳尔，给埃及居民造成了相当大的损失。此外，征税工作被严格执行，因为穆伊兹·利丁·阿拉渴望收回征服埃及时的巨额花费。迄今为止，埃及的税收远远不能满足他的期望。然而，一天之内，在福斯塔特征收的税达到五万第纳尔，有时高达一百二十万第纳尔。一次，廷尼斯、达米亚特和乌什梅恩一天的税收达二十万第纳尔。

在对埃及人的短暂统治中，穆伊兹·利丁·阿拉表现出了良好的判断力及正义感。他禁止手下的非洲军队干涉开罗居民的生活，并且为了防止发生争执，他将非洲军队安置在赫利奥波利斯附近的汗达克。他们白天居住在福斯塔特，但每天傍晚都会有一名传令员通知他们天黑前离开福斯塔特。穆伊兹·利丁·阿拉没有虐待科普特人。一个科普特人被任命为海关负责人，他首先在埃及，后来在巴勒斯坦任职，一直得到哈里发的恩宠。实际上，他唯一面临的宗教派系争端是他自己引进的。法蒂玛王朝的成功自然使什叶派发展壮大。什叶派在伊斯兰历1月10日——甚至现在孟买的警察都害怕这一天到来——悼念侯赛因·伊本·阿卜杜拉·伊本·突格吉的殉难。973年的侯赛因·伊本·阿卜杜拉·伊本·突格吉殉难日，在开罗，大批什叶派穆斯林来到神圣家族的纳菲萨夫人墓和库勒苏姆夫人墓满怀热情地侮辱了逊尼派商人。由于及时关闭了分隔不同居住区的大门，街头斗殴被阻止了。这一事件表明，什叶派革命仍然被一部分埃及居民所憎恨。我们将看到，即使在两个世纪后，正统派的恢复也令人惊讶地一致。

法蒂玛王朝的哈里发声称的从先知穆罕默德开始的世系

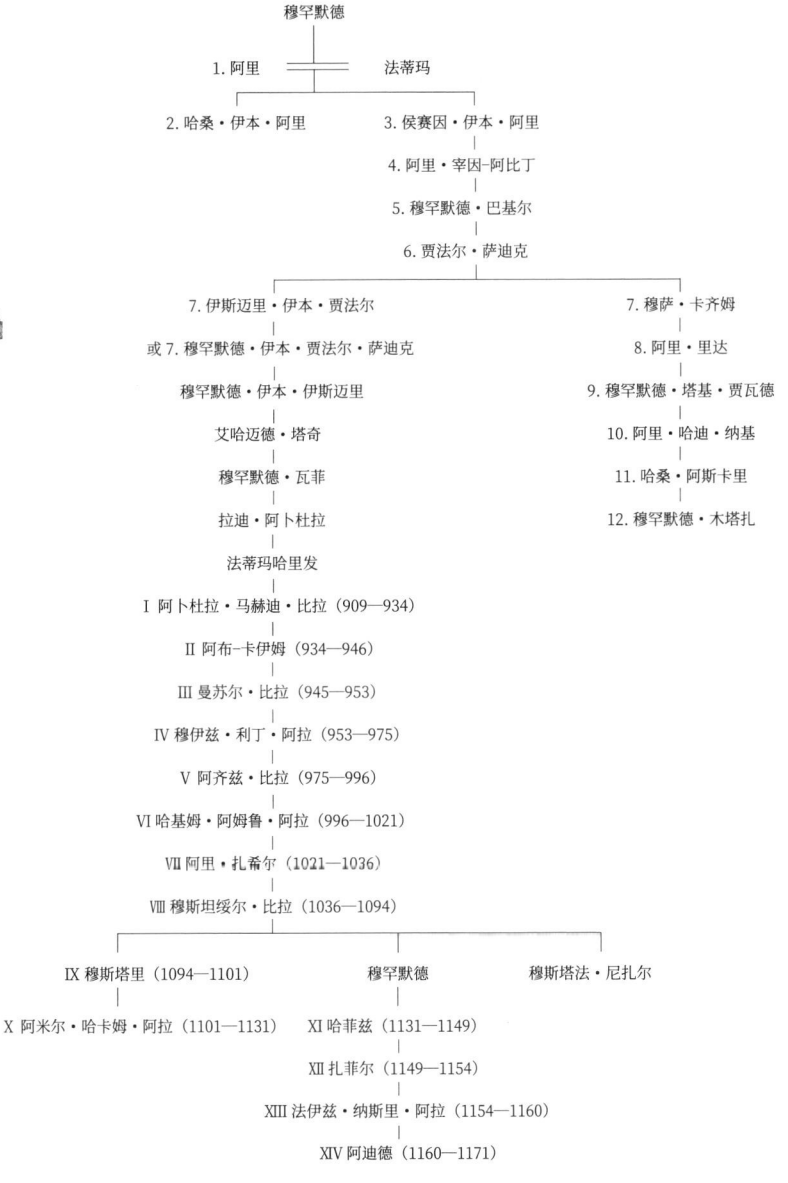

```
                    穆罕默德
                       │
           ┌───────────┴───┐
        1.阿里 ═══════════ 法蒂玛
           │
    ┌──────┴──────────────────┐
2.哈桑·伊本·阿里          3.侯赛因·伊本·阿里
                              │
                      4.阿里·宰因-阿比丁
                              │
                      5.穆罕默德·巴基尔
                              │
                      6.贾法尔·萨迪克
                              │
           ┌──────────────────┴──────────────┐
   7.伊斯迈里·伊本·贾法尔              7.穆萨·卡齐姆
           │                                │
  或7.穆罕默德·伊本·贾法尔·萨迪克        8.阿里·里达
           │                                │
   穆罕默德·伊本·伊斯迈里              9.穆罕默德·塔基·贾瓦德
           │                                │
       艾哈迈德·塔奇                  10.阿里·哈迪·纳基
           │                                │
       穆罕默德·瓦菲                  11.哈桑·阿斯卡里
           │                                │
       拉迪·阿卜杜拉                  12.穆罕默德·木塔扎
           │
       法蒂玛哈里发
           │
  Ⅰ 阿卜杜拉·马赫迪·比拉（909—934）
           │
  Ⅱ 阿布-卡伊姆（934—946）
           │
  Ⅲ 曼苏尔·比拉（945—953）
           │
  Ⅳ 穆伊兹·利丁·阿拉（953—975）
           │
  Ⅴ 阿齐兹·比拉（975—996）
           │
  Ⅵ 哈基姆·阿姆鲁·阿拉（996—1021）
           │
  Ⅶ 阿里·扎希尔（1021—1036）
           │
  Ⅷ 穆斯坦绥尔·比拉（1036—1094）
           │
    ┌──────┼──────────────────┐
Ⅸ 穆斯塔里      穆罕默德       穆斯塔法·尼扎尔
 (1094—1101)        │
      │         Ⅺ 哈菲兹（1131—1149）
Ⅹ 阿米尔·哈卡姆·阿拉    │
 （1101—1131）    Ⅻ 扎菲尔（1149—1154）
                       │
              ⅩⅢ 法伊兹·纳斯里·阿拉（1154—1160）
                       │
                ⅩⅣ 阿迪德（1160—1171）
```

【注释】

1 呼图白指伊斯兰教中在公开正式场合的演讲。"呼图白"一词音译自阿拉伯语，意即"演讲"。在主麻日和宗教节日礼拜时，伊斯兰教教长或阿訇通常对穆斯林宣讲教义。——译者注
2 约翰·尼科尔森：《非洲法蒂玛王朝的建立》，第7页到第8页。——原注
3 伊玛目意为教长，是伊斯兰教的一种高级教职。——译者注
4 穆伊兹·利丁·阿拉到达埃及后，加哈尔似乎没有参加任何政府活动或战争。974年10月，加哈尔被剥夺了所有官职。穆伊兹·利丁·阿拉可能觉得，即使最忠诚的仆人也会对自己有威胁。在下一任哈里发统治时期，加哈尔再次登上历史舞台。——原注
5 沙里夫是穆罕默德的女儿法蒂玛的后代。——译者注
6 斯坦利·莱恩·普尔：《萨拉丁的生平和耶路撒冷王国的沦陷》，1898年，第112页到第114页。——原注
7 马克里齐：《希塔特》；斯坦利·莱恩·普尔：《埃及撒拉逊人的艺术》，第9页、第10页、第163页、第201页、第241页。——原注
8 974年，穆伊兹·利丁·阿拉的大儿子阿卜杜拉去世。穆伊兹·利丁·阿拉的其他三个儿子尼扎尔、特米姆和奥开尔及七个女儿都晚于穆伊兹·利丁·阿拉去世。——原注

第5章

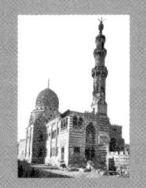

法蒂玛王朝的哈里发
(969年—1094年)

THE FATIMID CALIPHS

(969—1094)

穆伊兹·利丁·阿拉在埃及建立的法蒂玛王朝持续了两个世纪，统治者没有功绩，臣民也不忠诚。大部分哈里发都沉浸在享乐中，政府交由维齐尔们管理。哈里发或军队不断要求维齐尔们进一步提高埃及政府的收入，但维齐尔们经常不能完成任务，于是维齐尔们经常被更换。大多数维齐尔的主要任务是搞钱。与此同时，维齐尔们推行的政策十分短视，丝毫没有从总体大局出发的宏伟规划。在穆伊兹·利丁·阿拉统治时期，法蒂玛王朝的疆域包括整个北非、西西里、叙利亚和汉志，但很快，法蒂玛王朝的疆域缩小到只比埃及本土大一点点。1046年，非洲诸省从单纯的阿拉伯帝国的附属国变成完全独立的国家，并且重新效忠巴格达的哈里发，尽管只是在名义上效忠。叙利亚一直处在松散的状态，并且经常发生叛乱和内战[1]。法蒂玛王朝哈里发在阿拉伯的影响力日益增强，但这不是靠哈里发的努力，而是靠什叶派信徒的宣传。在埃及，哈里发的权力不是建立在公正统治的基础上，没有依附什叶派教义或者哈里发有争议的血统获得。实际上，什叶派和逊尼派的神学家曾多次驳斥对哈里发之位的血统主张[2]。法蒂玛王朝哈里发的权力建立在人们的恐惧之上，并用外国军团的恐怖来维持。柏柏尔军队的士兵从他们在埃及以西的出生地招募，突厥雇佣兵从埃及以东购买或自愿加入，残暴的苏达尼士兵从埃及以南招募。外国军队是保护埃及哈里发统治的堡垒，也是其统治长久存在的唯一原因。然而，即使面对这样的军事暴政，人们可能会质疑，除了耐心的埃及人之外，是否还有其他地方的人愿意长期屈从于无法忍受的枷锁。

这种长期压迫的开端并没有预示即将到来的负担。穆伊兹·利丁·阿拉的儿子阿齐兹·比拉[3]在位时间为975年到996年。975年12月，他继承了父亲穆伊兹·利丁·阿拉的哈里发之位，但直到976年8月的古尔邦节，才被正式宣布。阿齐兹·比拉是一位优秀的统治者，高大、勇敢、清秀，头发是红色的，眼睛是蓝色的——这是阿拉伯人一直害怕的形象。他是一位勇敢的猎手、一位无畏的将军、一位仁慈的保守主义者，既不喜欢冒犯别人，也不喜欢流血战斗。基于法蒂玛王朝的信仰和政策，法蒂玛王朝对于宗教和民族问题倾向于采取宽容和中立的态度，但阿齐兹·比拉有一位信奉基督教的妻子阿赛伊达·阿齐齐亚——其子为"魔鬼"哈基姆·阿姆鲁·阿拉，这对他的统治施加了一种特殊的影响。王后阿赛伊达·阿齐齐亚的两个兄弟被阿齐兹·比拉特别任命为亚历山大和耶路

图23 ● 阿齐兹·比拉统治时期的一第纳尔钱币，976年在米瑟发行

撒冷的米列凯派主教。在阿齐兹·比拉统治下，基督教徒享受着从未有过的宗教宽容。在阿齐兹·比拉的宫廷中，亚历山大牧首亚伯拉罕备受宠信，并且获准重建福斯塔特城外被毁的阿布-斯塞非恩，即圣墨丘里乌斯教堂，而穆斯林的反对——穆斯林将圣墨丘里乌斯教堂变成糖仓库——很快被阿齐兹·比拉镇压[4]。阿齐兹·比拉宽容，充满好奇心，鼓励乌什梅恩的主教塞维鲁与穆斯林教士——如著名法官伊本-努曼，他担任造币厂和度量事务部主任十四年——主持祈祷、讨论信条。他甚至拒绝迫害一位皈依基督教的穆斯林，尽管叛教会被处以死刑。阿齐兹·比拉宽容对待敌人，因为他知道如何尊重一位勇士。当英勇的突厥领袖阿夫特金——他曾煽动整个叙利亚反抗阿齐兹·比拉，甚至在战争中，以卓越的军事才华打败经验丰富的加哈尔——因遭到背叛而落入阿齐兹·比拉手中时，阿齐兹·比拉在宫廷中为他保留了一个高位，并且称赞了他在战场上的英勇表现。

975年到990年，阿齐兹·比拉统治的前十五年，首席维齐尔是皈依伊斯兰教的犹太人亚库布·伊本·基里斯。他曾竭诚为穆伊兹·利丁·阿拉服务，并且成为穆伊兹·利丁·阿拉儿子阿齐兹·比拉的得力助手。由于亚库布·伊本·基里斯是一位谨慎的政治家，埃及在很大程度上享有很长一段时间的安宁，并且国库充盈。在阿齐兹·比拉统治的最后两年，另一位高级官员也成为维齐尔。他就是基督教徒伊萨·伊本·纳斯特鲁斯·伊本·苏鲁斯。犹太人玛拿西曾担任叙利亚的首席大臣。任命基督教徒和犹太人担任高官自然冒犯了穆斯林。穆斯林发现自己处在一种奇怪的境地：在信奉伊斯兰教君主的统治下，穆斯林的处境比"异教徒"还糟糕。于是，诗人们写下了讽刺诗。阿齐兹·比拉骑马穿过街道时，人们将抗议书塞到他手中。阿齐兹·比拉试图安抚过度狂热的穆斯林臣民，并且裁撤一些被人讨厌的官员。但伊萨·伊本·纳斯特鲁斯·伊本·苏鲁斯的影响力太大，受阿齐兹·比拉深爱且能干的女儿西亚特-穆克公主使他官复原职了。实际上，阿齐兹·比拉离不开能干官员的帮助。显然，这些官员在行政能力方面比同期的穆斯林官员出色。982年，亚库布·伊本·基里斯由于下毒被关进监狱，但阿齐兹·比拉十分怀念亚库布·伊本·基里斯的建议，四十天后，亚库布·伊本·基里斯被官复原职。983年，另一位阿齐兹被降职，但迅速被复职。无疑，强大军队对基督教徒和犹太人高官的支持，以及牢固而公正的政府治理在某种程度上使穆斯林接受了自己不受偏爱。然而，一旦受到挑衅，穆斯林的不满情绪就随时会转变成敌意。996年，阿齐兹·比拉与拜占庭帝国皇帝巴西尔二世爆发战争。阿齐兹·比拉组建了一支六百艘船的强大舰队。其中，规模最大的十一艘船停靠在尼罗河边的马克斯港（开罗的港口）。这十一艘船被焚烧，水手们认为纵火者是马斯克港附近的希腊居民。因此，他们屠杀了很多希腊人，掠夺希腊人的财产，并且砍下希腊人的头颅当球踢。然而，秩序很快就恢复了。三个月后，伊萨·伊本·纳斯特鲁斯·伊本·苏鲁斯带领工人们又造出了六艘一级新船[5]。

虽然大臣们都很能干，但大臣们与主人阿齐兹·比拉一样，过分喜爱财富和奢侈的生活。亚库布·伊本·基里斯一年的俸禄是十万第纳尔。991年，他去世了，留下价值四百万第纳尔的土地、房屋、商店、奴隶、马匹、家具、长袍和珠宝，以及为女儿准备的价值二十万第纳尔的嫁妆。他的妻妾共有八百人，仆人和侍卫有四千人，其中包括白人和黑人。他的房子——维齐尔宫殿，如同城堡一样被加固，是一座独立建筑。他的信鸽比阿齐兹·比拉的信鸽还要好。阿齐兹·比拉参加了亚库布·伊本·基里斯的葬礼，并且提供防腐材料——樟脑、麝香和玫瑰水，以及五十件华丽长袍，包裹亚库布·伊本·基里斯的尸体。亚库布·伊本·基里斯的葬礼和他的日常生活一样奢华。阿齐兹·比拉骑上骡子，拒绝仆人如同往常那样为自己撑起遮阳伞。接着，他慢慢奔向忠臣亚库布·伊本·基里斯的房子，站在亚库布·伊本·基里斯的灵柩前哭泣，并且为亚库布·伊本·基里斯祈祷，亲手将石头放在亚库布·伊本·基里斯的墓门口。三天来，阿齐兹·比拉茶饭不思，没有接待客人。十八天来，政府部门一直关闭，什么事也没有做。在一个月的时间里，亚库布·伊本·基里斯的墓成为朝圣之地。在他的墓旁，诗人歌颂他的美德，一大批吟诵者日夜念《古兰经》。诗人们的费用都由阿齐兹·比拉支付。女奴站在墓旁，拿着银杯和银匙，为哀悼的人群提供美酒和糖果。阿齐兹·比拉释放已故维齐尔亚库布·伊本·基里斯手下所有的奴隶兵，并且偿还亚库布·伊本·基里斯欠下的巨额债务，为亚库布·伊本·基里斯庞大的家庭支付费用。与此形成鲜明对比的是，992年，加哈尔将军去世。由于加哈尔晚年默默无闻，阿齐兹·比拉为了表示敬意，送给他的家人五千第纳尔。

阿齐兹本人树立了奢侈的榜样，这使得法蒂玛王朝的财富记录对那些没有意识到东方对奇珍异宝的热情的人来说几乎是难以置信的。阿齐兹·比拉是宝石和陶器鉴赏家。阿勒颇的历史学家格玛-埃德丁认为许多时髦的新奇之物是在阿齐兹·比拉统治时期制作的，如用德比克皇家工厂的昂贵织物织成的一块六十码长的镶金多色头巾，用巴格达的阿塔比布织成的长袍和地毯，或拉姆拉和太巴列的彩色织物，镶有珠宝和龙涎香的马具，覆盖镶有黄金的盔甲。阿齐兹·比拉的饭桌同样奢华。新鲜的鱼从海上运来开罗，这在以前是没有的。在距离穆卡塔姆几英里的地方，人们急切寻找松露并在市场上出售，但它的售卖量之大使得这种上等美味变得便宜而普通。阿齐兹·比拉对珍稀动物的喜爱使奇异的动物和鸟类被运到开罗。努比亚人精心饲养的母象被引入开罗繁殖，一头犀牛的标本使吃惊的人们喜形于色。这些新奇物种是用很高的代价获得的。对埃及国库来说，这是一笔很大的开支，只有通过严格的财政控制才能提供这项开支。阿齐兹·比拉严格控制国库，严禁一切贿赂和礼物。没有书面命令，国库不能支付任何费用。然而，国库的钱没有都花在奢侈品上。在阿齐兹·比拉的统治下，开罗修建了许多建筑，如黄金宫殿、珍珠亭、他母亲在凯拉法墓地的清真寺。另外，991年，阿齐兹·比拉下令修建哈基姆大清真寺，以及一些重要的运河、桥梁和码头。

阿齐兹·比拉的思想很有条理。他在仪式和管理方面，推动了许多改革。首先，他规定在斋月期间每个星期五举行游行，并且以大祭司的身份在民众面前履行职责。他为官员和随从确定俸禄。阿齐兹·比拉是自己的家族中第一个采取引进、偏袒突厥军队这一灾难性政策的人。他很精明，喜爱诗歌，因此遭到嘲笑。他曾在一封具有侮辱性的信中，竭力讽刺科尔多瓦的倭马亚王朝哈里发希沙姆二世，但对方断然反驳道："你嘲笑我们，因为你听说过我们。我们如果听说过你，那么也会嘲笑你。"然而，阿齐兹·比拉是法蒂玛王朝所有哈里发中最聪明、最仁慈的。在他的统治下，整个埃及处在安宁状态。这是他统治能力最有力的证明。尽管非洲与埃及的联系逐渐松散，叙利亚只能依靠武力控制，但在大西洋到红海的清真寺中，在也门，在麦加的至圣所，以及992年在教堂中的讲坛前，人们为阿齐兹·比拉祈祷。996年10月，卓越的统治者阿齐兹·比拉在比比斯死于严重的精神失调。驾崩前，他与年幼的儿子哈基姆·阿姆鲁·阿拉展开了一次感人的谈话。他虽然有预言师的本领，但没有预见到哈基姆·阿姆鲁·阿拉的作恶。

在位时间为996年到1021年的哈基姆·阿姆鲁·阿拉是谨慎的父亲阿齐兹·比拉和信奉基督教的母亲唯一的儿子。阿齐

图 24 ●哈基姆·阿姆鲁·阿拉统治时期发行的四分之一第纳尔钱币，1004 年在西西里发行

兹·比拉在比尔别斯的浴室里去世时，哈基姆·阿姆鲁·阿拉才十一岁。埃米尔巴高文将哈基姆·阿姆鲁·阿拉从一棵无花果树上抱下来，急忙将镶着宝石的头巾戴在他的头上，并且将他带到人们面前。人们在新伊玛目哈基姆·阿姆鲁·阿拉面前，亲吻地面。第二天，小男孩哈基姆·阿姆鲁·阿拉手里拿着长矛，肩上挂着剑，跟在驮着父亲阿齐兹·比拉遗体的骆驼后面。他要将父亲的遗体送回开罗。第三天，在王宫内，哈基姆·阿姆鲁·阿拉面对全体官员，庄严地坐上宝座。他在最初统治的几年内，自然处在被监护的状态。由阿齐兹·比拉任命的埃及总督是斯拉夫宦官巴高文。至今，开罗的一条街道仍然以巴高文的名字命名。马格里布人（柏柏尔人）伊本·阿马尔被授予军队指挥权。他的头衔是"瓦西特"，意为"仲裁者"。他的姓是"阿明-达瓦拉"，意为"王国守护人"[6]。基督教徒伊萨·伊本·纳斯特鲁斯·伊本·苏鲁斯继续控制埃及的财政，直到他被处决。实际上，伊本·阿马尔将军是摄政。他利用自己的权力维护基塔马部落的利益，并且使阿齐兹·比拉引入的突厥士兵处在下属位置。因此，柏柏尔人变得蛮横，掠夺和虐待埃及人，并且在街上与突厥士兵斗殴。这变成了一场东

西方之间的斗争。最终,东方取得了胜利。基塔马被打败,并且蒙羞。伊本·阿马尔的职务被剥夺,突厥人洗劫了伊本·阿马尔的宫殿。伊本·阿马尔冒险前往宫廷,但他的头被突厥士兵砍掉。最后,他的头献给了年轻的哈里发哈基姆·阿姆鲁·阿拉。

此前,巴高文一直在宫中过着平静的生活,保护被监护人哈基姆·阿姆鲁·阿拉。但他成为摄政后,陶醉在突如其来的权力和财富中,并且完全沉溺在享乐中。他终日沉迷在歌声中。他在阿齐兹·比拉建造的珍珠宫中,聆听美妙的音乐,俯瞰美丽的阿布-米斯克·卡富尔花园、尼罗河运河和金字塔。他沉浸在快乐中,失去了本来拥有的权力。无人控制的哈基姆·阿姆鲁·阿拉开始坚持自己的主张,并且鄙视巴高文,因为巴高文总是像导师一样直呼他的名字。1000年,哈基姆·阿姆鲁·阿拉血腥地刺杀了巴高文。深受爱戴的巴高文死了,人们震惊不已,拥入皇宫示威。但哈基姆·阿姆鲁·阿拉用谎言搪塞人们,并且恳求人们支持年轻而无助的自己。最终,暴怒的人们散去,一场危机结束。然而,哈基姆·阿姆鲁·阿拉没有忘记这一个关于举止的教训。

随着年轻的哈基姆·阿姆鲁·阿拉越来越多地出现在公众面前,他性格中的古怪方面开始显现。他古怪的脸及可怕的蓝眼睛使人畏缩。他的大嗓门使民众发抖。他的导师巴高文曾称他为"蜥蜴"。实际上,哈基姆·阿姆鲁·阿拉常常以一种令人毛骨悚然的方式穿梭在自己的臣民中。这解释了"蜥蝎"这一绰号的由来。他酷爱黑暗，习惯晚上召集大臣们开会。另外，他骑着自己那头灰色的驴，夜复一夜地在街上转来转去。实际上，他以检验市场度量衡为借口，暗中监视人们的行为和意见。在哈基姆·阿姆鲁·阿拉的命令下，开罗的黑夜犹如白天。所有商业活动和餐饮活动都必须安排在日落后。日落后，商店必须开门，房屋内必须明亮，以满足哈基姆·阿姆鲁·阿拉的奇想。当穷人的行为太过火，在不寻常的时间嬉闹时，哈基姆·阿姆鲁·阿拉会下令打击他们，如女人不准出门，男人不准坐在隔间内。制鞋匠被责令不许制作女性的户外靴。这样一来，女人就不能走出门外。开罗的女人不仅被禁止向窗户外望，还不能到屋顶上透气。哈基姆·阿姆鲁·阿拉对于食品和饮料颁布了严格的规定。与许多穆斯林一样，他是一个狂热的戒酒者。埃及人被禁止喝啤酒，葡萄酒也被没收，甚至埃及境内的葡萄藤也被砍倒，葡萄干成为违禁品。犹太人被禁止吃锦葵，蜂蜜被没收并倒入尼罗河。埃及象棋这样的游戏被禁止，象棋棋盘被烧毁。人们只要在街上看到狗，就要将狗杀死。然而，人们要将最好的牛留在古尔邦节宰杀。胆敢违抗上述法令的人会被鞭打、斩首，或者被哈基姆·阿姆鲁·阿拉发明的新酷刑处死。许多新奇的规定无疑透露出统治者的改革精神，但改革者显得过于疯狂。开罗的女士虽然十分活泼，需要加以管束，但谁能想出通过没收女士的靴子约束女士的活动？禁止喝酒、赌博和参与公共娱乐活动很符合乖戾、苦闷的清教徒的性格。禁止上述活动无疑是为了提高埃及人的道德品质。但夜间闲荡及对思想不必要的限制和其他恼人的规定都显示了哈基姆·阿姆鲁·阿拉不稳定的精神状况。哈基姆·阿姆鲁·阿拉的本意可能是好的，但他推行的政策无比怪异。

从996年到1006年，哈基姆·阿姆鲁·阿拉统治的前十年，基督教徒和犹太人享有豁免权，甚至享有在阿齐兹·比拉宽容政策下获得的特权。但随着时间的推移，基督教徒和犹太人受到无理的迫害。基督教徒和犹太人被迫在公共场合穿黑袍。在公共浴池，人们都不穿衣服，但为了区分自己，裸体的基督教徒被迫佩戴大而重的十字架，犹太人不得不戴上铃铛。1005年，哈基姆·阿姆鲁·阿拉下令摧毁埃及的所有基督教教堂，没收教会的土地和财产。教堂拆毁工作至少花了五年（从1007年到1012年）。基督教徒可以选择成为穆斯林，或者离开埃及，或者佩戴沉重的十字架作为自己堕落的标志。为了躲避迫

图25 ●哈基姆·阿姆鲁·阿拉统治的一第纳尔钱币，1015年在米瑟发行

图 26 ●哈基姆·阿姆鲁·阿拉的玻璃砝码，1012年制作

害，许多基督教徒，特别是信奉基督教的农民，皈依了伊斯兰教。1008年，每星期有两天，负责接收皈依声明的办公室被围得水泄不通。一些急切的皈依者甚至在拥挤中被踩死了。1012年，忠于自己信仰的人受到各种各样的羞辱。他们被禁止骑马，不许使用穆斯林仆人，不许乘坐穆斯林船夫划的船，不许购买奴隶[7]。

然而，哈基姆·阿姆鲁·阿拉惩罚基督教徒更多体现的是对人类的普遍蔑视，而不是对某一群体的特别厌恶。在发出压迫基督教徒命令的同时，基督教徒仍然被任命为埃及的最高职位。毫无疑问，相关任命是由于基督教徒具有出色的财政管理能力。1009年，签署拆除耶路撒冷圣墓教堂的维齐尔伊本-阿卜敦是基督教徒。他的继任者——1012年去世的前维齐尔伊萨·伊本·纳斯特鲁斯·伊本·苏鲁斯之子祖尔阿——也是基督教徒。最终，维齐尔们的"光荣之路只通向坟墓"。不管是基督教徒还是穆斯林，哈基姆·阿姆鲁·阿拉的维齐尔们最后都被杀死了。1003年，穆斯林大臣法赫德被处决。一个月后，法赫德的继任者被处决。1010年，伊本-阿卜敦被杀。同

年，在被降职和出逃后，加哈尔的儿子侯赛因官复原职。侯赛因表面上获得了哈基姆·阿姆鲁·阿拉的恩宠，但最后在宫殿中遭到谋杀。当时，官员们被折磨和杀害。他们被砍下手臂、割下舌头，或者被各种各样的野蛮手段残害。1008年，埃及设立了一个特别行政部门，负责管理被谋杀和被撤职官员的财产。

哈基姆·阿姆鲁·阿拉的致命怪癖在开罗表现得最强烈。他的怪诞命令贯穿他的领地，使得整个埃及深受其害。尼罗河水位连续三年下降，埃及人遭受的灾难更严重。这被认为

图27 ●哈基姆清真寺

是上帝对这个时代的审判。难怪一个冒险家能够振兴这个国家并抵抗法蒂玛王朝军队两年。倭马亚王室的一位成员从西班牙逃到埃及，自立为哈里发，并且赢得了贝鲁-库拉的阿拉伯人和基塔马的柏柏尔人的支持。实际上，贝鲁-库拉的阿拉伯人和基塔马的柏柏尔人从没有原谅突厥人在开罗对自己的侮辱，因此他们占领巴尔卡，打败法蒂玛王朝的军队，最终占领埃及。被称为"革制水袋之父"的阿布-拉克瓦在吉萨再次击败哈基姆·阿姆鲁·阿拉的军队，并且在金字塔旁扎营。这让开罗陷入恐慌。最后，在一场血腥的战斗中，阿布-拉克瓦的军队被打败，并且他在努比亚被俘虏。阿布-拉克瓦及其三万名追随者的头颅被驮在一百头骆驼的背上。这支骆驼队穿过叙利亚的所有城镇。最终，这些头颅被扔进幼发拉底河。被哈基姆·阿姆鲁·阿拉击败的法德尔将军下场悲惨。当哈基姆·阿姆鲁·阿拉正忙着割一个被他用刀亲手杀死的漂亮小男孩的尸体时，法德尔不幸走入宫殿。他无法抑制自己的恐惧，深知后果的严重。他径直回家，立下遗嘱。由于看到了不该看的东西，一小时后，他被哈基姆·阿姆鲁·阿拉的刽子手杀死。

哈基姆·阿姆鲁·阿拉所有疯狂的野蛮行为似乎闪烁着智慧和虔诚的光芒。在宗教和公共事业方面，他的统治不全是缺陷。哈基姆·阿姆鲁·阿拉建造的最著名建筑是以他的名字命名的清真寺。991年，哈基姆清真寺由哈基姆·阿姆鲁·阿拉的父亲阿齐兹·比拉开始建造，并且在1003年完工。随后，哈基姆清真寺加建了尖塔。哈基姆·阿姆鲁·阿拉还下令建造拉希达清真寺，并且经常在星期五前往拉希达清真寺祈祷。在马克斯港，他下令在尼罗河岸边为来世建造了一座清真寺和一座观景台。他最有原创性的建筑是在1005年建造的科学馆，主要用于传播什叶派神学思想和各种异端邪说，并且用于促进学问的整体提升，如天文学、词法学、语法、诗歌、批评、法律和医学等学科。科学馆内有一座华丽的图书馆。其中，大部分图书由埃及皇家宫殿提供。科学馆对每个人开放，并且提供学习所用的全部必需品。开罗的所有学者和许多远道而来的访问者都曾在科学馆聚会。一次，学者和访问者被邀请前往宫殿。令他们惊讶的是，回来时，他们都穿着象征荣誉的长袍，而没有丢脑袋。

然而，即使在建筑方面，哈基姆·阿姆鲁·阿拉也表现出很奇特的品位，并且形迹可疑。他下令在穆卡塔姆山上建造一座大谷仓，并且在谷仓内装满木柴。人们认为他要在一个巨大的柴堆上进行大屠杀。尽管官方公告否认了人们的猜测，但人们仍然不安心。穆卡塔姆山的沙漠斜坡是哈基姆·阿姆鲁·阿拉最喜欢去的地方。哈基姆·阿姆鲁·阿拉在这里建造了一座天文台。他在凯拉法建造了另一座天文台，但这座天文台从没有完工。哈基姆·阿姆鲁·阿拉在天文台占星，但他严格禁止其臣民这样做。天亮前，他会骑着灰色的驴来到天文台。他穿着十分简单的服装，这身衣服与他祖先的华丽服装形成鲜明对比。哈基姆·阿姆鲁·阿拉的长袍是纯色的，他的头巾没有镶嵌珠宝，并且只有一位或两位王室侍从陪同。有时，他会独自来到天文台。我们必须承认哈基姆·阿姆鲁·阿拉很有勇气。许多人对哈基姆·阿姆鲁·阿拉充满仇恨。哈基姆·阿姆鲁·阿拉会屠杀可疑者的整个家族。因此，埃及各处弥漫着向哈基姆·阿姆鲁·阿拉复仇的愤怒。尽管如此，哈基姆·阿姆鲁·阿拉依然骑驴外出，来到沙漠和拥挤的街道，日夜如此，沉浸在新产生的探听臣民说话的新幻想中。于是，说错话的臣民往往遭到血腥屠杀。哈基姆·阿姆鲁·阿拉致命的凶狠和神秘的敬畏感，使自己免于随时遭到暗杀的危险。在四分之一世纪的时间里，没人敢对哈基姆·阿姆鲁·阿拉有任何图谋。哈基姆·阿姆鲁·阿拉拥有一支全能的秘密警卫队，其中包括女密探，他们向哈基姆·阿姆鲁·阿拉提供了很好的服务。

随着哈基姆·阿姆鲁·阿拉年龄的增长，他的臣民的境况越来越糟。肆意的处决和没收等行为更加频繁，人们的土地被随意分给普通士兵、水手或其他任何人。人们开始逃向乡村。福斯塔特的市集已经关闭。所有商业活动都停止了。曾经在七年内，街上没有发现一个女人。空气中弥漫着反叛的气息。1013年，在贝鲁-库拉的阿拉伯人统治下，亚历山大独立了。1014年，在开罗，一个手里拿着讽刺文章的"女人"被安排在街上。哈基姆·阿姆鲁·阿拉骑着驴经过时拿走了它。哈基姆·阿姆鲁·阿拉愤怒地抓住了这个"女人"，却发现这个"女人"是用纸做的一个假人。他怒不可遏，于是派黑人军队焚烧福斯塔特。福斯塔特居民拿起武器反抗。在街上，战斗进行了三天。清真寺内充斥着尖叫的乞求者，福斯塔特的一半被洗劫或烧毁，许多当地妇女沦为奴隶，人们继续遭受哈基姆·阿姆鲁·阿拉的压迫。随后，哈基姆·阿姆鲁·阿拉有了一个新的疯狂想法：他幻想自己是神的化身，并且强迫所有人崇拜他的名字。这得到了一些人的支持。1018年，一个来自遥远的费尔干纳的叫哈桑的人（外号"裂鼻"）宣扬哈基姆·阿姆鲁·阿拉的神性。一个平民谋杀了哈桑，但被处决。逊尼派对这位平民杀手表示敬意。1019年，来自波斯萨珊王朝的哈姆扎来到开罗，宣传新教义，并且收了许多信徒。信徒们用奇怪的头衔称呼自己。其中，一些狂热分子骑着驴进入福斯塔特的阿慕尔清真寺布道。狂热分子的追随者发出雷鸣般的掌声。人们成群结队观看这一景象，但当其中一位鼓吹者"以慈悲的哈基姆·阿姆鲁·阿拉的名义"对法官讲话时，事态似乎失控了。随后，骚乱发生了，人们杀死亵渎者，拖着他们的尸体穿过街道，焚烧他们的尸体。

哈基姆·阿姆鲁·阿拉从没有如此近距离感受骚动。为了寻找达拉齐，突厥军队包围了哈基姆·阿姆鲁·阿拉的宫殿。达拉齐是伊斯兰教一个新兴教派的领袖，曾在宫殿内避难。但哈基姆·阿姆鲁·阿拉实在有勇气。在阳台上，他告诉突厥军达拉齐不在宫殿内，后来他又说达拉齐已经死了。为了保护达拉齐，他撒了谎。但达拉齐逃到黎巴嫩，建立了德鲁士教派。哈基姆·阿姆鲁·阿拉一度掩饰了自己的愤怒，并且在隐居的宫殿策划复仇计划。经过大约一个月时间的准备，黑人军队又被派往开始起义的福斯塔特。军队分成多个分支，悄悄前往福斯塔特。但一到福斯塔特，黑人军队就开始掠夺和破坏福斯塔特。一些士兵闯入房屋甚至澡堂，将年轻的姑娘们拖出来，犯下残酷的暴行。与往常一样，哈基姆·阿姆鲁·阿拉骑驴到达福斯塔特。福斯塔特绝望的居民恳求他将他们从残暴的士兵手中解救出来。与往常一样，他一言不发。

哈基姆·阿姆鲁·阿拉自我神化的一个结果是他放宽了伊斯兰教的许多规定。他以自己的新身份废除了有关斋戒和朝圣的法律，因为《古兰经》的典故是用比喻的方式解释的。哈基姆·阿姆鲁·阿拉抛弃了多余的祈祷及斋戒的习惯。或许本着宗教解放的精神，他取消了迫害基督教徒的政策，并且允许基督教徒恢复信仰自己的宗教，重建自己的教堂。因此，许多名义上的穆斯林公开回归自己真正的信仰——基督教。基督教教堂也重修了。与此同时，穆斯林遭到越来越野蛮的对待。在黑人军队面前，没有什么是安全的。在清真寺里祈祷的人大声喊叫，但徒劳无功，因为没人帮助他们。

最后，一种情况出现了：突厥军队和基塔马的柏柏尔人发现自己被忽视了。于是，突厥军队和基塔马的柏柏尔人联合对抗黑人军队。在一系列巷战中，黑人军队的力量被削弱了。混乱的城市在一定程度上恢复了秩序。但面对黑人军队的进攻，突厥军队和基塔马的柏柏尔人毫无办法。此外，哈基姆·阿姆鲁·阿拉在自己家中还有一个强大的对手。他唯一的妹妹皇室公主西亚特-穆克是一个品格高尚而聪明的人。她大胆指责哈基姆·阿姆鲁·阿拉的恐怖统治。哈基姆·阿姆鲁·阿拉无耻地诽谤西亚特-穆克的贞洁。为了将父亲阿齐兹·比拉的领土留给哈基姆·阿姆鲁·阿拉唯一的儿子阿里·扎希尔,西亚特-穆克抛弃了哥哥哈基姆·阿姆鲁·阿拉,参与不断酝酿的阴谋。她开始与柏柏尔首领谈判,而且她与柏柏尔首领的合作很快呈现在世人面前。

1021年2月13日,与往常一样,哈基姆·阿姆鲁·阿拉骑驴前往穆卡塔姆山,漫无目的地逛了一整夜。1021年2月14日清晨,他将两名王室侍从打发走,像往常一样独自走进沙漠。几天后,人们在穆卡塔姆山发现了他受伤的驴子,以及他的七色外套。外套上有被匕首袭击的痕迹,但他的尸体一直没有被发现。四年后的1025年,一名男子承认他"出于对真主和伊斯兰教的热情"杀死了哈基姆·阿姆鲁·阿拉。然而,疯狂的哈基姆·阿姆鲁·阿拉的失踪仍然是个谜。人们不相信他真

图28 ● 阿里·扎希尔统治时发行的一第纳尔钱币,1030年在米瑟发行

的死了，并且焦急等待他归来。有冒名者声称自己是失踪的哈基姆·阿姆鲁·阿拉。直到今天，黎巴嫩的德鲁士教派仍然尊崇哈基姆·阿姆鲁·阿拉的神性，并且相信有一天哈基姆·阿姆鲁·阿拉会以庄严的姿态再次出现，揭示真理，进行审判。

哈基姆·阿姆鲁·阿拉统治时期造成的恐怖影响无法迅速消除。哈基姆·阿姆鲁·阿拉失踪后，他唯一的儿子，阿里·扎希尔[8]被宣布为哈里发（在位时间为1021年到1036年）。十六岁的阿里·扎希尔登基后，面临危机四伏的局面。虽然他的姑姑皇室公主西亚特-穆克摄政长达四年，但她不得不处理一位军事寡头，用他们自己的丑陋武器来对付他们。于是，反对哈基姆·阿姆鲁·阿拉的柏柏尔首领被西亚特-穆克下令在宫中杀死。随后，两名维齐尔遭到处决。西亚特-穆克去世后，埃及政府落入一个宫廷小集团手中。为了维护自己的权力，这个小集团赶走阿里·扎希尔身边所有明智的谋士，并且让年轻的阿里·扎希尔陷入愚蠢和自我放纵中。组成这个阴谋集团的三个谢赫每天以适当的形式拜见阿里·扎希尔一次，但在未经阿里·扎希尔同意的情况下，埃及政府的所有重要事务都已经安排好。由于哈基姆·阿姆鲁·阿拉恼人的规定被取消了，埃及人的生存状况转好，但尼罗河的低水位使埃及人的生存状况恶化，这导致物资短缺和价格高涨。当时，一头牛的价格高达五十第纳尔。为了防止牛灭绝，政府必须禁止宰牛。载重的骆驼越来越少，埃及常见的食物家禽也越来越少。人们试图卖掉自己的家具，却找不到买主。人们由于缺乏食物而病死。身体强壮的人变成强盗，抢劫商队甚至朝圣者。街上强盗成灾，叙利亚叛军入侵埃及与叙利亚边境城镇。人们拥挤在宫殿前，吼叫道："饥饿，饥饿！啊，忠诚的统帅阿里·扎希尔，在你的父亲哈基姆·阿姆鲁·阿拉和祖父阿齐兹·比拉的统治下，埃及的状况不是这样的！"宫殿内的食物实在太少了。古尔邦节开始时，饥饿的奴隶们将餐桌上的食物一扫而光。埃及国库空虚，人们拖欠税款。奴隶们开始反抗，市民们成立安全委员会，并且允许出于自卫杀死奴隶。埃及人筑起路障，将叛乱分子挡在埃及外面。维齐尔加尔加莱被囚禁在自己家里。埃及形势危急。但1027年，尼罗河水位上升，埃及物资变得充足。随着饥荒缓解，动乱平息了。

除了第6章记述的叙利亚战争，阿里·扎希尔十五年的统治时期最引人注目的事件是1025年的宗教迫害。当时，马立克派所有神职人员都被逐出埃及。一般来说，伊斯兰教各教派之间完全互相容忍，逊尼派在自己的宗教仪式中不受干扰。阿里·扎希尔与拜占庭皇帝君士坦丁八世签订了条约。条约规定拜占庭帝国允许阿里·扎希尔的名字可以在自己领土的清真寺内被祈祷，重修君士坦丁堡的清真寺，换取阿里·扎希尔许可重建耶路撒冷的复活教堂。阿里·扎希尔只顾享乐，只关注马穆鲁克卫队的训

图29 ● 穆斯坦绥尔·比拉的玻璃砝码

练。他对音乐和舞蹈的热爱,以及其野蛮和残忍的个性,证明他是哈基姆·阿姆鲁·阿拉的儿子。有一次,他邀请王宫内所有年轻姑娘参加宴会。姑娘们穿着节日盛装,被领进清真寺,等待宴会到来。但随后,清真寺的门被关上,并且用砖堵住了。于是,这两千六百六十名女孩饿死了。据史料记载,女孩们的尸体六个月都没有下葬。1036年6月,当人们得知策划这场野蛮暴行的阿里·扎希尔死于瘟疫时,才松了一口气。

继承阿里·扎希尔哈里发之位的是其七岁的儿子马德(在位时间是1036年到1094年)。八个月大时,马德被宣布为哈里发继承人,并且以"穆斯坦绥尔·比拉"[9]的名字继承哈里发之位。穆斯坦绥尔·比拉的统治长达六十年零四个月,可能是有记载的伊斯兰教统治者中在位时间最长的。在法蒂玛王朝的历史上,我们发现三位女性的影响力几乎是至高无上的:阿齐兹·比拉信奉基督教的妻子阿赛伊达·阿齐齐亚,哈基姆·阿姆鲁·阿拉具有政治手腕的妹妹西亚特-穆克,以及穆斯坦绥尔·比拉的黑人母亲。穆斯坦绥尔·比拉的母亲是苏达尼奴隶,被从图斯塔的犹太人手中买来。穆斯坦绥尔·比拉童年时期,他的母亲及其卖主希伯来人阿布·萨伊德享有很大权力。1044年,在阿布·萨伊德和穆斯坦绥尔·比拉母亲的努力下,接替加尔加莱之职的新维齐尔被废黜并被处死。一个叛教的犹太人萨达卡被任命为维齐尔。然而,他不愿继续忍受阿布-萨伊德的干涉,背叛了自己的恩人阿布·萨伊德,并将他交给突厥卫兵。为了复仇,穆斯坦绥尔·比拉的母亲暗杀了萨达卡。下一任大臣试图通过引进黑人军队平衡突厥人拥有的过大权力，但他被免职了。这位大臣的继任者只任职三个月。1050年，亚祖里成为维齐尔，任期长达八年。

此时，法蒂玛王朝的领土几乎只剩埃及了。长期以来，叙利亚一直反对法蒂玛王朝的统治（见第6章）。在四任桑哈加柏柏尔人君主的统治下，北非地区通过在祈祷文和钱币上引用哈里发的名字，每年交纳贡品，以及由哈里发下发文件正式任命每届总督，承认了法蒂玛王朝是自己的宗主。但大约在1044年，总督莫伊兹加入正统逊尼派。于是，北非其他地区的总督宣布不再承认法蒂玛王朝的统治，并且在1046年接受阿拔斯王朝对总督的新任命状。埃及以西的什叶派反对莫伊兹的统治。与此同时，在埃及以东，莫伊兹试图将希拉勒的大阿拉伯部落纳入自己的统治下。希拉勒人占领了巴尔卡和特里波里斯，并且在巴尔卡和特里波里斯定居。莫伊兹虽然失败了，但

图30 ● *穆斯坦绥尔·比拉统治时期发行的一第纳尔钱币，1047年在米瑟发行*

在马赫迪亚保持独立，并且任凭其他小国在西方崛起。西西里的凯尔比埃米尔承认法蒂玛王朝的统治，但在1071年，西西里落入诺曼人之手。此后，除了在巴尔卡断断续续的统治，埃及君主再也没有统治埃及以西的臣民。

在阿拉伯，法蒂玛王朝意外得到一位什叶派皈依者苏莱希德人阿里的拥护。1063年前，阿里从麦加的哈德拉毛手中征服了也门和汉志，并且在每一座讲坛上宣布法蒂玛王朝哈里发穆斯坦绥尔·比拉的神权。更令人惊讶的是，不仅在见证了伊斯兰教诞生的圣城，甚至在巴格达这座伊斯兰教正统派哈里发所在的城市，清真寺内都在为穆斯坦绥尔·比拉祈祷。这得益于突厥将军贝萨西利暂时的成功，这让穆斯坦绥尔·比拉收获了无与伦比的荣誉。当贝萨西利发现与其寄希望于法蒂玛王朝的支持，不如服从崛起的塞尔柱王朝的势力时，巴格达重新效忠于阿拔斯王朝。然而，事实上，在四十个星期五的祈祷中，"和平之城"巴格达的清真寺都出现了埃及哈里发穆斯坦绥尔·比拉的名字。正统派教士的长袍、头巾和金银丝细工宝座都被带走并存入开罗的宫殿[10]。当时，开罗正举行宴会，穆斯坦绥尔·比拉花去二百万第纳尔翻新这座最初由阿齐兹·比拉为皇室公主建造的"小西宫"，并且将小西宫作为送给阿拔斯王朝哈里发的镀金笼子。穆斯坦绥尔·比拉满怀信心地认为自己会将阿拔斯王朝哈里发变成自己的囚徒。一位歌手用歌声赞颂法蒂玛王朝的胜利，并且用鼓伴奏。于是，穆斯坦绥尔·比拉将尼罗河附近的一片土地赐予这位歌手，并且称这片土地为"小手鼓的领地"。

　　幸运的是，波斯旅行者纳西尔-胡索罗对开罗和埃及其他地方有趣的描述被保存下来[11]。他于1046年到1049年在开罗旅行。开罗是一座很大的城市。城中的房子粗略估计有两万所。房子主要是砖砌的，有五层楼到六层楼。另外，两所房子之间有精心培育的花园和果园，使用水井和水轮灌溉。一所中等大小的四层房子的租金是每月十一第纳尔，即每年大约七十英镑。房东拒绝以每月五第纳尔的租金将顶层租给纳西尔-胡索罗。开罗所有的房子都属于哈里发，房租每月收一次。估计开罗有两万间店铺。这些店铺也是哈里发的财产，每月的租金从二第纳尔到十第纳尔不等。如果以平均月租五第纳尔计算，每年的店铺租金收入大约为六十五万英镑。纳西尔-胡索罗对高大的房屋围墙和宫殿围墙感到十分惊讶，砌墙的石头又紧又密，看起来就像完整的石头。他对宫殿内部的描述很简短，这不免令人失望，但他提到著名的王宫大殿，里面的黄金宝座上雕刻着狩猎的场景。宝座周围是金色的屏风，宝座下有一段银色的台阶。根据纳西尔-胡索罗的记载，宫殿内有包括一万两千名仆人在内的三万人。每晚，有一千名侍卫骑马巡逻。米瑟与开罗相隔仅一英里。米瑟城内建有花园。尼罗河涨潮时，花园会被洪水淹没，因此，它夏天时看起来像一片海。这片海就是著名的、深受人们喜爱的阿比西尼亚人之湖，即哈巴什湖。阿比西尼亚人之湖周围有花园，是开罗人最喜欢的度假胜地。伊本·萨伊德这样称赞这座湖："阿比西尼亚人之湖啊，我的一天就是在这里度过的。在这里，我度过一段漫长而快乐的和平时光。愿天堂在你怀中，我终生欢乐。湖水多么可爱，孕育了鲜花和绿芽，叶子像刀一样从你身上脱落。"阿比西尼亚人之湖旁边是圣约翰修道院。修道院内有美丽的花园。花园是莫伊兹哈里发的儿子特米姆设计的，后来，它成为哈菲兹哈里发最喜欢的地方。修道院内有一口"梯井"，"梯井"在一棵巨大的梧桐树的荫蔽下。米瑟城建在高地上。纳西尔-胡索罗从远处看，米瑟城如同一座山一样。城中的房屋有七层楼到十四层楼高。每间房的面积都有三十平方腕尺，可以容纳三百五十人。米瑟有七座清真寺，开罗有八座清真寺。一座由三十六艘船组成的桥将米瑟和罗达岛连接起来，但没有桥连接罗达岛和吉萨，它们之间只有一艘渡轮。

纳西尔-胡索罗对米瑟的灯具市场感到特别震撼。在这里，他看到了稀世珍宝和艺术品。这是他在埃及其他任何城市没见过的景象。他对集市上的大量水果和蔬菜感到惊讶。他说，产自福斯塔特的陶器十分精致，甚至可以透过陶器看到另一边的手。他还说，在福斯塔特遗址的土堆中发现的碎片仍然可以看到金属光泽。另外，他看到一些精致、透明的绿色玻璃。店主们以固定价格出售商品，如果卖家欺骗了顾客，那么他们会被放在骆驼背上，游街示众，摇铃铛承认自己的错误。商人们骑着驴走遍大街小巷，大街上也有出租驴的商铺。当时，驴的数量大概有五万头。只有士兵能骑马。

纳西尔-胡索罗认为1046年的埃及处在极度平静、繁荣的状态。他说，珠宝店和货币兑换店都没有上锁，只在店铺前面拉着一根绳子——或许是现在用的网。埃及人对政府和平易近人的穆斯坦绥尔·比拉充满信心。他看见在开凿运河的盛大节日中，穆斯坦绥尔·比拉骑着骡子。当时，穆斯坦绥尔·比拉很年轻，模样很可爱，脸上的胡子刮得精光，并且穿着简单的白色突厥长衫，戴着头巾，撑着一把遮阳伞。遮阳伞上挂满高级官员进贡的宝石和珍珠。穆斯坦绥尔·比拉后面跟着带着戟和斧头步行的三百个波斯人。宦官们在穆斯坦绥尔·比拉两旁点燃龙涎香和沉香。人们扑在地上，向穆斯坦绥尔·比拉祈祷。宦官后面跟着大法官和一群医生及政府官员，护卫队中有两万名骑马的基塔马柏柏尔人、一万名巴蒂里人、两万名黑人、一万名"东方人"——突厥人和波斯人、三万名奴隶、一万五千名汉志贝都因人、三万名黑人奴仆和白人奴仆、一万名宫廷仆人和三万名黑人武士。除了这些人——他们组成了整个护卫队，很可能只是从埃及军队中挑选出来的一部分，穆斯坦绥尔·比拉的随从包括访问宫廷的埃及地方首领。他们来自马格里布、也门、鲁姆、斯洛文尼亚、格鲁吉亚、努比亚、埃塞俄比亚，甚至还有来自突厥斯坦的鞑靼人和德里国王之子。在穆斯坦绥尔·比拉的资助下，诗人和文人都参加庆典。包括基督教徒在内的所有开罗人和米瑟人都出门观看穆斯坦绥尔·比拉开凿运河。运河靠近尼罗河口附近的苏卡拉阁。苏卡拉阁由穆斯坦绥尔·比拉的祖先阿齐兹·比拉下令修建。在运河上航行的第一艘船运送的是聋哑人。聋哑人的出现为节日带来了吉兆。虽然纳西尔-胡索罗的描述主要关注开罗，但他记录了大量有关埃及的资料。人们可以从他对廷尼斯到阿斯旺的描述中看到，在农业方面，当时的埃及与今天的埃及几乎没什么不同。

亚祖里出身于雅法附近雅祖尔的一个水手家庭。当时，埃及水手的地位低下。后来，亚祖里先是成为埃及的一名法官，接着成为维齐尔。他担任维齐尔的时间为公元1050年到1058年。他真诚地希望改善农民的生活环境，并且增加农民日益减少的收入[12]。他担任维齐尔期间做的一份报表列出了埃及所有地区收入和支出的总额，埃及和叙利亚的土地税收入似乎只有一百万第纳尔[13]。1050年，亚祖里试图开展经济改革。他的改革政策既明智又愚蠢。亚祖里的第一步措施是以最低价格，而不是像以前那样等待物价上涨，出售价值十万第纳尔的储备粮。他似乎反对政府投机出售生活必需品。这样做不仅造成国库的严重损失，而且当尼罗河水位过低导致饥荒时，埃及会失去粮食储备。与往常一样，饥荒后紧跟着瘟疫。其间，每天有一千人死亡。在这种情况下，埃及政府与拜占庭帝国商定，后者向前者供应二百万蒲式耳粮食。但君士坦丁六世在1055年的驾崩与拜占庭帝国女皇狄奥多拉强加的、拜占庭帝国和阿拉伯帝国建立进攻型联盟和防御型联盟的条件，导致拜占庭帝国向埃及供应的粮食中断，以及君士坦丁堡和叙利亚北部陷入敌对状态。与贝萨西利一样，罗马人发现塞尔柱人比埃及人更值得和解。此时，阿拔斯王朝哈里发卡伊姆的名字在君士坦丁堡的清真寺内被祈祷。为了报复，穆斯坦绥尔·比拉将放在新修复的耶路撒冷圣墓教堂内的财宝拿了出来。

有了经验教训，当尼罗河水位上涨时，亚祖里引入一个新颖的埃及农业系统。他制止商人和高利贷者以极低的价格购买农民的作物，因为这种做法会对农民的利益产生毁灭性的影响。与约瑟夫一样，亚祖里为了防备饥荒，在福斯塔特囤积了大量谷物[14]。不幸的是，他难逃非法谋取财富的嫌疑。他残酷勒索科普特人。他将牧首赫里斯托杜鲁斯关进监狱，因为他怀疑赫里斯托杜鲁斯要求努比亚信奉基督教的国王中断向埃及的年度进贡，但他的怀疑是错的。科普特人经常由于轻微的借口被罚款。在迪姆鲁，科普特人不仅被勒索，甚至他们的教堂也被关闭了，其中一些被摧毁。基督教堂关于三位一体[15]的铭文被抹去。对此，基督教主教说道："你们无法从我心中抹去三位一体理论。"不久，埃及的所有教堂都被下令关闭，主教们被监禁，并且被处以七万第纳尔的罚款。1058年，由于涉嫌与巴格达密谋，亚祖里被毒死。他无节制的奢侈生活无疑导致了他的垮台。他的生活很有品位：他很喜欢绘画作品，并且慷慨赞助学者。

亚祖里死后，与现代共和国的部长一样，埃及的维齐尔换来换去，1058年到1067年换了四十次。但此时，人们发现，罢黜一位维齐尔，并不绝对意味着要杀死他，而是将他降到一个较低的职位，但他常常是从这一较低职位升到最高职位的。一些维齐尔曾三次或四次担任维齐尔，更换维齐尔并不一定涉及杀戮。维齐尔职位频繁变化是穆斯坦绥尔·比拉的无能及宫廷和军队内的派系斗争导致的。穆斯坦绥尔·比拉落在各种小人手中。事实上，他们向穆斯坦绥尔·比拉提出的建议相互矛盾。另外，这些建议分散了穆斯坦绥尔·比拉手下经验丰富的官员的注意力，并且令穆斯坦绥尔·比拉比以前更困惑。穆斯坦绥尔·比拉统治下的臣民十分怨愤。人们每天写八百封信，表明自己对软弱的穆斯坦绥尔·比拉的愤怒，但影响微乎其微。穆斯坦绥尔·比拉易怒。有这样一个故事：穆斯坦绥尔·比拉下令处死一位维齐尔，但孀居的太后提出抗议，并且告诉自己的儿子，要掠夺一个人的财富，杀死这个人并不是最好的办法，如果穆斯坦绥尔·比拉将这位维齐尔交给她，那么她知道如何压榨他。穆斯坦绥尔·比拉愤怒地站起来，大步走向阿慕尔清真寺。侍从们追问着，想知道他的意图。穆斯坦绥尔·比拉告诉侍从们，既然每个人都反对自己，他决定放弃政府，退到清真寺，将余生奉献给宗教。然而，一想到埃及人会马上掠夺并摧毁自己美丽的宫殿，穆斯坦绥尔·比拉就恢复了理智，侍从们也劝他回到宫殿。穆斯坦绥尔·比拉对宗教的虔诚并不是根深蒂固的。还有一个故事：在赫利奥波利斯的宫殿中，穆斯坦绥尔·比拉模仿麦加的天房[16]建造了一座立方体建筑，并且建造了一个装满酒的池塘象征渗渗泉[17]。他坐在池塘边喝酒听歌，并且说："这比盯着黑色石头、听穆安津[18]说话及喝水有趣多了！"在这样的快乐中，穆斯坦绥尔·比拉安慰失去权力和尊严的自己。然而，下面这个故事告诉我们，他并不缺乏善意。在穆斯坦绥尔·比拉统治时期，埃及每年的养老金数额为十万第纳尔到二十万第纳尔。他需要核对领取养老金人员的名单。一次，他没有划掉一个领养老金者的名字，而是在名单上亲手写下这样一句话："贫穷使人痛苦，欲望使人低头。我们牵挂人民的生活状态，向他们给予慷慨帮助。让人民自由享有他们应该享有的养老金份额。你们所拥有的一切都将耗尽；但献给真主的长存。"

与此同时，在穆斯坦绥尔·比拉母亲的干预下，突厥军队和苏达尼各营的相互嫉妒达到了令人担忧的地步。1062年，一场动乱导致一场全面争斗，在基塔马和其他柏柏尔人的支持下，突厥人将大约五万名黑人逐出开罗，赶入上埃及。上埃及正是突厥人通过水路和陆路反击入侵者的地区。在开罗，突厥人占尽优势，尽管穆斯坦绥尔·比拉的母亲使出阴谋诡计压制突厥人。突厥人掠夺宫殿，掏空国库，恐吓不断更换的维齐尔，并且以轻蔑的态度对待哈里发穆斯坦绥尔·比拉。当时，突厥军队每月从国库领取四十万第纳尔，而不是二万八千第纳尔工资和津贴。突厥人的领袖、法蒂玛军队的总指挥纳西尔-达瓦拉·伊本·哈里丹过度压制自己的同事和军官。最后，他疏远了自己的同事和军官。这些人劝诱无助的穆斯坦绥尔·比拉解除纳西尔-达瓦拉·伊本·哈里丹的职务。1069年，遭到解职的纳西尔-达瓦拉·伊本·哈里丹令反抗自己的同事和军官付出了沉重的代价。虽然他被迫逃离开罗，但他在亚历山大仍有很大的影响力，并且很快得到一些阿拉伯部落和勒瓦塔的柏柏尔人的支持。在接下来发生的骚乱中，穆斯坦绥尔·比拉表现出一些勇气。他穿着盔甲出现在忠于自己的军队面前。在军队的帮助下，他击败了纳西尔-达瓦拉·伊本·哈里丹的势力，但他的统治仅限于开罗。黑人部队控制了整个上埃及，勒瓦塔的四万名骑兵占领了尼罗河三角洲，停止使用堤坝和运河，并且故意让居民挨饿。开罗和福斯塔特的物资供应被切断，一场可怕的饥荒从1065年尼罗河的低水位开始，从1066年持续到1072年，埃及陷入了极度贫困。由于害怕武装匪帮出没，农民不敢继续耕种。因此，尼罗河低水位带来的影响持续了好几年。当时，开罗切断了与埃及各地的所有联系，饥荒的严重程度可想而知。一块面包售价高达十五第纳尔，尽管一百第纳尔可以买到一亚德伯或五蒲式耳粮食，一所房子可以换二十磅面粉，一枚鸡蛋换一第纳尔面粉。开罗居民吃掉了马和驴。当时，一条狗的售价为五第纳尔，一只猫的售价为三第纳尔。很快，在开罗，一个动物也看不到了。穆斯坦绥尔·比拉的马厩曾经有一万匹马和骡子，但此时只剩下三匹马。最后，开罗人开始互相残杀。街上的行人被从窗户垂下的钩子钩住，拉上房顶杀死，然后被煮熟。人肉被公开出售。关于恐怖的饥荒时期的暴行，有许多可怕的故事。虽然罪犯肆虐，但软弱的埃及政府面对发狂的人们毫无办法。饥荒过后即暴发瘟疫，每天有大量开罗居民死亡。

实际上，富人遭受的痛苦几乎与穷人一样多。大臣们去当马夫和清洁工。一个人去浴池洗澡，管理人会问他是否愿意让当时位高权重的埃米尔，如伊兹-道拉、法克-埃德-道拉或萨德-道拉为他服务。有地位的太太小姐想将自己的珠宝首饰卖掉换面包，但白费力气。于是，她们将无用的珍珠和翡翠扔在街上。一位女士花费很大力气，用一条价值一千第纳尔的项链换取了少量面粉，做了一个小蛋糕。她拿着蛋糕在人们面前炫耀，大声说道："开罗的人们啊，我们为哈里发穆斯坦绥尔·比拉祈祷，他的统治带给我们这样的繁荣！多亏了他，这块蛋糕花了我一千第纳尔。"穆斯坦绥尔·比拉从昏睡中暂时清醒过来，命令销售小麦的商人以合适的价格将面粉卖给百姓。然而，他的命令收效甚微。实际上，他已经无能为力。在所有哈里发中，没有任何一位哈里发的财富比得上他的财富。1050年，莫伊兹的两位公主去世了。当时，这两位公主的年龄已经很大，并且给穆斯坦绥尔·比拉留下了巨额财富。她们的财富达数百万第纳尔。马克里齐记录的穆斯坦绥尔·比拉的宝藏清单读起来如同《一千零一夜》中的寓言。

根据马克里齐的记载，一些物品很有趣，并且展现了当时的艺术水准和生活的奢华。除了宝石，如价值三十万第纳尔的十磅祖母绿宝石的盒子，二百五十磅上等珍珠、红宝石戒指等，相关物品包括数千个大型水晶花瓶，其中一些水晶花瓶上刻着"阿齐兹"的名字；彩釉黄金盘子，刻着"哈伦-拉希德"名字的石杯子；经雕刻、镶嵌而成的金、银、乌木、象牙、沉香和其他木墨水瓶；装满樟脑、琥珀、麝香的大瓷瓶；

形似动物、价值一千第纳尔的三腿大浴盆；可能是用来暖手的白瓷蛋；哈里发马蒙睡过的金床垫；拜占庭帝国皇帝送给阿齐兹·比拉的珐琅盘子；金属镜子；不计其数的玻璃和陶器；金银杆阳伞；各种形状的银器皿；金、银、象牙和乌木制成的绸缎棋盘和棋子；四千个用于放水仙的金花瓶，两千个放紫罗兰的金花瓶；用琥珀和樟脑制成的水果模型和其他玩具；价值十三万第纳尔的珠宝头巾，头巾上的珠宝重达十七磅；大量香水；一尊金孔雀雕塑，眼睛由红宝石制成，羽毛由珐琅制成；一尊金公鸡雕塑，鸡冠和眼睛都由红宝石制成；一尊瞪羚雕塑，身上挂满珍珠；一堆缠丝玛瑙；一尊挂有宝石的金棕榈树雕塑。埃及的三十八艘船，包括一艘由维齐尔加尔加莱下令制造的给哈里发使用的价值一万三千第纳尔的船，以及阿布-萨义德赠送给穆斯坦绥尔·比拉母亲的"银船"。包括用黄金织成的红色锦缎在内的丝绸、刺绣、天鹅绒和其他物品；丝绸上绣着突厥的历史、名人的画像，以及名人事迹及其发生时间；在图斯塔为莫伊兹制作的地毯，地毯上绣着一幅有山脉、河流、城市的世界地图，在地图上，麦加和麦地那能被清楚地辨认出来；来自达布克、卡尔姆、贝尼萨、大马士革、中国的物品数不胜数，价值连城；大量宝石匕首、刀剑、卡朗投枪、海特长矛和各种武器，其中包括阿慕尔·伊本·马迪-克里布的剑、莫伊兹的剑、卡伊姆的剑、侯赛因的铁甲、哈姆扎的盾牌，甚至还有著名的先知穆罕默德的"杜尔-菲卡尔"神剑。用金线织物和丝绸制成的帐篷，有些帐篷用镀金的杆子支起，帐篷上画着人和动物的形象；为亚祖里制作的一个特别大的帐篷，花费三万第纳尔，帐篷中有一根长六十五腕尺的杆子，帐篷周长为五百腕尺，帐篷及其中的家具需要一百头骆驼搬运。这顶帐篷表面有各种精美的刺绣图案，并且五十位艺术家用九年时间才完成。哈里发阿里·扎希尔的一顶帐篷用金线制成，并且由六根银杆支撑。阿里·扎希尔的另一顶帐篷在阿勒颇制造，花费三万第纳尔，并且由威尼斯船上最高的桅杆支撑。他的另一顶帐篷被称为"杀手"，因为在支起这顶帐篷时，总有几个人死去。

然而，所有精美、无价的艺术品都在纳西尔-达瓦拉·伊本·哈里丹的暴政时期被野蛮的突厥人糟蹋了。突厥人强迫穆斯坦绥尔·比拉卖掉所有宝物。然后，他们以荒唐的价格买下这些珍宝。因此，价值六十万第纳尔的珠宝以两万第纳尔售出，价值三十万的祖母绿宝石以五百第纳尔的价格卖给一位突厥将军。在通常情况下，甚至没有虚伪的买卖过程，突厥人直接抢夺他们想要的宝物。根据当时的一个估价员的最低估计，1067年12月的两个星期内售出的珍宝价值三千万第纳尔。埃及国库中价值不菲的一批藏品被一个突厥人的追随者扔下的火炬烧毁，这批藏品价值七百万到八百万第纳尔。

然而，突厥军队掌握埃及实权并不断掠夺埃及财富时，最不可挽回的损失是穆斯坦绥尔·比拉图书馆内十万多本关于阿拉伯人所知的各种学问和纯文学的书籍失散到各处。这些书原本被锁在密室中，并且用标签标明每本书的内容。图书馆内似乎只有一名图书管理员、两名抄写员和两名仆人。图书馆内有两千四百本《古兰经》、伊本-穆格莱和其他著名书法家的手稿、三十本阿拉伯语词典《艾恩》、二十本塔巴里的历史著作——其中一本上面有作者塔巴里的亲笔签名、一百本伊本-杜勒德的《加哈拉》，以及无数珍贵的文学作品。1068年，除了穆斯坦绥尔·比拉私人藏书室的作品，所有著作都被突厥人以穆斯坦绥尔·比拉拖欠军饷为借口卖掉或运走了。那些现代学者愿意付出任何代价获得的珍贵手稿被突厥人用来生火。书稿的缝线被用来修补突厥军官的奴隶的鞋子。许多被撕破的书被扔到一边，埋在沙子里。阿比亚尔附近的"书山"久为人知。保存最好的书是出口到其他地区的书。法蒂玛王朝对文学特别热情。尽管书稿遭到可悲的破坏，法蒂玛王朝还是不遗余力地收集散落的书稿。一个世纪后，萨拉丁在王室图书馆内发现了至少十二万册书。

突厥人强行购买和劫掠穆斯坦绥尔·比拉财产的行为，使不幸的穆斯坦绥尔·比拉陷入极度痛苦中。纳西尔-达瓦

图31 ●伊本·突伦清真寺内贝德-格马利的铭文，1077年雕刻

拉·伊本·哈里丹控制着穆斯坦绥尔·比拉和被围困在开罗和福斯塔特的残余守军。由于饥荒和恐惧，残余守军洗劫房屋。夜间，开罗居民四处逃窜，穆斯坦绥尔·比拉的家人不是死亡就是逃跑。1070年，他的女儿和王后因为饥饿出去避难，甚至到了巴格达。除了与叛军达成协议，穆斯坦绥尔·比拉没有别的办法。即使达成了协议，突厥军队还是发生了内讧，纳西尔-达瓦拉·伊本·哈里丹烧毁并洗劫了福斯塔特部分地区。纳西尔-达瓦拉·伊本·哈里丹击败穆斯坦绥尔·比拉的小规模军队后，率军进入开罗。在空荡荡的宫殿内，他的使者找到了穆斯坦绥尔·比拉。当时，穆斯坦绥尔·比拉坐在一张普通的席子上，由三个奴隶侍候。著名语法学家伊本·巴布斯的一个女儿每天好心地给穆斯坦绥尔·比拉送去两个面包。

饥荒开始缓解。1073年，农作物大丰收结束了埃及长达七年的饥荒。同年，纳西尔-达瓦拉·伊本·哈里丹被一些嫉妒他的对手暗杀，其尸体被肢解后送往阿拉伯帝国的各座城市。突厥人掌握实权时，埃及的状况没有什么改善，但当穆斯坦绥尔·比拉一筹莫展，派阿卡的总督贝德-格马利接管埃及事务时，埃及的面貌发生了彻底的变化。贝德-格马利是亚美尼亚人，是埃米尔格马丁·伊本·阿玛尔的奴隶。他在叙利亚战争中升至高位，曾两次担任大马士革的总督，并且成功击退突厥人，成为叙利亚最有权势的将军。他接受了穆斯坦绥尔·比拉的请求，条件是他必须带上能打硬仗的叙利亚军队。叙利亚士兵被称为"东方人",并且与埃及的突厥军队、柏柏尔军队和苏达尼军队不同。贝德-格马利不顾冬季海上航行的风险,于1073年12月从阿卡出发——当时,几乎无人敢驶离阿卡海岸。在顺风的情况下,四天内,贝德-格马利率军到达廷尼斯,最终在达米亚特登陆。贝德-格马利率军即将到来前,穆斯坦绥尔·比拉鼓起勇气逮捕了突厥指挥官伊德古。1074年2月初,贝德-格马利进入开罗。由于不知道贝德-格马利是穆斯坦绥尔·比拉请来的,突厥人热情地接待了他。每名叙利亚军官都被分配杀死一名突厥将军。第二天早上,这些军官都出现在贝德-格马利面前,手中拿着一名突厥军官的首级。一夜之间,突厥人可恶的专制制度被废除了。

图32 ● 开罗扎维拉城门,1091年建造

因为从压迫者突厥人手中解脱，穆斯坦绥尔·比拉喜出望外，并且授予拯救自己的贝德-格马利荣誉，任命贝德-格马利为"埃米尔·古尤什"，即军队总指挥，还令他担任最高文职大臣。事实上，贝德-格马利被赋予最高权力，地位与哈里发穆斯坦绥尔·比拉差不多。贝德-格马利出现在巴高文街，着手恢复开罗的秩序，处决所有对手，尽可能多地为主人穆斯坦绥尔·比拉追回宫廷财产。随后，他开始恢复埃及各地的秩序。1074年，他在尼罗河三角洲屠杀或制伏勒瓦塔的柏柏尔人，并且迅速收复了亚历山大。1076年，他率军进入上埃及，恢复了穆斯坦绥尔·比拉在上埃及远至阿斯旺的统治。此前，黑人和阿拉伯部落长期在上埃及为所欲为。贝德-格马利抓获了许多俘虏，一名女俘虏用一第纳尔就可以买到，一匹马只用二分之一第纳尔就可以买到。在残酷和血腥的镇压后，埃及恢复了平静。在贝德-格马利强大、公正和仁慈的统治下，埃及的农民很快迎来了多年未有的安全与繁荣。根据贝德-格马利的一份税收报告，1090年，埃及和叙利亚的税收已经从以往的二百万第纳尔或最多二百八十万第纳尔上升到三百一十万第纳尔[19]。实际上，从1074年到1094年，穆斯坦绥尔·比拉统治的最后二十年，埃及出现了和平与繁荣，尽管叙利亚有连续不断的战争。自阿齐兹·比拉统治时期以来，建筑师首次在开罗修建建筑。一堵新的砖墙环绕开罗。1087年到1091年，三扇巨大的石城门，即纳斯尔门、弗图门和扎维拉门（祖韦拉门）被拆除，并且在新城墙内重建了这三扇城门，呈现出至今仍保留的雄伟外观。据说,这三扇城门是来自埃德萨的建筑师三兄弟的杰作。三兄弟各自建造了一扇城门[20]。正如我们看到的那样,亚祖里和其他哈里发雇用来自美索不达米亚和伊拉克的艺术家,贝德-格马利从埃德萨引进建筑师并非不可能,埃德萨到处是他的亚美尼亚同胞。然而,根据阿布·萨利[21]的观点,开罗新城门和新城墙都是由"修士约翰"规划的。不过,阿拉伯语中的"规划"或"设计"不等于"修建"。开罗新城门和新城墙可能是修士约翰和埃德萨建筑师合作的结果。埃德萨建筑师参加开罗巨大城门的建造工作这一事实,足以解释城门采取的拜占庭式外观,这是科普特人无法单独做到的。埃德萨是拜占庭帝国长期对抗阿拉伯帝国的前哨。埃德萨的建筑师一定对拜占庭帝国的军事建筑十分熟悉。在叙利亚经历漫长战争后,贝德-格马利不可能对中世纪拜占庭帝国的建筑一无所知。

在穆斯坦绥尔·比拉统治的最后二十年,从突厥人手中救出穆斯坦绥尔·比拉的亚美尼亚人贝德-格马利完全控制了软弱的、爱好享乐的穆斯坦绥尔·比拉。1094年春,贝德-格马利去世,享年八十岁。他的儿子阿布-卡伊姆·沙哈沙继承了贝德-格马利的权力,并且被授予"阿夫达尔"的头衔。穆斯坦绥尔·比拉目睹了如此可怕的命运变迁,理应承受所有苦难,但在他可信赖的大臣贝德-格马利去世后不久,1094年12月底,他也驾崩了[22],享年六十八岁。这年也是他不光彩统治的第六十一年。

图 33 ●开罗的纳斯尔城门，1087 年建造

在描述导致法蒂玛王朝哈里发倒台的原因前，我们可以先说明一下法蒂玛王朝的管理机制。阿拉伯历史学家们通常不描述这类信息并且认为读者已经熟悉它们。另外，我们很难获得早期阿拉伯和突厥君主统治下的埃及政府管理的准确、详细记录。然而，我们掌握了一些法蒂玛王朝军事和行政制度的总述，这对我们了解法蒂玛王朝的统治比较有价值[23]。

法蒂玛王朝军队主要被分为三个等级：（一）埃米尔，细分为：最高等级的金链埃米尔，骑在马背上护送哈里发的持剑者，普通军官。（二）侍卫官，细分为被授予崇高荣誉和担任重要职位的宦官，由大约五百名精选青年组成的青年警卫队，以及士兵人数大约为五千的哈里发兵营。（三）团，每个团都以某位哈里发或维齐尔的名字命名，或根据士兵的来源地命名，如哈菲兹亚团、古尤希亚团。卢米亚团的士兵都是拜占庭帝国的希腊人，萨卡里巴团的士兵都是斯拉夫人，苏达尼亚团的士兵都是黑人。团的数目十分庞大，并且在不同时期，各团人数各不相同。士兵的工资从每月二第纳尔到二十第纳尔不等。

法蒂玛王朝的舰队驻扎在亚历山大、达米亚特、亚实基伦和叙利亚其他港口，以及红海的艾达布。舰队由一位高级将领指挥，共有七十五艘大桡船、十艘运输船和十艘大帆船。

法蒂玛王朝哈里发统治下的大臣被分为两类，即"武官（持剑官）"和"文官（持笔官）"。

武官负责管理军队和战争事务，包括：（一）维齐尔。（二）高级侍臣。高级侍臣站在维齐尔旁边，有时被称为"小维齐尔"，并且享有任命特使的特权。（三）总指挥，负责指挥所有军队，并且负责保卫宫殿的安全。（四）撑伞者。撑伞者是一位了不起的埃米尔，负责为哈里发撑阳伞。（五）持剑者。（六）执矛者。（七）侍从武官。（八）开罗的指挥官。（九）米瑟或福斯塔特的指挥官。此外，武官还包括家仆、管家、宦官、奉墨者和朝廷中的各类差役。

文官包括：（一）首席法官。首席法官拥有极大的权力，负责解释法律，监督铸币厂工作，每星期二和星期六在阿慕尔清真寺开设法庭，并且坐在浮雕长椅上审理案件。首席法官面前放有墨水瓶，证人站在法庭两边按顺序发言，四名律师坐在法庭前面，另有五名引座员维持秩序。（二）首席教士。在科学馆，首席教士主持会议。（三）市场督察员。市场督察员管理集市和街道的商户，并且在开罗和米瑟的两名副手协助下，监督度量衡、价格和一般贸易行为，惩罚骗子和违约者。（四）司库。司库管理国库。除了承担各种财政职责，还负责管理奴隶、签订造船合同等。（五）高级侍臣副官。高级侍臣副官和高级侍臣一同向哈里发提名特使人选，高级侍臣和高级侍臣副官分别托着哈里发的两只手。（六）诵经人，为哈里发诵读《古兰经》。

文官还包括政府的全体公务员。公务员隶属于以下几个部门：（一）大臣部。（二）大法官办事处。大法官办事处细分为秘书处和两个记录处。其中，一个记录处负责记下并起草哈里发的指示，另一个记录处负责文件副本的誊写。（三）军饷办事处。军饷办事处负责安排部队的装备。（四）财政部。财政部细分为十四个部门，分别处理财政、账目、津贴、礼品、养老金、贡金、皇室遗产、皇家工厂等。另外，财政部门还为上埃及、亚历山大等地设立专门的财务分支机构。另外，专门服务哈里发的几名内科医生和诗人，组成附属于宫廷的不同等级的文官。

除了上述提到的朝廷官员，法蒂玛王朝还任命了地方官员。地方官员管理阿拉伯帝国的三个部分，即埃及、叙利亚和小亚细亚边境地区。埃及由库斯[24]或上埃及、沙基亚、加尔比亚和亚历山大的四位总督管理。沙基亚包括比比斯、卡里布和乌什曼。加尔比亚包括大迈哈莱、梅努夫和阿比亚尔。亚历山大包括布赫拉。上埃及的总督地位仅次于维齐尔，下设负责各地的副手。总督之下是地区、乡、镇的地方官员。所有包括地方或村庄的灌渠和水坝维护工作的事务都由地方官员管理。但大型堤坝不能分配给一个地方政府管理，而是由开罗哈里发每年任命的检查员管理。检查员手下有大量熟练的助理。从纸面上看，堤坝的治理制度是合理的，但在实践中，无疑存在大量腐败和侵吞治理款的现象。然而，阿拉伯历史学家们指出，总体上说，法蒂玛王朝对待农民的政策是温和甚至仁慈的。

【注释】

1. 法蒂玛王朝统治下的叙利亚的兴衰将留到下一章讨论。——原注
2. 什叶派和逊尼派的神学家至少三次正式拒绝承认哈里发是先知穆罕默德的后裔。在巴格达,什叶派和逊尼派神学家起草抗议书。这份抗议书获得所有学校著名博士的签名,并且在叙利亚传播,抗议书甚至传到法蒂玛王朝的哈里发手中。——原注
3. 阿齐兹·比拉的全名是"伊玛目·尼扎尔·阿布-曼苏尔·阿齐兹·比拉",意为"通过上帝的力量"。阿齐兹·比拉的头衔是"埃米尔·穆米宁",意为"忠诚的指挥官"。——原注
4. 阿布·萨利:《埃及的教堂和修道院》,巴兹尔·托马斯·阿尔弗雷德·埃维茨编辑,1895年,第34页到第36页。——原注
5. 1046年,纳西尔-胡斯劳看到莫伊兹的七艘船停靠在尼罗河岸边,船长一百五十腕尺、宽六十腕尺,大约是二百七十五英尺长、一百一十英尺宽。——原注
6. 伊本·阿马尔是埃及第一位获得令人尊敬的姓氏的马格拉布人。在法蒂玛王朝时期,为维齐尔发明特殊名称和头衔很流行。这种做法可以追溯到哈基姆·阿姆鲁·阿拉统治时期。——原注
7. 其中,一些限制不具压迫性。8世纪前,基督教徒似乎主动穿上黑衣。骑马成为士兵的标志。哈基姆·阿姆鲁·阿拉只是骑驴。限制基督教徒购买奴隶意味着基督教徒只能购买信仰基督教的奴隶。——原注
8. 阿里·扎希尔的全名是阿布-哈桑·阿里·扎希尔·利-伊扎齐-迪尼-拉,意为"强化真主宗教的胜利"。——原注
9. 穆斯坦绥尔·比拉的全名是阿布-特米姆·马德·穆斯坦绥尔·比拉,意为"寻求真主帮助的人"。——原注
10. 这些物品一直留在开罗的宫中,直到萨拉丁恢复正统派的地位。萨拉丁将头巾和长袍送回巴格达。铁王座和讲坛被留了下来,并且最终被安置在拜巴尔二世的清真寺里。——原注
11. 纳西尔-胡索罗:《纳西尔-胡索罗的旅行》,巴黎,亚洲出版社,1881年,第110页到第162页。——原注
12. 根据苏尤提的记载,哈里发允许在钱币上刻上亚祖里的名字,但我们没有找到钱币遗迹证明这一点。——原注
13. 马克里齐:《希塔特》,第1章,第99页、第100页。——原注
14. 1209年去世的伊本-马买提提供了不同等级土地税的统计数据。小麦和大麦地的土地税为每英亩三亚德伯,大约是十五蒲式耳;蚕豆,每英亩三到四又二分之一亚德伯;豌豆、鹰嘴豆、扁豆,每英亩二又二分之一纳尔;亚麻的土地税最高为每英亩三第纳尔;苜蓿,每英亩一第纳尔;羽扇豆,每英亩一又四分之一纳尔;瓜和白豆,每英亩三纳尔;棉花,每英亩一第纳尔;甘蔗,第一次收成为每英亩五纳尔,第二次收成为每英亩二第纳尔;芋,每英亩五第纳尔;茄子,每英亩三第纳尔;槐蓝属植物,每英亩三第纳尔;第四年种植的葡萄树和果树,每英亩三第纳尔。报告没有提到大米和玉米,但这份报告并不完整。——原注
15. 基督教相信:只有独一的上帝;圣父完全是上帝,圣子完全是上帝,圣灵完全是上帝,即圣父的神性、圣子的神性和圣灵的神性在本质上是同一个神性。——译者注
16. 天房(الكعبة,意为立方体)是一座立方体建筑,位于伊斯兰教圣城麦加的禁寺内,相传是伊斯兰教义中人类第一个男人阿丹兴建的,并且由易卜拉欣和伊斯梅尔下令修建。——译者注

17 渗渗泉位于天房附近。——译者注
18 穆安津是伊斯兰教职的名称。根据阿拉伯语音译，意为"宣礼员"，旧译为"鸣教"。中国西北地区的穆斯林称穆安津为"玛津"，即清真寺内每天按时呼唤穆斯林做礼拜的人。——译者注
19 这里的税收收入如果指埃及的土地税，可能与阿布·萨利提到的"在卡哈尔法官时期"的税收收入相同，阿布·萨利记录的，包括一千二百七十六个地区和八百九十座村庄的具体税收状况如下：

埃及北部地区	税收收入（第纳尔）	埃及南部地区	税收收入（第纳尔）
沙基亚	694,121	吉兹亚	129,641
姆塔西亚	70,358	菲西亚	39,449
达卡利亚	53,761	布希里亚	39,390
阿布瓦尼亚	4,700	法尤米亚	145,162
吉兹拉特-库萨尼亚	159,664	贝尼萨亚	234,801
格哈比亚	430,955	乌姆尼恩和塔哈	127,676
塞梅努迪亚	200,657	苏尤提亚等	304,834，此处存疑
梅努菲亚特	140,933	**埃及南部地区税收总计**	**1,020,953**
弗瓦等	6,080	**埃及南北部地区税收总计**	**3,060,993**
内斯塔拉威亚	14,910		
罗塞塔等	3,000		
吉兹拉特-贝尼-纳斯	62,508		
布赫拉	139,313		
哈夫·拉西斯	59,080，此处存疑		
埃及北部地区税收总计	**2,040,040**		

显然，上述数据不包括埃及北部海岸的亚历山大港、达米埃塔和廷尼斯及上埃及的库弗特和内卡达的税收收入，这些地区的税收收入估计为六万第纳尔。阿布·萨利补充说，阿慕尔·伊本-阿斯统治时期，征收的人头税是一又三分之一第纳尔。后来，哈菲兹统治时期，法赫尔·穆克·卢德万维齐尔将人头税增加到二第纳尔。法赫尔·穆克·卢德万因压迫基督教徒出名。原注

20 马克里齐：《希塔特》，第1卷，第381页。——原注
21 阿布·萨利：《埃及的教堂和修道院》，第51页。——原注
22 穆斯坦绥尔·比拉驾崩的具体时间是公元1094年12月29日。一枚刻有伊斯兰历488年（即公元1095年）字样的亚历山大港钱币很可能是1095年1月1日发行的。那时，亚历山大民众还不知道穆斯坦绥尔·比拉的死讯。——原注
23 参见卡尔卡沙迪著，斐迪南·维斯滕费尔德翻译，《埃及的地理与政治》，1879年，第171页到

第222页。卡尔卡沙迪和马克里齐是同时代人。与马克里齐一样,卡尔卡沙迪可以接触到法蒂玛时期的大量文献。另外,卡尔卡沙迪对宫廷典礼和游行活动做了详尽而有趣的描述。——原注

24 库斯位于尼罗河第一瀑布区和第三瀑布区附近。——译者注

第6章

东方的入侵
(969年—1171年)

THE ATTACK FROM THE EAST
(969—1171)

自伊本·突伦时期以来，除了短暂的中断，叙利亚一直是埃及的附属国。但在法蒂玛王朝统治下，叙利亚和埃及的关系越来越紧张。当时，只有使用武力才能迫使叙利亚的伊斯兰教正统派承认埃及哈里发的统治。969年，法蒂玛王朝的将领加法尔·伊本·费拉征服了大马士革。接着，大马士革发生叛乱，卡尔玛提人的介入使叙利亚与埃及分离了八年。977年，哈里发阿齐兹·比拉领导了一场成功的战役，平息了阿夫特金领导的叛乱，但大马士革仍然只是名义上处在埃及的控制之下。直到988年，叙利亚首都大马士革才被彻底征服。当时，法蒂玛王朝最北的领地是特里波里斯[1]。安提阿仍然是拜占庭帝国的领地。阿勒颇被哈姆丹人控制，哈姆丹人是埃及人的死敌。由于被视为安提阿的必要支柱，阿勒颇被拜占庭帝国严加保护。事实上，969年，拜占庭帝国皇帝尼塞弗鲁斯二世从阿拉伯人手中夺回安提阿。993年到994年，法蒂玛王朝的将领曼古特金率部包围阿勒颇十三个月。此前，曼古特金率军击败一支由拜占庭帝国派驻安提阿的总督调来援救阿勒颇的五万人的部队。当时，巴西尔二世放弃进攻保加利亚人，前去支援正遭曼古特金部队进攻的阿勒颇。他前往阿勒颇途中，埃及人退到大马士革。巴西尔二世洗劫了希姆斯和谢扎尔，并且进攻特里波里斯，但未能成功占领特里波里斯。在阿齐兹·比拉统治时期，二百五十名拜占庭俘虏曾在开罗游街示众。

在哈基姆·阿姆鲁·阿拉统治时期，两次分别在提尔附近的海上和阿帕梅亚附近的陆地击败拜占庭军队，998年，哈基姆·阿姆鲁·阿拉与巴西尔二世达成为期十年的和平协议。然而，叙利亚仍然长期处于叛乱状态。要稳固在叙利亚的统治，埃及必须首先占领提尔。拉姆拉的格拉家族拥立麦加的穆罕默德的一位后裔为哈里发，并且称这位哈里发为拉希德。叛军在达卢姆附近击败法蒂玛王朝的军队，接着实施明智的贿赂和外交手段，虽然其间经历了一些困难，但最后在一定程度上使法蒂玛王朝的军队屈服了。哈基姆·阿姆鲁·阿拉名义上获得了一些威望，因为阿拉伯统治者基瓦什承认他在从摩苏尔到库法的幼发拉底河流域的清真寺的统治。然而，这种暂时的和平很快被伊拉克的布韦希德的统治者破坏了。1011年，阿勒颇短暂被纳入法蒂玛王朝的统治没有多大意义。当时，哈姆丹人被曼苏尔·伊本·卢鲁驱逐。实际上，阿勒颇暂时归顺只是为了避免遭受更大威胁并等待援助。

1021年，阿里·扎希尔即位后，埃及政府在叙利亚几乎没有权威。埃及军队的指挥官、恺撒利亚的地方长官阿努斯赫泰金·兹比里不得不处理哈桑·伊本·达格法尔在巴勒斯坦领导的叛乱、发生在大马士革附近斯楠的另一场叛乱，以及萨利·伊本·米尔达斯的战争行动。1025年，萨利·伊本·米尔达斯从印度奴隶菲鲁兹手中占领了阿勒颇。此前，菲鲁兹统治了阿勒颇三年。1029年，在位于太巴列附近的乌胡瓦纳的战役中，阿努斯赫泰金·兹比里终于击败并杀死萨利·伊本·米尔达斯，将哈桑·伊本·达格法尔流放到罗马人中，并且为埃及哈里发收复了除北部以外的叙利亚大部分地区。1038年，米尔达阿拉伯人在谢扎尔附近的奥龙特斯岛再次战败，使年幼的哈里发穆斯坦绥尔·比拉占领了阿勒颇和叙利亚北部剩余的、除拜占庭帝国领土以外的其他地区[2]。阿努斯赫泰金·兹比里的坚定统治不仅维护了大马士革的和平与秩序，而且促使幼发拉底河附近哈兰的总督在哈兰、萨鲁格和拉卡的清真寺宣布承认穆斯坦绥尔·比拉的统治。与此同时，埃及人与拜占庭皇帝米海尔四世签订了为期十年的和平协议，米海尔四世同意在1048年完成重建被毁的耶路撒冷大墓教堂。

在阿努斯赫泰金·兹比里统治时期，埃及与叙利亚的外交关系进入高潮。从1043年起，埃及在叙利亚的影响力迅速减弱。在大马士革，后来在埃及声名狼藉的叙利亚新总督纳西尔-达瓦拉·伊本·哈姆丹没有丝毫影响力。巴勒斯坦再次发生叛乱，叛乱者的领袖是哈桑。1048年和1049年，虽然埃及派遣了三万名士兵，但埃及方面两次从米尔达王朝手中夺回阿勒颇的尝试都无果而终。后来，米尔达王朝的莫伊兹-达瓦拉归顺埃及，并且送给穆斯坦绥尔·比拉四万第纳尔。不久，莫伊兹-达瓦拉在开罗住下[3]。但在1060年，他的侄子发动了叛乱。此后，阿勒颇不再处于法蒂玛王朝的统治之下。

然而，一种更强大的力量正从东方迅速崛起。塞尔柱的土库曼人征服了波斯。1055年，在巴格达的星期五祈祷仪式上，塞尔柱人的领袖图格里尔被确认为哈里发的副手，即宗教领袖。塞尔柱人是严格的伊斯兰教正统派，他们的神圣职责是铲除埃及人的异端信仰。他们的第一步计划是占领叙利亚。鉴于叙利亚处在分裂和叛乱中，占领叙利亚不是一项十分困难的任务。1071年，塞尔柱将军阿特西兹率军征服巴勒斯坦并进入耶路撒冷。1076年，在围攻大马士革并摧毁周围庄稼五年后，阿特西兹率军占领大马士革。此后，大马士革不再被法蒂玛王朝统治[4]。埃及唯一有能力的领导人贝德-格马利忙于为自己懒惰的主人穆斯坦绥尔·比拉收复尼罗河流域，没有多余的兵力平定叙利亚的叛乱。贝德-格马利贿赂阿特西兹，请求他不要越过埃及边境。阿特西兹已经前进到加沙和边境城镇阿里什。与此同时，贝德-格马利准备好了战船。一旦最坏的情况发生，他就将法蒂玛王朝的王室成员运送到亚历山大。如果阿特西兹得到东方的充分支持，那么贝德-格马利担心的事就会发生，法蒂玛王朝会提前一百年被塞尔柱人灭亡。事实上，塞尔柱军队一平定埃及就前往叙利亚，大马士革立即被包围。埃及人不得不在塞尔柱最卓越的统治者马立克沙一世的弟弟突突什一世率军逼近大马士革时撤退。突突什一世被任命为叙利亚总督，并且在1079年率军进入大马士革。贝德-格马利虽然年届七旬，但仍然不屈不挠，并且在1085年指挥了一场反对入侵者的新战役。然而，他率军围攻大马士革无果而终。在有生之年，他见证了法蒂玛王朝的军队在叙利亚海岸的战争中取得的一些小胜利。贝德-格马利派去的法蒂玛王朝的军队占领了叛乱多年的提尔，并且重新征服了阿卡和古贝尔。

1089年，贝德-格马利和穆斯坦绥尔·比拉相继去世，这

图 34 ●穆斯塔里统治时期的一第纳尔钱币，1101 年在特里波里斯发行

对埃及局势影响不大。接替贝德-格马利的是其子阿布-卡伊姆·沙哈沙。阿布-卡伊姆·沙哈沙匆忙将穆斯坦绥尔·比拉的七个儿子中最小的立为哈里发，并且称他为穆斯塔里。穆斯塔里的统治时间为1094年到1101年[5]。阿布-卡伊姆·沙哈沙可能认为十八岁的年轻人穆斯塔里在治国方面比他的哥哥们更成熟。穆斯坦绥尔·比拉的长子尼扎尔·伊本·穆斯坦绥尔年过半百，自然对穆斯塔里即位感到不满。于是，在亚历山大，他自封为伊玛目穆斯塔法[6]，并且得到了亚历山大长官的默许。尽管尼扎尔·伊本·穆斯坦绥尔在一年后（1101年）被迫投降，并且在弟弟穆斯塔里的监狱中死去，但他一直被伊斯玛仪派尊为真正的伊玛目和什叶派领袖。1101年，穆斯塔里驾崩，他五岁的儿子阿米尔·哈卡姆·阿拉[7]（统治时间为1101年到1131年），正式在阿夫达尔支持下登上哈里发之位。阿夫达尔在自己的马鞍上做了一个小座位。当骑马穿过开罗时，哈里发阿米尔·哈卡姆·阿拉坐在阿夫达尔前面。当时，维齐

尔阿夫达尔掌握埃及的绝对权力。他统治埃及二十年,掌握着最高权力。事实上,从1074年到1121年,两位优秀的亚美尼亚人贝德-格马利和阿夫达尔虽然名义上不是埃及哈里发,但他们是埃及的实际领导者。正是由于贝德-格马利和阿夫达尔温和、公正的统治,以及他们充沛的精力和强大的控制力,埃及才享有了长达半个世纪的和平和繁荣。

阿夫达尔统治时期的一个重要问题是来自东方的危险。这个危险不是来自塞尔柱,因为自1092年马立克沙一世驾崩和1095年突突什一世驾崩后,塞尔柱王朝已彻底分裂。争夺继承权的战争削弱了塞尔柱王朝在波斯的影响力。与此同时,突突什一世的儿子们展开激烈角逐。他的一个儿子杜卡克占领了大马士革,另一个儿子卢德万统治了阿勒颇。1096年,卢德万为了争取埃及支持自己对抗杜卡克,甚至在清真寺中宣读法蒂玛王朝哈里发穆斯塔里的名字。虽然塞尔柱王朝在叙利亚的势力被削弱,但塞尔柱人入侵西方的愿望仍然很强烈。许多受过训练的强壮的土库曼人聚集起来。一旦出现一个能团结各方为共同目标奋斗的新领导人,塞尔柱人就会出发远征埃及。与此同时,塞尔柱人入侵埃及后,努尔丁的军队进攻埃及前,一股新势力出现了。波斯和叙利亚的逊尼派王朝暂时"瘫痪",以及埃及法蒂玛王朝的衰落,为十字军入侵地中海东岸

图35 ● 阿米尔 • 哈卡姆 • 阿拉统治时期的玻璃砝码

地区提供了机会。"1096年,十字军开始第一次东征。1098年,埃德萨和安提阿的许多堡垒被攻陷。1099年,基督教徒重新占领耶路撒冷。接下来的几年,巴勒斯坦大部分地区、叙利亚海岸地区、托尔托萨、阿卡、特里波里斯及西顿被十字军攻占（1110年）。1124年,十字军占领提尔标志着十字军的势力达到顶峰。这正是欧洲有可能成功入侵东方的时刻。在上一代人的生活时期,塞尔柱王朝的力量强大无比。一代人以后,在塞尔柱王朝的叙利亚据点站稳脚跟的赞吉或努尔丁,可能会将入侵者赶到海里。幸运星引领第一次十字军远征中的传教士抓住了征服东方的机会,但他们似乎没有意识到这一机会的重要。隐士彼得和教皇乌尔班二世以自己的睿智和远见选择了这一绝佳时刻,似乎深刻地研究了亚洲政治。如同一块楔子插进新木和旧木之间,一段时间内,十字军运动似乎将伊斯兰教帝国这棵树的树干劈成碎片。"[8]

当十字军运动的消息传到埃及时,阿夫达尔将十字军视为埃及对抗塞尔柱王朝的力量源泉,并且期待与十字军结盟对抗共同的对手塞尔柱王朝[9]。受到这一前景的鼓舞,他率军进入巴勒斯坦,并且在围困耶路撒冷一个多月后,从塞尔柱王朝军队指挥官萨克曼和利加兹兄弟[10]手中夺回耶路撒冷。阿夫达尔率军击败塞尔柱王朝的军队为十字军运动铺平了道路。1099年,当十字军在圣城耶路撒冷屠杀了七万名手无寸铁的穆斯林时,阿夫达尔终于明白自己不能从盟友十字军那里得到什么好处。1099年8月12日,在亚实基伦,法兰克人出其不意地袭击了埃及人。虽然亚实基伦的埃及驻军提出休战，但法兰克人还是彻底击溃了埃及军队，并且占领了埃及军队的营地，掠夺埃及军队的行李，放火烧毁了一片森林。实际上，埃及军队的许多逃亡者曾在森林内避难。这为阿夫达尔上了深刻的一课。阿夫达尔匆忙乘船驶向埃及。亚实基伦的埃及驻军贿赂十字军，希望十字军不要摧毁亚实基伦。然而，阿夫达尔下定决心与入侵者作战。1101年，十字军在雅法附近再次获胜。但1102年，在亚实基伦附近，可能由一些来自贝德尔的叙利亚退伍军人组成的埃及军队击退了鲍德温一世和七百名骑兵，并且迫使这位耶路撒冷的国王逃到芦苇丛中，他被烟熏了出来，并被追到雅法。拉姆拉再次成为阿拉伯人统治的城市。在接下来的一年（1103年），埃及军队与十字军几次交战。阿夫达尔派自己曾在雅祖尔击败十字军的儿子——当时，鲍德温一世藏在干草堆里——率军占领拉姆拉。阿夫达尔杀死拉姆拉的阿拉伯人后，将三百名十字军骑兵作为俘虏送到埃及。同年，一支由四千名埃及骑兵组成的部队被派往雅法。此外，埃及还向雅法派去一支舰队。不过，十字军也得到了增援，埃及人没有任何可以阻止十字军前进的办法。直到1104年，除了几处位于海岸地区的堡垒，巴勒斯坦大部分地区都落入十字军手中。其中，1104年，阿卡和古贝尔被十字军占领。围绕拉姆拉，战斗进行了一段时间，大马士革的阿塔比格或塞尔柱总督图格特金与法蒂玛王朝联手，力图在圣城耶路撒冷挽救残余的穆斯林势力。但1104年9月，雅法的十字军和亚实基伦的埃及军队之间进行了一场胜负难分的战斗后，双方都筋疲力尽地撤退了。1109年，一次围攻后，最终，特里波里斯沦陷，提尔成为穆斯林的希望，提尔驻军粉碎了十字军的所有企图。直到1124年，亚实基伦仍然是埃及北部的前哨，几乎是埃及在叙利亚昔日统治的唯一据点。1117年，鲍德温一世甚至率军入侵埃及，烧毁法拉玛的部分地区，并且到达廷尼斯。但由于身患重病，他不得不离开埃及。埃及人没有打算报复。此后，直到法蒂玛王朝末期，埃及的维齐尔们一直主要采取防御策略。

在阿米尔·哈卡姆·阿拉成长为一个男子汉时，阿夫达尔的英明统治逐渐结束了。1121年，阿米尔·哈卡姆·阿拉下令在街上刺杀了伟大的维齐尔阿夫达尔。他探望垂死的阿夫达尔，并且对阿夫达尔表示最深切的同情。阿夫达尔一闭上眼睛，阿米尔·哈卡姆·阿拉就花四十天时间洗劫了阿夫达尔的住所，将阿夫达尔在长期统治期内积累的财富掠夺一空。历史学家格马丁认识阿夫达尔手下的一位官员。根据格马丁的记载，阿夫达尔的财富有六百万第纳尔黄金、二百五十袋（每袋五蒲式耳）的埃及银迪拉姆、七万五千件绸缎服装、三十头骆驼驮着的来自伊拉克的黄金等。此外，阿夫达尔有一个琥珀质的人体模型，用来展示自己精美的长袍。在生命的最后一年（1121年），他饲养的奶牛产的奶价值三万第纳尔。他在主政时期设立了一项骑士制度。一群青年担任"宫廷侍从"。每名青年配备一匹马和武器，并且要保证毫不迟疑地执行阿夫达尔下达的任何命令。宫廷侍从中的出类拔萃者被提升为埃米尔。阿夫

图36 ●阿米尔·哈卡姆·阿拉统治时期发行的一第纳尔钱币，1123年或1125年在库斯发行

达尔的继任者伊本-巴塔伊希，又名马蒙，虽然是一位能干的财政管理能手和宽容的大臣，但无法保住自己的地位。1125年，他被监禁，后来被钉死在十字架上[11]。此时，哈里发阿米尔·哈卡姆·阿拉尝试自己担任维齐尔，但只有修士阿布-内贾·伊本·肯纳为他出谋划策。阿布-内贾·伊本·肯纳负责征收基督教徒应该缴纳的十万第纳尔税。他成为总税收官，但装腔作势，最后被阿米尔·哈卡姆·阿拉用皮鞭抽死。阿米尔·哈卡姆·阿拉的专制统治使他遭到大多数人的憎恨。对埃及人的各种肆意压迫显示出他的残忍本性。1130年11月，阿米尔·哈卡姆·阿拉骑马从霍达格（霍达格是一座漂亮的房子，位于罗达岛上，是阿米尔·哈卡姆·阿拉为自己最喜欢的情人建造的）离开时，遭到十名伊斯玛仪派刺客袭击。当晚，他因伤势过重而死。除了喜爱玫瑰，他生活中最引人注目的事实是他每月吃掉五千头羊——每只羊价值三第纳尔。

阿米尔·哈卡姆·阿拉没有留下儿子，他的堂兄哈菲兹[12]

图 37 ●刻有"人们期待的伊玛目"
的一第纳尔钱币，1131 年发行

继承了哈里发之位(统治时间为1131年到1149年)。哈菲兹一直摄政到阿米尔·哈卡姆·阿拉一位怀孕妻子的孩子出生。不幸的是，她生了一个女儿。哈菲兹成为真正的哈里发以前有一个奇怪的过渡时期。阿夫达尔的儿子阿布-阿里，外号"卡蒂法特"，得到军队的支持成为维齐尔。卡蒂法特是一位坚定的伊玛目，相信马赫迪，即救世主回归。他质疑法蒂玛王朝的哈里发作为埃及统治者的合法性，将哈菲兹关在宫殿内，在祈祷中诵读马赫迪或伊玛目穆塔扎尔的名字，并且以马赫迪的名义铸造货币[13]。这场闹剧持续了一年。其间，卡蒂法特在埃及行使全权。然而，他是一位不错的统治者。卡蒂法特家族愿意实施善政。卡蒂法特公正而仁慈，并且对科普特人宽容而慷慨。另外，他是位诗歌爱好者。然而，他的独裁统治没持续很长时间。在宫廷内，哈菲兹密谋推翻卡蒂法特的统治。1131年12

月，卡蒂法特出去打马球时被哈菲兹的个人护卫队或"年轻士兵卫队"暗杀。

1131年，五十七岁的哈菲兹成为真正的哈里发。阿夫达尔的亚美尼亚奴隶雅尼斯成为维齐尔。雅尼斯严于律己、刚强、正直、聪明，但令人憎恶。1032年，哈菲兹登基九个月后，发现雅尼斯过于专横。于是，哈菲兹让宫廷医师毒死了雅尼斯。随后，或许为了避免引发士兵的嫉妒，或许为了避免强势大臣的暴政，哈菲兹尝试在一段时间内在没有任何维齐尔的协助下治理埃及。这段时间，哈菲兹证明自己是一位优秀的管理者。直到哈菲兹的儿子们争夺继承权导致雷哈尼亚军营和古尤希亚黑人军营爆发冲突。哈菲兹被迫牺牲自己的长子哈桑。获胜的古尤希亚人在贝恩-卡斯林广场召集了一万名群众，要求造成许多埃米尔死亡的哈桑王子下台。无助的哈菲兹传召自己的两名宫廷医生。犹太人阿布-曼苏尔拒绝听从哈菲兹的命令。但阿布-曼苏尔的信奉基督教的同事伊本-基尔法调制了一种致命的药水，哈桑王子被迫喝下这种药水。除了毒理学方面的实践，伊本-基尔法在科学方面也很有造诣。他曾被任命为宫廷大臣。因此，他收入颇丰，并且在运河边拥有一所漂亮的房子。但他毒死哈桑王子后，哈菲兹再也无法忍受他。于是，顺从的伊本-基尔法被关进监狱，并且在哈桑王子死后不久遭到处决。

在法蒂玛王朝统治埃及的剩余岁月里，由于军队内各派系的支持，大臣们相互斗争。法蒂玛王朝的后期统治蒙上了阴影。军队拥立巴赫拉姆担任维齐尔。他是亚美尼亚人，信奉基督教。他被称为"伊斯兰教的剑"，但由于随意任命亚美尼亚人担任重要职位，并且放纵基督教徒的行为，最终，他连同自己的两千名[14]亚美尼亚裔门生被放逐。后来，巴赫拉姆过上了修道生活[15]。他的继任者卢德万是一名勇敢的士兵，也是一位诗人。他是第一位使用"马利克"头衔的维齐尔。此后，法蒂玛王朝的所有维齐尔都使用这一头衔。卢德万被称为"最优秀的国王和最杰出的贵族"，但他还是不可避免地下台了。1139年，他被关进监狱。十年后（1148年），卢德万设法从监狱围墙中逃出，并且在追随者的拥护下，在灰色清真寺自立为统治者。最终，他被砍头，他的头被刽子手扔到其妻子的大腿上。根据一个可怕的故事，他的身体被切成小块被士兵们食用。士兵们相信自己会吸收他的精神和勇气。

年老的哈里发哈菲兹统治的最后一年（1149年），是在持续不断的派系斗争和骚乱中度过的。当时，他的权力几乎仅限于宫殿内，并且只能靠自己喝得烂醉的黑人侍卫维持自己的威严。埃及的街道不安全，人们生活在恐惧中。当时，哈菲兹已经七十五岁，患有严重的消化不良。他的医师发明了一种由七种金属巧妙焊接而成的圆桶。只要敲打这只神奇的圆桶，哈菲兹的肠胃胀气就会减轻。萨拉丁征服埃及时，这个有趣的器具就在宫殿内。由于不知道其特殊性质，他的一名库尔德士兵不小心敲打了这个器具。但这个器具的效果如此惊人，慌乱中，这名士兵将圆桶扔在地上，摔破了。

毫无疑问，在法蒂玛王朝统治时期，埃及的基督教徒受到不同寻常的重视，并且远远超过他们在后来的王朝受到的待遇。撇开哈基姆·阿姆鲁·阿拉对基督教徒的迫害——只是普遍程度的暴政，以前，科普特人和亚美尼亚人从没有从信奉伊斯兰教的统治者那里得到如此仁慈的对待。在阿齐兹·比拉的统治下，科普特人和亚美尼亚人比穆斯林更受重视，并且被任命为埃及的高级官员。在穆斯坦绥尔·比拉及其继任者们的统治下，亚美尼亚人——不管是不是基督教徒——通过担任维齐尔帮助自己的同胞，并且通过这种方式帮助其他基督教徒。当时，埃及政府大多数与财政事务有关的职位一如既往地由科普特人担任。其中，这些岗位上有协助征税的农民，有管理账目者。科普特人的工作能力使自己不可或缺。法蒂玛王朝统治后期有建造和修复教堂的故事。这些故事被基督教徒阿布·萨利记录下来。他的记录准确反映了法蒂玛王朝统治末期埃及的状况。哈菲兹甚至每星期一、星期四在自己常去的公共防洪堤迎接亚美尼亚主教，接受主教的历史教育。这一举动一直坚持到他驾崩。哈菲兹喜欢参观修道院。修道院的隐秘花园内建有观景台。在观景台上，哈菲兹可以望见"神圣的尼罗河"。由于这个原因，哈菲兹和自己的儿子扎菲尔，以及法蒂玛王朝最后一位哈里发阿迪德，频繁到访位于开罗以南十八英里阿达维亚的圣母修道院。哈里发阿米尔·哈卡姆·阿拉很喜欢花园，也很喜欢纳哈亚修道院。纳哈亚修道院位于吉萨西部。阿米尔·哈卡姆·阿拉下令在纳哈亚修道院内建造了一座观景台。另外，他经常在纳哈亚修道院附近打猎。每次前往纳哈亚修道院，他都会向修士们提供一千迪拉姆。他站在教堂内神父的位置上自娱自乐，但不愿躬身进入那扇矮门，而是转身弯腰倒着走进这扇矮门。埃及教会的收入来源主要是法蒂玛王室的赏赐。1180年，埃及教会的收入达到二千九百二十三第纳尔和四千八百二十六袋（每袋为五蒲式耳）谷物。另外，教会拥有九百一十五英亩土地。

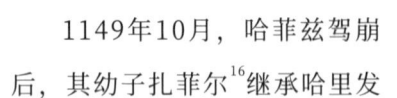

图38 ● 扎菲尔统治时期的玻璃砝码

1149年10月，哈菲兹驾崩后，其幼子扎菲尔[16]继承哈里发之位。扎菲尔是个快活、英俊、无忧无虑的十六岁少年，更关心女孩子和歌曲，而不是武器和政治。他完全受控于伊本-萨拉尔。伊本-萨拉尔的头衔是马利克·阿迪勒。他是库尔德人，也是逊尼派穆斯林。他将扎菲尔提名的大臣伊本-马萨尔赶下台，因此遭到扎菲尔憎恨。他还压迫扎菲尔的"青年卫队"，并且在1150年几乎将"青年卫队"消灭。与此同时，他招致埃及人的憎恨，因为在他面前，生命安全从来没有得到过保障。1153年4月，伊本-萨拉尔被自己妻子与她前任丈夫的孙子纳斯尔暗杀。接着，纳斯尔又用同样奸诈的手段谋杀了扎菲尔。这是埃及历史最黑暗的时刻之一。我们从生活在扎菲尔统治时期的阿拉伯贵族奥萨马笔下得知了这个故事。奥萨马曾在哈菲兹的宫廷内卖鹤和苍鹭，是伊本-萨拉尔的座上客。奥萨马是谋杀伊本-萨拉尔的凶手纳斯尔的密友，并且可能煽动了纳斯尔谋杀伊本-萨拉尔[17]。伊本-萨拉尔的头骨被兴高采烈的扎菲尔放在收藏室内。扎菲尔送给英俊的年轻刺客纳斯尔二十个银盘，每个银盘上面放着两万第纳尔，并且鼓励纳斯尔继续行动。扎菲尔的建议是，纳斯尔应该除掉自己的父亲和同谋者阿巴斯。阿巴斯继承了被谋杀的继父伊本-萨拉尔的维齐尔之位。纳斯尔并不想再次犯罪，阿巴斯嗅到危险的气息，准备毒死儿子纳斯尔。1154年4月，当扎菲尔在纳斯尔的房间里被杀时，阿巴斯和纳斯尔的紧张关系缓解了。扎菲尔死后第二天，奥萨马坐在宫殿门廊上，突然听到刀剑的碰撞声。他看到自己的朋友阿巴斯及其率领的几千名武士。阿巴斯前往宫殿，表面上装作寻找消失的扎菲尔，实际上是为了杀死扎菲尔的兄弟，并且指责他们杀死了扎菲尔。当时，哈里发之位的继承人法伊兹·纳斯里·阿拉[18]还是个婴儿。他骑在阿巴斯肩膀

图 39 ●扎菲尔统治时期的一第纳尔钱币，1149 年在米瑟发行

上被带到宫廷，士兵们高呼着效忠阿巴斯。看到这一场景，宫殿内的一名老看守在门后被吓死了。死时，他手中还拿着钥匙。开罗爆发叛乱，人们在街上战斗。妇女和孩子从窗户内向阿巴斯的近卫军扔石头。近卫军立即抛弃了阿巴斯。阿巴斯无法抵挡埃及人的愤怒和兴起的复仇风暴，逃往叙利亚[19]。在逃跑途中，他被法兰克人突袭并杀死，这些法兰克人可能是蒙特利尔人或死海边的卡拉克人，他们是被谋杀的哈里发的一位姐妹派来跟踪他的。造成这一切悲剧的、残忍的纳斯尔被圣殿骑士以六万第纳尔出售给复仇者。纳斯尔被关在一个铁笼内，并被运往开罗。纳斯尔在宫中受尽折磨，他的鼻子和耳朵被切下来。另外，他被拉到街上游行，活着被钉在扎维拉门的一个十字架上几个月。

此时，可怜的小男孩法伊兹·纳斯里·阿拉只有四岁。他登基时经历了如此多的恐怖事件，甚至在登基之日差点被吓死。他的统治时间为1154年到1160年。在王室成员被杀后的骚乱中，服丧期间，宫中妇女们剪掉头发，并且将头发寄给乌什梅恩总督埃米尔塔拉伊·伊本·鲁兹克，同时恳求塔拉伊·伊本·鲁兹克前来救援。实际上，这是女穆斯林使用的最强烈的求救信号。正是塔拉伊·伊本·鲁兹克的救援，以及沙漠中阿拉伯部落的支持，还有法蒂玛王室的苏达尼军队、许多埃米尔和开罗民众的帮助才迫使阿巴斯立即逃跑。1154年，塔拉伊·伊本·鲁兹克挥着绑着女人头发的长矛进入开罗，占领了阿巴斯的豪华宫殿和伊本-巴塔伊希的宫殿[20]。他前往凶手纳斯尔的房间。在过道上，他抬起一块石板，发现了被谋杀的扎菲尔的尸体。他将扎菲尔的遗体葬在陵内，埃及人都在哀悼扎菲尔。随后，塔拉伊·伊本·鲁兹克着手恢复埃及的秩序，惩罚有罪之人，处决了在开罗制造多年浩劫的好战的将军，并且依法治国。

塔拉伊·伊本·鲁兹克的头衔是马利克·萨利赫。他是一位政治强人。当时，埃及十分需要这样的政治强人。亚实基伦是埃及在巴勒斯坦的最后一个据点。在伊本-萨拉尔被刺杀后的分裂和混乱中，亚实基伦摆脱了埃及的统治。长期以来，耶路撒冷国王频繁率军攻击亚实基伦，大批埃及守军顽强保卫亚实基伦，其指挥官每半年更换一次。指挥官阿巴斯匆忙从亚实基伦回到埃及，享受伊本-萨拉尔被刺的胜利果实。这使亚实基伦完全处在不受保护的状态。1153年夏，基督教徒抓住这一机会占领了亚实基伦。此后，法蒂玛王朝失去其在巴勒斯坦的最后一座要塞。十字军的统治并没有延伸到埃及。这主要是因为塞尔柱王朝在东方不断增长的力量。耶路撒冷国王事务缠身，需要应对赞吉的残忍屠杀。赞吉已经率军占领了阿勒颇，扩大了自己在底格里斯河和幼发拉底河岸的领土。他掠夺叙利亚，1130年在阿塔里布击败十字军，并且大肆杀戮十字军成员。1144年，他率军征服了埃德萨[21]。两年后（1146年），赞吉去世，他的儿子努尔丁成为叙利亚伊斯兰教的拥护者，并且在1154年吞并了大马士革。这大大巩固了努尔丁的地位。长期以来，大马士革方面一直是十字军的防御同盟。德意志的康拉德三世和路易七世领导的第二次十字军运动失败，这使十字军灰心丧气。努尔丁占领了耶路撒冷以北的阿勒颇、以东的大马士革，力量日益强大。耶路撒冷王国的地位很不稳固。如果埃及足够强大，并且拥有同样正统的信仰，那么埃及与大马士革的联盟无疑会将十字军赶到海岸，如同不久后埃及和大马士革联盟所做的那样。埃及维齐尔塔拉伊·伊本·鲁兹克充分认识到获得努尔丁支持的重要性。通过奥萨马的调解，他与努尔丁展开谈判。奥萨马在埃及和大马士革宫廷都很有名。但努尔丁的弱点是过于谨慎，他满足于已经拥有的广阔领土，不愿意冒险实施更大的计划。此外，作为一名十分虔诚的穆斯林，努尔丁注定要对异教徒发动圣战。但虔诚使他对与埃及哈里发法伊兹·纳斯里·阿拉结盟产生疑虑。因此，虽然对努尔丁的恐惧阻止了十字军入侵埃及[22]，但对异端的恐惧阻止了大马士革的统治者努尔丁与埃及方面合作对抗共同的敌人。

大马士革方面和耶路撒冷方面都不能让埃及落入对方之手。因此，开罗成为外交活动的中心。塔拉伊·伊本·鲁兹克渴望与努尔丁结盟。他用优美的阿拉伯语诗句赞美奥萨马，奥萨马再次前往大马士革。1158年3月，迪格姆领导的埃及军队在加沙附近战胜了十字军。塔拉伊·伊本·鲁兹克赞扬埃及军队的英勇，坦言埃及军队士兵和船数量很多。与此同时，他敦促努尔丁做出类似努力，与埃及结盟，以便取得更辉煌的胜利。他从奥萨马处只得到了含糊其词的回答。这些回答用模糊的诗意隐喻表达出来。显然，努尔丁不相信埃及的提议。1158

年10月,塔拉伊·伊本·鲁兹克甚至派遣一名使者带着漂亮的礼物和七万第纳尔正式访问大马士革,但这些努力都是徒劳的。

虽然没能成功与努尔丁建成联盟并对十字军采取联合行动,但塔拉伊·伊本·鲁兹克仍然成功维持了埃及的秩序。伊本-哈里肯说:

图40 ● 阿迪德统治时期的玻璃砝码

"塔拉伊·伊本·鲁兹克以个人功绩著称,慷慨大方、平易近人,慷慨资助有才能的人,还是一位好诗人。"塔拉伊·伊本·鲁兹克的诗收集成两卷,但他有一个坏习惯,即喜欢向朋友吟诵自己写的诗。与其他维齐尔一样,他也建造了一座清真寺,这座清真寺的废墟仍然可以在巴布·札维亚附近看到,尽管大部分装饰都归功于后来的修复。然而,塔拉伊·伊本·鲁兹克贪财,并且对农民征收重税,对农民造成很大伤害。他或许能扛住普通民众的不满,但严密控制法伊兹·纳斯里·阿拉的家庭生活使他面临更严重的风险。1160年7月,法伊兹·纳斯里·阿拉驾崩,年仅十一岁。此前六年,法伊兹·纳斯里·阿拉被软禁在宫中,并且常年癫痫发作。法伊兹·纳斯里·阿拉(统治时间为1160年到1171年)的继承人阿迪德[23]是法蒂玛王朝最后一位哈里发。1160年,阿迪德年仅九岁。他从众多可能的继承人中被选出,这是因为他年幼,易于控制。但塔拉伊·伊本·鲁兹克不得不应对宫中的妇女,因为她们憎恨他的严密控制。阿迪德的一位姑母成功促成暗杀塔拉伊·伊本·鲁兹克的计划。躺在床上奄奄一息时，塔拉伊·伊本·鲁兹克请求阿迪德将其姑母送去接受惩罚，并且当着自己的面处决她。他在遗言中说，他的遗憾是没有征服耶路撒冷，没有消灭十字军，并且警告儿子阿迪勒·鲁兹克提防上埃及总督沙瓦尔。他的遗憾和警告是有充分根据的。1163年初，沙瓦尔废黜并处决了阿迪勒·鲁兹克。同年，基督教徒、耶路撒冷国王阿马里克一世来到埃及。

埃及维齐尔的更换导致阿马里克一世率军入侵埃及。1163年8月，沙瓦尔成为埃及最受欢迎的人，拉赫米的阿拉伯人迪格姆被赶出开罗。迪格姆曾在加沙指挥埃及军队对抗十字军，并且担任巴尔基亚军营的将军和"门的主人"——门的主人是仅次于维齐尔的职位。沙瓦尔逃到努尔丁那里，恳求努尔丁帮助。他不仅表示愿意支付征服埃及需要的费用，还承诺每年将埃及三分之一的税上交努尔丁[24]。叙利亚统治者努尔丁深知控制埃及的重要性，并且清楚埃及是影响地中海沿岸政治局势的关键，也是地中海地区财政收入的主要来源。然而，他对于沙瓦尔的提议犹豫不决。他不信任沙瓦尔，还担忧远征军在十字军侧翼穿越沙漠时面临的风险，这使他犹豫不决。然而，事态发展得太快，不容他多做考虑。1163年9月，迪格姆和阿马里克一世就每年的补贴——显然是埃及维齐尔们为了避免基督教徒入侵向法兰克人支付的贡金[25]——发生争吵，耶路撒冷国王阿马里克一世迅速决定入侵埃及。在比比斯附近遭遇惨败后，迪格姆拆除水坝和堤道，使当时处在超高水位的尼罗河水淹没埃及的土地，从而巧妙地避免了自己的彻底失败。阿马里克一世已经退到巴勒斯坦，但他对目前的形势还不太满意。这时，迪格姆听到沙瓦尔在大马士革谈判的消息，意识到沙瓦尔没有与拉丁国王达成协议。于是，他急忙提出与阿马里克一世建立永久联盟，并且承诺提高埃及上交的贡金数额。努尔丁想必早已预料到埃及方面的这一步举动。诵读《古兰经》后，他立刻将先前的顾虑抛到九霄云外。1164年4月，阿马里克一世还没来得及干预埃及局势。在谢尔库赫率领的一支来自大马士革的土库曼人的强大部队的支持下，沙瓦尔向埃及进军。谢尔库赫的侄子萨拉丁是沙瓦尔的助手。

埃及军队在比比斯战败，但在开罗城墙下，埃及军队重新集结。战斗持续了好几天，沙瓦尔控制了福斯塔特，埃及军队控制了开罗城堡。后来，为了筹集资金，迪格姆挪用了善款。于是，埃及人立刻开始远离迪格姆。更糟的是，迪格姆被哈里发阿迪德和埃及军队抛弃。他被逼得走投无路，最后一次向埃及军队发出号令。他在开罗城垛上鸣鼓，但无人响应。身边只剩五百名骑兵、绝望的埃米尔迪格姆站在阿迪德的宫殿前恳求了一整天。直到日落祷告时分，他恳求阿迪德站到窗边鼓舞骑兵。阿迪德没有理睬迪格姆。迪格姆身边的骑兵逐渐散去，最后只剩下三十名骑兵。突然，他听到一声警告："你自己当心，快逃命吧！"随即，桥门内传来沙瓦尔的号角声和鼓声。最后，被抛弃的迪格姆骑马离开扎维拉门。但迪格姆被砍下脑袋，凶手提着他的脑袋得意地穿过大街。他的尸体任人糟践。这就是一位勇敢的绅士、诗人和骑士的悲惨结局。

1164年5月，恢复权力的沙瓦尔渴望远离叙利亚盟军。他小心翼翼地安排谢尔库赫在设防的开罗城外扎营，以便将谢尔库赫留在郊区。他认为这样自己就安全了。他在坚固的城墙内蔑视自己的盟友谢尔库赫。他违背自己的所有诺言，拒绝支付贡金。谢尔库赫不是轻易放弃自己权力的人，也不愿意宽恕不守诺言的人。他派萨拉丁率军占领比比斯和埃及东部。谢尔库赫和沙瓦尔的敌对关系迫使沙瓦尔转而求助于阿马里克一世。十字军一到，叙利亚军队就在比比斯固守阵地，并且在这里抵抗十字军的进攻长达三个月。幸运的是，最终，叙利亚军队松了一口气。在巴勒斯坦，努尔丁发动了一场成功的战争。在吉尔伯特·德·莱西和罗伯特·曼塞尔的进攻下，努尔丁率军攻下哈伦克，包围了恺撒利亚·菲利皮。耶路撒冷迫切需要阿马里克一世返回提供保护，因为它总是危险地暴露在叙利亚军队的进攻中。谢尔库赫同样急于摆脱这种处境。他的军队整天受到攻击，缺乏食物，被困在薄弱的土木防御工事后面。他的处境既不安全，又不舒适。于是，叙利亚军队和埃及军队达成停战协定。1164年10月27日，叙利亚军队走出自己的营地，在十字军和埃及军队阵地前排成纵队，谢尔库赫本人手持战斧走在叙利亚军队后面。

叙利亚军远征埃及虽然没有获得完美的战果，但达到了自己的目的。谢尔库赫已经侦察了埃及的土地，并且对日后占领埃及的可能性和好处做了详尽的报告。他说,埃及"没有能干的人,只有一个堕落、脆弱、不堪一击的政府"。埃及的财富和无助招致了外国的侵略。雄心勃勃的将军谢尔库赫渴望在开罗得到总督职位。于是,他不断敦促努尔丁批准征服埃及。在宫廷上,他表现出征服埃及的勇气和决心。巴格达哈里发穆斯坦吉德给予他祝福和鼓励,并且表示希望参与这项涉及打击异端的计划。一向谨慎的努尔丁抵制了谢尔库赫和穆斯坦吉德支持征服埃及的想法一段时间,但最终让步了。这可能是因为努尔丁听到沙瓦尔和十字军建立更紧密联盟的谣言,这一谣言很快被证明不是空穴来风。

事实上,这是一场围绕着尼罗河的竞赛。1167年,为了避免与十字军发生冲突,谢尔库赫带领两千名骑兵,占领羚羊谷旁边的沙漠路线。但他在路上遇到了灾难性的沙尘暴,最后到达开罗以南大约四十英里的艾迪富的尼罗河岸。只要谢尔库赫的部队渡过尼罗河到达西岸,他就能避免与十字军正面交锋。然而,他还没来得及将自己的部队带到尼罗河西岸,阿马里克一世就出现在尼罗河东岸。他一听到谢尔库赫行动的消息就从巴勒斯坦赶来。两支军队沿着尼罗河两岸排列,一直到开罗。阿马里克一世在靠近福斯塔特的地方扎营,而谢尔库赫在吉萨扎营。吉萨和福斯塔特正对,分别位于尼罗河两岸。谢尔库赫和阿马里克一世都在等着对方开始行动。与此同时,阿马里克一世利用沙瓦尔天生友善的性情,将十字军和埃及的联盟建立在一个更正式的基础上。由于确信沙瓦尔大臣地位的不稳定性，阿马里克一世决定让埃及哈里发阿迪德本人签订协议。协议的条件是，埃及必须立刻当场付给他二十万金币，以后再付给他一笔钱，作为他帮助埃及赶走谢尔库赫的回报。

阿马里克一世还要求向埃及派遣信基督教的使者，但埃及连最尊贵的穆斯林使者都很少接待。协议的条件从未有过先例。但阿马里克一世处在谈判的有利位置，他可以要求任何条件。哈里发阿迪德同意了阿马里克一世的要求。恺撒利亚的休和圣殿骑士杰弗里·富尔彻被选为使者派往埃及。维齐尔沙瓦尔亲自向两位使者介绍东方礼仪的每一个细节，并且在法蒂玛王朝的大宫殿里展示。使者们走过神秘的走廊，穿过守卫森严的大门，大门旁边强壮的苏达尼士兵亮剑敬礼。使者们来到一个宽敞的院子内。院子上方没有屋顶，可以望见天空，院子四周是大理石柱子和拱廊。柱廊的天花板镶嵌着黄金，并且用彩色颜料雕刻着图案。院子的过道装饰着丰富的图案。来自耶路撒冷的骑兵们对这一切感到十分新奇。他们的眼睛睁得大大的，对眼前建筑物的优雅品位感到惊讶。他们看到大理石喷泉，小鸟的叫声多种多样，它们的羽毛颜色鲜艳。在西方世界，这些景象都不存在。接着，他们走进一座大厅。大厅墙上雕刻着各种各样的动物。从壁画中，人们仿佛可以联想到画家巧妙的技艺、诗人的创造性发明或者睡眠者头脑浮现的景象。壁画中的动物可能都存在于东方世界，但在西方世界几乎闻所未闻。最后，经过许多迂回曲折的通道，来自耶路撒冷的士兵们到达阿迪德所在的内殿。内殿有大量侍者。侍者都穿着华丽的衣服，显示出阿迪德的尊贵。维齐尔沙瓦尔三次拔出佩剑，跪倒在地，仿佛向真主谦恭地祈祷。然后，镶着黄金和珍珠的厚重窗帘被拉到一边，人们可以看到阿迪德坐在金色的王座上。

沙瓦尔恭恭敬敬地接待了耶路撒冷的使者们，阐述了来自外部的紧急危险和耶路撒冷国王阿马里克一世与埃及的深厚友谊。从少年时代就有黝黑肤色的青年哈里发阿迪德以温文尔雅的姿态说道，他希望正式确认与敬爱的盟友阿马里克一世的约定。但被要求伸出手宣告与耶路撒冷方面结盟时，阿迪德犹豫了。宫廷内埃及的大臣们充满愤慨。然而，过了一会儿，阿迪德将自己戴着手套的手递给了恺撒利亚的休。直率的恺撒利亚的休直言不讳地对阿迪德说："我的主人，真理是不会被遮盖的。只要君主心怀善意，一切都会赤裸裸地展现在眼前。"最后，阿迪德极不情愿地，好像是在贬低自己的尊严，勉强地笑了笑。他脱下手套，将手放在休爵士的手上，一个字一个字地发誓真心诚意地遵守协定。

协定达成以后，阿马里克一世试图在尼罗河架起一座舟桥[26]。但由于谢尔库赫的军队在尼罗河对岸，阿马里克一世取消了这一计划，并且采取了另一个办法。他走到河的分岔处。夜间，他将军队转移到尼罗河三角洲，再从尼罗河三角洲乘船转移到尼罗河对岸。谢尔库赫发现阿马里克一世的行动时已经太晚了，来不及反抗。他在确认阿马里克一世的军队登陆后，率军撤退到上埃及。阿马里克一世一路追赶，在米尼亚以南十英里的巴班追上了谢尔库赫的部队。巴班是一片平原。在平原的边界，耕地与沙漠相接，无数沙山为士兵们提供掩护。起初，谢尔库赫的将军们劝他不要冒险挑起战斗。但一位将军坚定地说："怕死、怕被奴役的人不配侍奉君主，让他们去耕田，让他们和妻子待在家里吧。"萨拉丁和其他人鼓掌。谢尔库赫是个随时准备迎接挑战的人。于是，1167年4月18日，他决定迎战阿马里克一世的军队。谢尔库赫将部队的装备和粮草放在平原中心地带，并且由萨拉丁率领的分队掩护。这支分队将首先发动进攻。萨拉丁命令自己的分队在受到压制时撤退，并且在遭到追击时吸引敌人，然后在形势允许的情况下进行反击。谢尔库赫亲自指挥叙利亚的右翼部队。它由一群精挑细选的骑兵组成，任务是切断对手后方的部队，包括并不善战的埃及士兵。结果正如谢尔库赫预料的那样。十字军被萨拉丁引开，埃及人被击败、杀死。当十字军从追击萨拉丁部队途中返回时，发现盟友埃及军队逃跑了。于是，十字军急忙撤退，放弃装备，留下恺撒利亚的休做俘虏[27]。然而，获胜的叙利亚军没有足够的力量乘胜追击，继续向开罗进军，彻底击败沙瓦尔和阿马里克一世的军队。谢尔库赫冒着比较小的风险，沿着一条沙漠路线向北进军，进入亚历山大，并且没有遭到任何抵抗。在亚历山大，谢尔库赫任命萨拉丁为总督，并且留下一半部队驻守当地，然后带着另一半部队再次向南前进，去上埃及征收贡金。

此时，十字军和埃及人的联军包围了亚历山大，十字军的舰队占领了亚历山大海岸。保卫亚历山大是萨拉丁第一次独立指挥的战役。萨拉丁只有一千名忠诚的追随者，他手下的其他士兵中还有一部分是混血儿和外国平民。混血儿和外国平民愿意反抗软弱的埃及政府，保卫亚历山大免受野蛮、嗜血的十字军攻击。然而，作为商人，他们无法掩饰自己对"异教徒"带到他们城墙边的攻城器械的恐惧。此外，亚历山大城内粮食短缺，居民处在饥饿状态。最后，萨拉丁的士兵吵吵嚷嚷地开始谈论投降事宜。与此同时，萨拉丁派人去叔叔谢尔库赫处寻求帮助。谢尔库赫满载财宝匆匆从库斯赶往亚历山大。这一消息使萨拉丁的士兵们重新振作起来。萨拉丁发表慷慨激昂的讲话，鼓舞士兵，并且承诺增援部队会到来。与此同时，他告诉士兵们，十字军会对战败者施加可怕折磨。士兵们受到惊吓，产生了一种不顾一切的勇气。萨拉丁的部队不顾饥饿和十字军的不断进攻，坚持了七十五天，直到谢尔库赫率军到达阿比西尼亚人之湖，围攻开罗。于是，阿马里克一世放弃了占领亚历山大的想法，并且与谢尔库赫达成和平协议。双方同意将埃及留给埃及人。1167年8月4日，亚历山大被交给沙瓦尔，沙瓦尔和萨拉丁交换了俘虏。谢尔库赫带领两千名疲惫不堪的士兵返回大马士革。

十字军宣称自己取得了这场战役的胜利，萨拉丁撤离亚历山大就是投降。然而，如果阿拉伯的历史学家们说阿马里克一世付给谢尔库赫五万枚金币并让他离开埃及的说法是正确的，那么似乎叙利亚方面赢得了这场战役。另外，十字军显然

图 41 ●阿迪德统治时期的一第
纳尔钱币，1168 年在开罗发行

违反了与叙利亚方面之间的协定。十字军不仅在开罗留下一名
十字军士兵，而且坚持要求这名士兵担任开罗城门守卫。十字
军还将沙瓦尔付给耶路撒冷国王阿马里克一世的贡金增加到每
年十万枚金币。然而，阿马里克一世并不满足于现状。大臣们
敦促阿马里克一世下令彻底征服埃及，征服埃及的建议得到了
留在开罗和福斯塔特的耶路撒冷守军的大力支持。这些守军自
然最了解埃及军队的防御弱点。耶路撒冷国王阿马里克一世再
次进军埃及。但此时，他以埃及对手的身份进军埃及。以前他
作为盟友被邀进入埃及。1168年11月3日，阿马里克一世率军
到达比比斯，大规模屠杀当地居民。在比比斯这个信仰虔诚的
小镇上，他不放过任何人，不管年龄或性别。

　阿马里克一世的这种野蛮行为立刻使埃及人选择支持努
尔丁，并且激发了埃及人的英雄壮举。埃及人集结军队，加强
防御。三百多年来，福斯塔特古城一直是埃及的重要城市，也
是开罗人口密集的郊区。为了使十字军无地可居，沙瓦尔下

令烧毁福斯塔特。1168年11月12日,埃及人向福斯塔特扔了两万桶石脑油和一万支火炬。大火持续了五十四天。20世纪初,在开罗南部绵延数英里的垃圾堆中仍然能找到被大火烧毁的福斯塔特城的痕迹[28]。福斯塔特的居民如同从墓中逃出来一样,都奔向开罗逃命。那时,雇一只骆驼走一两英里要花三十枚金币。与此同时,开罗陷入为抵抗进攻做准备的混乱中。然而,为了收买贪婪的攻击者,推迟阿马里克一世的进攻,沙瓦尔巧妙策划了一场谈判。他的外交政策与其说是诚实的,不如说是虚伪的,因为与此同时,他还派信使前往大马士革恳求努尔丁派军队援助自己。年轻的阿迪德亲自写信,甚至将自己妻子们的头发随信寄出。女士的头发被视为最诚恳的求救信号,任何一位绅士都无法抗拒。

这次,叙利亚国王努尔丁没有丝毫犹豫。他对前两次援助埃及人却获得糟糕的结果感到恼火,并且对十字军的做法感到愤慨,认为十字军的做法是公然违背诺言的行为。努尔丁本可以率军攻打埃及,但此时,他专注于处理美索不达米亚的动荡状态。然而,他不失时机地派遣了一支由两千名亲信组成的精锐部队。在谢尔库赫的指挥下,在一群好胜的埃米尔的支持下,这支精锐部队与六千名勇猛的土库曼士兵进攻埃及。在离大马士革一天路程的泉头[29],努尔丁亲自集结军队,并且向每名士兵发放二十枚金币作为奖赏。与此同时,他承诺向谢尔库赫提供二十万第纳尔军饷。

1168年12月17日,叙利亚军开始了第三次远征埃及,从表面上看，其目标是第二次营救沙瓦尔，但实际目标更宏大。阿马里克一世改不掉贪婪的性格，仍然在开罗城前等待沙瓦尔给予自己更多黄金。1169年1月8日，谢尔库赫的部队与埃及军队会合，成功躲避了拦截这两支军队的法兰克军队。阿马里克一世的军队被沙瓦尔的军队蒙骗后，被谢尔库赫的军队击败，狼狈不堪的耶路撒冷国王阿马里克一世撤退到巴勒斯坦，没有再发动战争。叙利亚人成功进入开罗，并且被当作解救者受到欢迎。心怀感激的哈里发阿迪德接见了谢尔库赫，并且给谢尔库赫穿上象征荣誉的长袍。他穿着长袍回到自己的部队展示。沙瓦尔内心充满嫉妒和恐惧。他每天带着横幅、鼓和喇叭，以庄重的姿态骑马前往叙利亚营地，对谢尔库赫将军虔诚发誓。但与此同时，沙瓦尔没有采取行动履行自己对努尔丁的诺言，而是计划在一次洋溢着友好气氛的宴会上，用奸诈手段逮捕谢尔库赫及其手下的军官们。叙利亚的首领们很快便认定沙瓦尔不可信。于是，萨拉丁和古尔迪克决定除掉沙瓦尔。当沙瓦尔骑马拜访谢尔库赫时，谢尔库赫碰巧在瞻仰伊玛目沙斐仪的墓。萨拉丁及其部下将沙瓦尔从马上拖下来，并且将他关进监狱。我们不知道谢尔库赫计划对沙瓦尔采取什么行动，但有一点很清楚，即哈里发阿迪德下令砍掉了沙瓦尔的脑袋。杰出的大臣沙瓦尔短暂而曲折的政治生涯就这样结束了。更重要的是，他是出身于古老家族的阿拉伯酋长，有着贝都因人的胆识和祖传的对诗歌的热爱。他曾经赏给奥马拉一堆黄金，因为他很喜欢奥马拉写的一曲颂歌。另外，必须补充的是，他满嘴谎言。

阿迪德对谢尔库赫的英勇援助表示感谢，立即任命谢尔库赫担任空缺的维齐尔一职。他为谢尔库赫穿上维齐尔的长袍，授予谢尔库赫全权及"马利克·纳西尔"（意为"胜利的首领"和"总指挥官"）的头衔。埃及人和阿迪德一样高兴。1167年6月，谢尔库赫骑马周游整个埃及时，埃及人就很喜欢他，尽管当时他在征税。开罗居民对于谢尔库赫的行为表示赞赏。他洗劫了沙瓦尔的宫殿，沙瓦尔的宫殿内甚至连一个坐垫都没有留下。谢尔库赫这只"狮子"的利爪已经牢牢抓住了自己的猎物。然而，之后不到两个月，即1169年3月23日，"阿萨丁"[30]谢尔库赫去世。他的侄子、著名的萨拉丁继任埃及维齐尔。两年后（1171年），法蒂玛王朝哈里发的统治结束了。

值得注意的是，法蒂玛王朝的多位哈里发虽然有文化，并且高度欣赏文人才子，但在他们的统治时期，很少诞生杰出的文学家。这并不是因为缺少赞助，埃及的维齐尔们和一些哈里发经常慷慨地给学者、诗人和神学家赠送礼物。每星期四晚上，维齐尔伊本-基里斯都会举行会议，并且向聚集在一起的学者、修辞学家、语法学家和神学家朗读自己的作品。与此同时，诗人会吟诵自己的诗句。这些诗句通常是对举办聚会的主人伊本-基里斯的赞颂。伊本-基里斯雇了一位抄写员专门负责抄写手稿。他每天都要设宴款待到访自己家的学者和其他客人。宫廷医师耶路撒冷的特米米是一位真正的科学家，他的图书管理员沙布希蒂写了一部关于埃及修道院历史的著作。1008

年去世的、被塔拉比描述为"时代的珍珠、伟大的诗人、诗歌之王"的安提阿的阿布-拉卡马克是参加伊本-基里斯组织的学者会议的致颂词者之一。他写了颂词赞美哈里发莫伊兹、阿齐兹·比拉和哈基姆·阿姆鲁·阿拉。961年去世的金迪住在福斯塔特，是埃及历史学家和地志学者(topographer)。997年去世的、为金迪的作品写续篇的伊本-祖拉克是埃及人，他写了一部关于埃及法官历史的书。但在法蒂玛王朝早期，最著名的人是法官诺曼及其儿子和孙子。诺曼的儿子和孙子担任埃及司法和宗教方面的最高职务长达四十年。从法蒂玛王朝征服埃及到哈基姆·阿姆鲁·阿拉统治中期，哈基姆·阿姆鲁·阿拉给予诺曼家族特权。与大多数法官一样，诺曼家族的法官不仅学习法律，是有能力的法官，还是法蒂玛王朝统治时期受过最好教育的人，熟悉阿拉伯文学的所有分支，甚至也是历史学家和诗人。哈基姆·阿姆鲁·阿拉统治时期另一位著名官员是1029年去世的穆塞比希。穆塞比希出生在埃及，写了一部两万六千页的埃及史。另外，他还写下至少三万五千页宗教、诗歌、占星术、文学和历史方面的其他著作。法蒂玛王朝不仅拥有巨额财富，而且鼓励文化和科学的发展。这吸引了众多外国人来到开罗。1062年去世的历史学家和法律学者库达伊、1077年去世的语法学家伊本-巴布沙德和1126年去世的著名哲学家阿布-亚库布·纳吉拉米都是来埃及定居的学者。关于哲学、诗歌和阿拉伯人日常生活的阿拉伯语手稿是由阿布-亚库布·纳吉拉米以合适的价格抄录下来，或者由他用精确的语言口述出来的。长期以来，这些文稿一直是研究埃及历史的宝贵文献。1171年去世的诗人伊本-哈拉被生活在同时期的萨拉丁的近臣伊马德丁·赞吉描述为"埃及的眼睛，具有埃及人所有的高贵品质"。在哈菲兹统治时期，伊本-哈拉是培养写信人的信函部门的负责人。一位学生申请加入信函部门并被问及应该具备什么样的写信能力时，他回答说："我没有什么能力，但我熟记《古兰经》和《哈马撒》。"伊本-哈拉说："那就够了。"这如同一个英国人说自己可以将整本《圣经》和《英诗金库》都背出来一样。维齐尔伊本-萨拉尔是一位虔诚的沙斐仪派穆斯林，也是一位暴虐的总督。他在亚历山大创办的学院是为了宣传伊玛目沙斐仪的神学思想。这座学院的院长是1180年去世的伊斯法罕的西拉菲。学院的学生有1219年去世的伊本-格拉。伊本-格拉是诗人、书法家，以及信函部门的工作人员。他出了一个谜语，要用写满三张四开本纸张的计算才能解开。1166年去世的拉希德·伊本-祖贝耶是诗人和杰出作家，也是伊本-萨拉尔的朋友。

从10世纪到12世纪，在法蒂玛王朝统治埃及的两个世纪里，没有更多杰出的学者生活在埃及，部分原因是生命受到威胁的不安全感。例如，宫廷诗人阿卜杜勒-加法尔被哈基姆·阿姆鲁·阿拉斩首，一些著名法官遭遇了同样的下场。但学者们不愿意生活在埃及的主要原因是法蒂玛王朝宗教信仰的异端特性。正统穆斯林完全反对法蒂玛哈里发宣传的教义和主张，避免进入法蒂玛哈里发的宫廷。然而，在法蒂玛王朝统治时期，开罗的普通百姓开展并参与了许多文化活动。尽管此时，艾资哈尔大学的名气还不是很大，但这里已经建立了一座著名的神学院。在萨拉丁统治时期，埃及的高等教育开始蓬勃发展。

在艺术方面，法蒂玛王朝的巨额财富促进了昂贵、精致的艺术品制作。事实上，哈里发和维齐尔们都鼓励制作艺术品。从艾资哈尔清真寺和哈基姆清真寺可以看出法蒂玛王朝对建筑的热情。一些较小规模的清真寺，如阿克马尔清真寺和塔拉伊·伊本·鲁兹克清真寺，展现了法蒂玛王朝特有的新颖设计和朴素的雕刻风格。开罗的三座大门由拜占庭建筑师建造，大门结构和雕刻模仿拜占庭堡垒的大门。它们属于法蒂玛王朝在埃及建造的存在时间最长久的遗迹之列。值得注意的是，经过八个世纪的正统伊斯兰教统治后，胜利门上穆斯坦绥尔·比拉统治时期雕刻的异端信仰的库法体[31]铭文幸存了下来。

【注释】

1. 在法蒂玛王朝特里波里斯发行的最早的钱币可以追溯到974年到975年；法蒂玛王朝最新的钱币可以追溯到1101年到1102年。但已经发现的法蒂玛王朝在叙利亚发行的钱币数量太少，钱币上雕刻的时间断断续续，不能作为确定法蒂玛王朝统治叙利亚的证据。钱币大多源于菲斯汀——拉姆拉、提尔和特里波里斯。从1109年到1117年，亚实基伦成为法蒂玛王朝在叙利亚的铸币厂。——原注
2. 现在，巴黎国家图书馆收藏着一枚阿勒颇钱币，发行时间是1037年到1038年，钱币上印有穆斯坦绥尔·比拉的名字。——原注
3. 阿勒颇流通的1050年到1055年的钱币印有哈里发穆斯坦绥尔·比拉的名字。——原注
4. 大马士革最晚的法蒂玛王朝钱币印的时间是1066年到1067年。——原注
5. 穆斯塔里全名为阿布-卡西姆·艾哈迈德·穆斯塔里-拉。他的名字印在1095年到1101年米瑟、亚历山大、阿卡、提尔和1101年特里波里斯的钱币上。——原注
6. 穆斯塔法全名为伊玛目穆斯塔法-利-迪尼-拉。据说，尼扎尔·伊本-穆斯坦绥尔的一个有名的儿子以哈里发的身份在也门铸造了印有"伊玛目穆罕默德·伊本·尼扎尔"的钱币。1128年，在开罗，尼扎尔·伊本-穆斯坦绥尔的这个儿子与埃及前维齐尔马蒙和马蒙的五个兄弟一起被钉死在十字架上。在马格里布，也许是巴尔卡，尼扎尔·伊本-穆斯坦绥尔的另一个儿子哈桑建立了一支军队，但这支军队被哈菲兹的军队击败，哈桑被杀害。——原注
7. 阿米尔·哈卡姆·阿拉全名为阿布-阿里·曼苏尔·阿米尔-比哈卡米-拉，意为"上帝命令下的统治者"。阿米尔·哈卡姆·阿拉的钱币于1101年到1130年在米瑟、1114年到1130年在开罗、1101年到1130年在亚历山大港、1123年到1124年在库斯、1109年到1116年在亚实基伦、1122年到1123年在提尔等地发行。——原注
8. 斯坦利·莱恩·普尔：《萨拉丁和耶路撒冷王国的灭亡》，1898年，第24页到第25页。——原注
9. 为促成与十字军的联盟，阿夫达尔甚至想成为基督教徒。——原注
10. 后来，萨克曼和利加兹在迪亚巴克尔的马里丁和凯法建立了阿尔图格王朝。——原注
11. 从1121年到1122年，伊本-巴塔伊希建造了灰色清真寺。在贝恩-卡斯林，人们至今仍然能看到灰色清真寺的遗迹。——原注
12. 哈菲兹全名是阿布-梅蒙·阿卜杜-梅吉德·哈菲兹-利-迪尼-拉，意为"真主宗教的守护者"。只有米瑟——或福斯塔特——和亚历山大铸造了哈菲兹的钱币，铸造时间为1131年到1148年或1149年。——原注
13. 公元1131年，刻有"忠诚者的指挥官伊玛目穆罕默德·阿布-卡西姆·穆塔扎尔-里-阿米尔-拉"的钱币在开罗、米瑟（福斯塔特）和亚历山大发行。一枚发行于米瑟的钱币上不仅刻有穆塔扎尔的头衔，而且刻有卡蒂法特的名字"阿夫达尔·阿布-阿里·艾哈迈德"和头衔"副官和哈里发"。这显示卡蒂法特的虚荣做作。——原注
14. 这个数字可能被夸大了，但应当指出，巴赫拉姆带领一名亚美尼亚裔警卫员陪同自己来到开罗。五十多年来，埃及政府一直掌握在亚美尼亚人手中。这无疑使埃及亚美尼亚人的势力很强大。——原注
15. 阿布·萨利：《埃及的教堂和修道院》，第84页。——原注
16. 扎菲尔全名是"阿布-曼苏尔·伊斯马利·扎菲尔-阿达-蒂尼-拉"，意为"真主宗教敌人的征服

17. 奥萨马·伊本·蒙基德:《向模范学习:奥萨马的一生》,哈特维格·德伦堡(编辑和翻译),共3卷,巴黎,1886年到1893年。——原注
18. 法伊兹·纳斯里·阿拉全名是"阿布-卡西姆·伊萨·法伊兹-纳斯里-拉",意为"有真正帮助的得胜者"。法伊兹·纳斯里·阿拉的钱币只在米瑟和亚历山大铸造,铸造时间是1154年到1160年。——原注
19. 目击者奥萨马生动描述了这些事件。他可能是这场悲剧的"伊阿古"。——原注
20. 1177年,伊本-巴塔伊希的宫殿被萨拉丁改建为哈纳菲剑匠学院。参见马克里齐:《希塔特》第2卷,布拉克,1853年到1854年,第365页到第366页。——原注
21. 关于赞吉的生平,请参阅斯坦利·莱恩·普尔的《萨拉丁和耶路撒冷王国的灭亡》,1898年,第35页到第61页。——原注
22. 1153年,西西里舰队袭击了廷尼斯。1155年,西西里舰队再次攻击埃及沿海城市,但除了掠夺财产,西西里舰队没有对埃及开展其他征服行动。——原注
23. 阿迪德全名是阿布-穆罕默德·阿卜杜拉·阿迪德-里-蒂尼-拉,意为"真主宗教的强化者"。阿迪德统治时期的钱币发行于米瑟、开罗和亚历山大,铸造时间为1160年到1171年。——原注
24. 下文对努尔丁军队征服埃及战争的描述摘录自斯坦利·莱恩·普尔的《萨拉丁和耶路撒冷王国的灭亡》,1898年,第81页到第97页。——原注
25. 提尔的威廉称这笔贡金埃及每年都会支付。一些人指出贡金数额为三万三千第纳尔。这笔贡金一定是1163年左右才开始支付的,因为1161年去世的塔拉伊·伊本·鲁兹克肯定不会向"异教徒"支付这种补贴。或许沙瓦尔是从1162年开始支付这笔补贴的,但这一观点无法证明。——原注
26. 舟桥即用并列停泊的船只组成的跨越水域的通道。——译者注
27. 根据伊本-阿提尔的记载,阿马里克一世的军队和谢尔库赫的部队的开战时间是1167年3月。历史学家们对交战军队的人数有不同看法。阿拉伯历史学家们指出谢尔库赫的部队只有两千名骑兵。提尔的威廉指出,谢尔库赫的部队有九千名全副武装的士兵、三千名弓箭手,以及至少一万名手持长矛的阿拉伯人。阿马里克一世的军队只有三百七十四名骑兵、数量不定的步兵,还有一群埃及人。对军队来说,埃及人更多是一种负担而不是帮助。——原注
28. 此后一个世纪内,人们再次回到被烧毁的福斯塔特居住,福斯塔特的最终被遗弃和拆除可以追溯到拜巴尔一世统治时期。——原注
29. 地名,相关信息不详。——译者注
30. "阿萨丁",意为"信仰之狮",是谢尔库赫的阿拉伯语姓氏。在波斯语中,"阿萨丁"意为"山之狮"。——原注
31. 库法体是阿拉伯最古老的书法,其起源地库法是伊拉克南部的一座古城。——译者注

第 7 章

萨拉丁统治时期
(1169 年—1193 年)

SALADIN
(1169--1193)

萨拉丁[1]的统治虽然短暂，却是穆斯林统治埃及史中最辉煌的时期。他统治的荣耀要归于外部原因。在二十四年的统治中，他只在开罗度过了八年，其余十六年是在叙利亚、美索不达米亚和巴勒斯坦的战争中度过的。此处只能简单描述这些外部战争，而应该主要描述埃及本土事务[2]。1137年或1138年，萨拉丁出生在提克里特。其父纳伊姆·阿德丁·阿尤布是一名库尔德军官，先在巴格达哈里发手下工作，后来又在摩苏尔的伊马德·阿尔丁·阿塔比格·赞吉手下工作。萨拉丁的青年时代平凡无奇。当他父亲纳伊姆·阿德丁·阿尤布成为大马士革的总督时，萨拉丁已经在努尔丁的宫廷中生活了十年，没有取得任何成就。显然，萨拉丁没有参与叔叔谢尔库赫在叙利亚的战争。谢尔库赫是努尔丁统治时期的将军。萨拉丁过着安逸的生活，直到二十五岁，他还是一个默默无闻的人。他确实在1164年和1167年参加了远征埃及的行动，并且在巴班战役和亚历山大保卫战中表现突出。但他是在极不情愿的情况下参加1168年的第三次埃及远征的。1169年3月，谢尔库赫去世，萨拉丁继任成为阿迪德的维齐尔。毫无疑问，他能继任维齐尔，一是因为他是谢尔库赫的侄子；二是因为他年纪尚轻，毫无野心，易于控制。对于萨拉丁继任维齐尔，叙利亚军队中许多人很反感。萨拉丁虽然通过计谋和赏赐赢得叙利亚军队大多数士兵的支持，但一些心怀嫉妒的军人在退役后回到了叙利亚。

萨拉丁的身份十分奇怪。他曾经是异端（即什叶派哈里发阿迪德的大臣)和正统派(即逊尼派领袖努尔丁的副手)。在清真寺每星期五的祈祷中,阿迪德和努尔丁的名字同时出现,这显得很不协调。在穆斯林中,有人信仰什叶派教义,也有人信仰逊尼派教义,但可以认为,法蒂玛王朝两个世纪的统治使埃及穆斯林中的什叶派信徒更多。赢得臣民的忠诚是萨拉丁的首要目标。这为萨拉丁增强自身实力,对抗嫉妒自己的君主——叙利亚国王努尔丁,以及废除什叶派哈里发阿迪德的统治和在埃及建立独立的君主制度铺平了道路。

不久,萨拉丁的慷慨行为和个人魅力为自己赢得了埃及人的信任。他的父亲纳伊姆·阿德丁·阿尤布和兄弟们——一个显赫而勇敢的家族——代替了不忠的宫廷官员,这巩固了萨拉丁的地位。1169年,阿迪德麾下的黑人军队发动了叛乱。经过一番苦战,黑人军队的叛乱被镇压下去。苏丹尼人被流放到萨伊德。萨伊德的叛乱持续了好几年。黑人军队的叛乱刚被镇压下去,达米亚特就受到共有二百二十艘大桡船的拜占庭帝国和耶路撒冷王国联合舰队的攻击。萨拉丁及时增援达米亚特要塞,这足以击退对手强大的投石机和可移动的攻城塔。另外,萨拉丁派开罗军队在开罗城外攻打对手。饥荒和风暴彻底击溃了入侵者。入侵者沮丧地回到巴勒斯坦。这是十字军和埃及人斗争的转折点。此后,耶路撒冷王国非但没

图42 ● 穆斯塔迪的玻璃砝码,萨拉丁于1171年发行

有进攻埃及，反倒采取了防御策略。

1170年，萨拉丁在达米亚特获胜后，又进军巴勒斯坦，洗劫了加沙城，并于同年占领了位于亚喀巴湾的埃拉特。亚喀巴湾是通过红海前往麦加朝圣的要道。为了占领埃拉特，萨拉丁使用了一种手段，后来他的对手们重复采取了这种手段：他在开罗建造了一段段的船，然后将船的各部分从陆地运到红海，并且在红海将船组装起来。他在对"异教徒"的战争中取得了胜利，埃及人热烈颂扬他。萨拉丁觉得自己足够强大，可以采取进一步的行动。作为一名虔诚的正统穆斯林，他对被迫承认什叶派哈里发穆斯塔迪的统治感到愤怒。他之所以屈从这种情况，只因为他觉得自己无法获得埃及民众的支持。为了形成对自己有利的舆论，1170年，萨拉丁创办了三所宣传正统教义的学校。随着在巴勒斯坦成功打响"圣战"，1171年9月10日星期五，他开始在开罗的清真寺里以阿拉伯帝国第二王朝哈里发阿拔斯的名义，而不是以法蒂姆王朝哈里发阿迪德的名义祈祷。他在清真寺的这次行动没有引起丝毫骚动，在清真寺聚集的信徒只是看起来很惊讶。法蒂玛王朝末代哈里发阿迪德不知道自己已经被废黜。自从萨拉丁来到埃及，阿迪德如同隐居了一样。清真寺内阿迪德的名字被替代时，阿迪德已经病入膏肓。幸运的是，宫廷中的人没有告诉他这个消息。著名的法蒂玛王朝的最后一位哈里发阿迪德曾被给予许多机会，但他没能好好利用这些机会巩固自己的统治。三天后，1171年9月13日，阿迪德去世。去世时，他还不知道自己已经被废黜[3]。他的家人和亲属被囚禁在镀金的牢笼中，而他的一万八千个奴隶和仆人被分给了他人。萨拉丁在阿迪德的宫殿里找到所有财宝，但没有将任何一件据为己有。他将一些财宝送给自己的追随者及自己的宗主努尔丁。萨拉丁将图书馆内收藏的十二万份手稿交给博学的大臣法迪勒法官。他将其余财宝出售，并且将所得纳入公共财政。过着俭朴生活的萨拉丁不适合居住在已故哈里发阿迪德富丽堂皇的宫殿内。他住在维齐尔的府邸，而将宫殿让给军官们居住。从此，法蒂玛王朝的辉煌宫殿不再是皇家宅邸。这座宫殿日渐衰败，最后连一点遗迹都没保存下来。诗人奥玛拉喊道："啊，宫殿见证了我们对法蒂玛王朝后人的爱！""让我们一起为荒凉的宫殿哭泣吧！"

从开始掌权算起，萨拉丁的政治生涯分为三个不同时期。根据作战地，三个时期可分为埃及时期、叙利亚时期和巴勒斯坦时期。根据治理政策，三个时期可分为防御时期、巩固势力时期和入侵时期。从成为埃及统治者的那天起，萨拉丁庄严发誓要参加圣战，即消灭十字军。此后，他的所有政策都是为了实现这个宏伟的目标。在第一个时期，即1169年到1174年的埃及时期，萨拉丁处于守势。当时，他不仅反对十字军，而且反对法蒂玛王朝的盟友们，甚至反对自己的宗主叙利亚国王努尔丁。在这一时期，他的政策是防御国内起义和国外入侵，避免与努尔丁发生冲突，并且通过一切可能的政治、军事手段巩固自己在开罗的地位。在第二个时期或叙利亚时期，即1174年到1186年，以努尔丁去世开始。当时，作为近东主要的穆斯林统治者，萨拉丁扩大了自己在叙利亚和美索不达米亚的影响，并且联合伊斯兰教内部所有可用的力量，准备与"异教徒"展开最后的斗争。在第三个时期，即1186年到1193年的巴勒斯坦时期，萨拉丁完全致力于抗击十字军的圣战，并且以在拉姆拉实现和平告终。大战结束后几个月，1193年3月，伊斯兰教的捍卫者萨拉丁去世了。在这三个时期，他始终牢牢盯住一个目标，他的每一项政策、每一场战役都严格指向一个主要目标，即建立一个团结的阿拉伯帝国。这个阿拉伯帝国强大到就算没有将十字军赶到海里，也足以将十字军赶到海边。对萨拉丁而言，他的目标是获得伊斯兰教对"异教徒"的胜利。

在第一个时期，埃及有一个很好的开头。十字军不敢再冒险从陆地上发起进攻，并且从海上发起的进攻彻底失败了。开罗黑人军队的叛乱是埃及所有内部叛乱中最严重的一次。最终，这次叛乱以黑人军队被驱逐到上埃及告终。法蒂玛王朝的哈里发被推翻。几乎没有埃及人对此表示反对。萨拉丁的下一步计划是巩固开罗的防御工事，使其能抵抗埃及的内部叛乱和外部入侵。在平原地带，法蒂玛王朝的支持者修建了一座坚固的宫殿就心满意足了。萨拉丁以军人的眼光发现了这座宫殿的弱点，并且选择了一块更好的阵地。到目前为止，埃及历代王朝都通过向东北方向建造郊区或大型宫殿扩大首都开罗的范围。萨拉丁没有继续以前的统治者们的做法，而是在穆卡坦山最西边的山峰上建立了一座城堡，即把著名的"山脉城堡"作为行政中心，并且形成一个军事据点，能震慑整座开罗城并抵御外部的攻击。他计划用一堵有堡垒的墙将山脉城堡和法蒂玛王朝宫殿的原有防御工事连接起来，并且将新堡垒的范围扩大到覆盖福斯塔特和卡塔。这样一来，这一防御工事就可以连接尼罗河了。但这一计划没有完成，即使城堡也是在萨拉丁去世后很久才完工的。萨拉丁扩大了开罗城的面积，并且拆除了旧开罗城和内菲萨神殿之间的整个郊区。原来的郊区被建造成花园。据记载，在伊本·突伦清真寺门口，人们可以看到高大的扎维拉门。后来，跟随路易十二的使者前往开罗的耶汉·特诺发现，这些花园仍然是开罗的一大特色。现在，人们甚至能从城垛上看到这些花园的痕迹。

有人认为，萨拉丁设计开罗城堡是为了保护自己不受法蒂玛王朝残余势力叛乱的影响。然而，我们可以从萨拉丁统治早期的行为中，为他在开罗建造城堡找到一个充分的解释。当时，叙利亚每个城市都有一座城堡或要塞。另外，萨拉丁的多次战斗经验表明，即使城市被占领，城堡仍然坚不可摧。城堡是人们的避难所，也是重整军队的场所。因此，开罗必须有一座城堡。这座城堡可能很快就会在防御萨拉丁的宗主努尔丁时发挥作用。萨拉丁将从法蒂玛王朝的宫殿中拿出财宝送给叙利亚国王努尔丁。每星期五，埃及人都在清真寺内，特别是在哈基姆清真寺内，为最高统治者努尔丁祈祷。当时，哈基姆清真寺暂时取代艾资哈尔清真寺，成为开罗的主要清真寺。努尔丁的名字出现在萨拉丁在开罗铸造的钱币上。萨拉丁虽然表面上

图 43 ● 努尔丁统治时期的一第纳尔钱币，1173 年，萨拉丁在开罗发行

服从努尔丁，但实际上他才是埃及的主人。由萨拉丁的兄弟和侄子领导的埃及军队支持萨拉丁统治埃及。努尔丁很清楚这一点，但由于十字军、鲁姆的塞尔柱苏丹[4]及美索不达米亚统治者们给自己带来的麻烦和威胁，他没有时间处置在埃及的封臣萨拉丁。他甚至不能指望在圣战中与萨拉丁合作。萨拉丁深信，一旦自己的宗主努尔丁有机会抓住自己，自己在埃及的统治就会终结。没有什么能使萨拉丁冒险前往努尔丁能抓住自己的地方。不仅如此，萨拉丁对努尔丁的深深恐惧使他宁愿让十字军盘踞在埃及边境地区，以阻挡努尔丁进攻埃及[5]。

萨拉丁对努尔丁的恐惧在一定程度上解释了他在1171年和1173年分别在死海附近的蒙特利尔和卡拉克漫不经心地攻击十字军的行为。从1173年到1174年，萨拉丁在埃及以南战争的目的可能是为防止努尔丁入侵埃及寻找一个可以撤退的地方。1172年到1173年，萨拉丁的一支军队已经征服了从巴尔卡到加贝斯的非洲沿海地区。但这片狭长的海岸不是实施理想防御战略的位置。1173年，萨拉丁率军远征苏丹，一个目的是惩罚反叛的黑人，但另一个可能的目的是考察苏丹的资源，使苏丹成为埃及的大后方。萨拉丁的哥哥图兰沙将黑人赶进努比亚后，占领了科罗斯科附近的伊布里姆，即拉丁语中的普里米斯。图兰沙掠夺了伊布里姆城中的一性派基督教教堂，折磨当地主教，并且屠杀了七百头猪，以满足自己的偏见。但图兰沙关于苏丹气候和物产的报告不能令人满意，萨拉丁派图兰沙前往阿拉伯寻找一个更好的地方做大后方。1174年，图兰沙控制了包括萨那、亚丁、齐比德和吉尼德的整个也门，即阿拉伯语中的费利克斯，并且在塔伊兹建立政府。此后，萨拉丁家族的成员统治也门达五十五年之久。

也门没有英勇的将军和一定规模的军队。这为法蒂玛王朝的追随者们提供了一个机会。于是，他们想将年轻的萨拉丁——他们称萨拉丁为"马穆鲁克[6]"——从埃及统治者的位子上赶下来，恢复旧秩序。奢侈的法蒂玛王朝能给予奉迎自己的人更多利益。人们认为阿拉伯诗人奥马拉怂恿了法蒂玛王朝的追随者们，但无论谁是煽动者，法蒂玛王朝追随者们的计谋都得到了广泛的支持。甚至埃及军官和苏达尼军官也在土库曼人的怂恿下参与了这场阴谋。法蒂玛王朝的追随者们承诺给予合作者黄金和土地，西西里国王古列尔莫二世和耶路撒冷国王阿马里克一世也因受到引诱而参与了这场阴谋。暗杀萨拉丁的组织者派出秘密杀手，做好从海路和陆路去刺杀的准备。幸运的是，萨拉丁得知了这个秘密，抓住了包括诗人奥马拉在内的主要同谋者，并且将他们都钉死在十字架上。1174年4月，级别较低的密谋者被流放到上埃及。

海上袭击本来是支持开罗的暗杀计划的，但直到1174年夏才实施。巴勒斯坦的十字军听说阴谋失败了，没有采取行动。但西西里国王古列尔莫二世消息不灵通，派遣了一支约有二百八十二艘船的大规模舰队，于1174年7月28日抵达亚历山大。兵力不足的埃及守军遭到突袭，仍然抵抗舰队登陆，但最终舰队在灯塔附近登陆。诺曼人很快将弹弩和投石机对准亚历山大的城墙，城内的防御者不得不在第一天战斗到夜幕降临，抵抗来势汹汹的诺曼人。第二天，即1174年7月29日，诺曼人已经带着作战器械不断靠近亚历山大的城墙。但埃及方面的增援部队已经到达邻近的村庄与驻军会合，诺曼人的多次进攻被击退。第三天，即1174年7月30日，埃及守军主动出击。诺曼人的作战器械被烧毁，诺曼士兵死伤惨重。最终，埃及军队击败了诺曼人。埃及驻军向萨拉丁请求支援，埃及军队刚进城门，就收到了萨拉丁的信。信使当天就从开罗出发，途中换了几匹马，在当天15时到16时之间到达亚历山大，大声宣告萨拉丁军队即将到来。这一消息为埃及守军带来了信心。夜幕中，埃及守军冲了出去，袭击了诺曼人的营地，并且将诺曼人赶到船上。另外，一些诺曼士兵被亚历山大的守军扔进海里。萨拉丁即将到达亚历山大的消息鼓舞了士气，结束了战斗。诺曼人解开系船索，与来时一样突然且迅速地逃走了。持续三天的战斗结束了,亚历山大松了一口气[7]。

1174年4月,刺杀萨拉丁的阴谋在开罗被粉碎。1174年7月,入侵埃及的诺曼人被击退。同月,耶路撒冷国王阿马里克一世驾崩,继位的是一个患麻风病的孩子鲍德温四世。1174年5月,尊贵的叙利亚统治者努尔丁去世。萨拉丁统治埃及的一个更大的阻碍消失了。经过一系列影响深远的事件,萨拉丁成为近东地区主要的穆斯林领袖。可能成为萨拉丁对手的有:努尔丁的儿子萨利赫·伊斯梅尔·马利克——但当时,萨利赫·伊斯梅尔·马利克只是一个十一岁的孩子;摩苏尔的统治者、赞吉家族的领袖、努尔丁的侄子西弗德丁;鲁姆或小亚细亚的塞尔柱统治者。然而,无论是军事力量,还是治国能力,这几人都无法与萨拉丁匹敌。要击败十字军,必须有一位国王和一个统一的阿拉伯帝国,并且这几个君主国必须结成统一战线。由此,萨拉丁政治生涯的第二个阶段,即叙利亚时期或巩固势力时期开始了。

萨拉丁一一征服这些国家。当然,叙利亚是他的首要目标。叙利亚国王萨利赫·伊斯梅尔·马利克被一个小集团控制,诡计多端的埃米尔们正与十字军讲和。大马士革向萨拉丁请求援助。于是,萨拉丁名正言顺地进军叙利亚。1174年11月,他带着七百名精选的骑兵,骑马穿过沙漠,到达叙利亚首都大马士革,并且以萨利赫·伊斯梅尔·马利克的名义占领大马士革。萨拉丁先后占领埃梅萨和哈马,并且在1174年12月到达阿勒颇。努尔丁的继承人,或者更确切地说,努尔丁的维

图 44 ●萨拉丁统治时期的一第纳尔钱币，1179 年在开罗发行

齐尔萨利赫·伊斯梅尔·马利克下令关闭阿勒颇的城门。阿勒颇人不相信萨拉丁效忠其旧主努尔丁的儿子萨利赫·伊斯梅尔·马利克，所以想暗杀萨拉丁。十字军在特里波里斯伯爵雷蒙德三世的率领下，开始前往阿勒颇。因此，萨拉丁不得不放弃围攻阿勒颇。当时，他只能满足于控制阿勒颇以南的整个叙利亚，但他对阿勒颇以南叙利亚地区的占领不时受到挑战。1175年，摩苏尔的阿塔比格从美索不达米亚召集了一支军队，与阿勒颇军队一起向哈马进军。面对这场可怕的进攻，萨拉丁试图妥协，但他所有的提议都遭到对手的拒绝。1175年4月13日，萨拉丁在哈马战役中取得了辉煌胜利，并且一路追逐敌军到阿勒颇的城门[8]。1176年4月11日，萨拉丁战胜西弗德丁率领的军队。就这样，美索不达米亚人被彻底击败。1176年7月29日，萨拉丁与阿勒颇年轻的国王萨利赫·伊斯梅尔·马利克结成联盟。当时，从埃及到幼发拉底河，所有被萨拉丁征服的国家都承认他为君主。

从1177年到1182年，经过六年时间，萨拉丁才占领了美索不达米亚。他和赞吉家族和平相处。通过谈判，萨拉丁与十字军名义上达成休战。十字军派出的谈判代表是与萨拉丁有深厚友谊的托伦的汉弗莱四世。管理大片领土和开罗的防御工事占去了萨拉丁的大部分时间。开罗新的城墙修好了，城堡的建造也开始了。直到三十多年后，萨拉丁的侄子卡米勒统治时，城堡才建造完成。现在，人们仍然可以看到大面积的城堡墙面，但由于城堡经常被马穆鲁克苏丹和奥斯曼土耳其帝国的统治者修复和改造，人们很难辨认出哪些部分是一开始建造的[9]。然而，人们仍然可以在位于旧城堡西边的一扇深色大门，即古老的"台阶之门"上，看到萨拉丁统治时期的铭文。铭文记录道："这座华丽的城堡建筑守卫着开罗，既美丽又实用。它拥有强大的力量，能庇护人们。"这段铭文记录于萨拉丁统治时期。萨拉丁是强大的统治者、征服者，是阿尤布之子优素福[10]。铭文的雕刻工作由萨拉丁的弟弟和继承人阿

图45 ●开罗城堡，1798年绘制

迪尔·西弗德丁·阿布-贝克尔·穆罕默德指导。他是萨拉丁的朋友。指导铭文雕刻的还有马利克·纳西尔的奴隶阿卜杜拉之子卡拉库什。卡拉库什是萨拉丁手下的埃米尔。铭文雕刻时间为伊斯兰历579年,大约为1183年到1184年。著名的"蜿蜒阶梯之井"深二百八十英尺[11],是宦官卡拉库什遵照萨拉丁之命在坚硬的岩石中挖掘的。埃及人对以伟大的苏丹萨拉丁名字命名的公共工程十分骄傲。在埃及,以萨拉丁名字命名的公共工程有建造于马穆鲁克统治时期的开罗沟渠。甚至上埃及的大运河仍然被称为"巴尔·优素福",即"优素福河",尽管这条大运河是在法老统治时期修建的。在开罗城外,萨拉丁下令

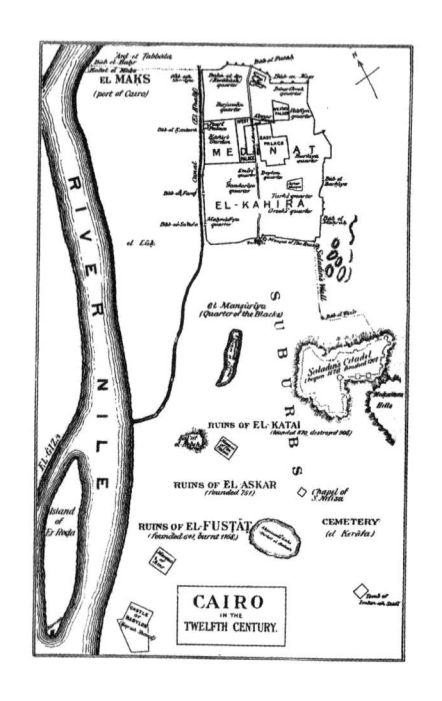

图 46 ●开罗城堡图

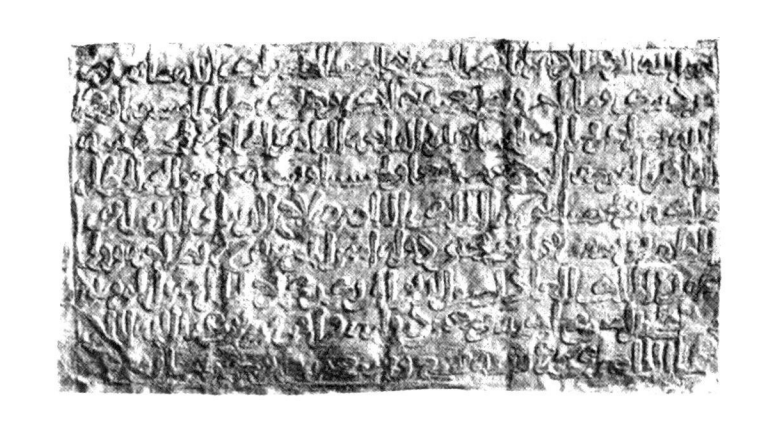

图47 ●开罗城堡上雕刻的萨拉丁时期的铭文，1183年雕刻

建造的主要公共工程是1183年到1184年建造的吉萨堤坝。与开罗城堡一样，建造吉萨堤坝用的是小金字塔上的石头，萨拉丁下令沿着沙漠边界修建四十个石拱，作为防御西方入侵的防御工事[12]。

在萨拉丁统治时期的所有建筑中，没有哪一座比梅德雷萨（即学院式清真寺）的影响力更大。在萨拉丁统治时期以前，开罗没有神学院。除了普通的基础教育学校，几乎所有埃及人都可以参加的讲座都是在古老的阿慕尔清真寺举办的。埃及民众可以参加"科学殿堂"举办的讲座，但"科学殿堂"主要用于传授什叶派神秘主义思想和讨论思辨哲学。定期向所有进入清真寺的人无偿授课的学院式清真寺是波斯人首创的。努尔丁将学院式清真寺引入叙利亚，萨拉丁又将学院式清真寺引入埃及。萨拉丁渴望将沙斐仪派的正统教义传授给误入歧途的埃及人。于是，他在亚历山大和开罗创办了学院。埃及最早的一所学院建在凯拉法南部的伊玛目沙斐仪墓旁。其他学院式清真寺包括福斯塔特阿慕尔清真寺附近的纳西里亚学院，或称谢利菲亚学院和卡姆希亚学院。然而，这几座学院式清真寺都没有保留下来。但我们在埃及发现了萨拉丁统治时期之后类似的学院式清真寺。它有四座深邃的门廊。在门廊下，四个正统派——哈

图48●开罗城堡的台阶之门，
1183年建造

乃斐派、沙斐仪派、马立克派和罕百里派——的传教士们教授学生。

统治埃及时，萨拉丁得到一位忠诚而博学的仆人的宝贵帮助。法迪勒法官是一个来自亚实基伦的阿拉伯人。萨拉丁担任维齐尔时，法迪勒担任法蒂玛王朝哈里发阿迪德的书吏。后来，萨拉丁登基，法迪勒成为他的大臣，即维齐尔。直到1200年1月去世，法迪勒在萨拉丁及其子孙的整个统治时期具有很大影响力。他以优雅的辞藻闻名。萨拉丁十分信任法迪勒。法迪勒和主人萨拉丁一样虔诚，并且在开罗建立了一所神学院。或许是由于法迪勒遵守严格的伊斯兰教教义，法蒂玛王朝末期被纵容的基督教徒即使没有遭到迫害，也在萨拉丁的开明统治下改信伊斯兰教正统派教义[13]。

然而，从1177年到1182年的六年内，埃及并不太平。埃及军队与十字军发生了几次摩擦。十字军已经忘记自己与埃及签订的停战协定。十字军在大马士革附近发起进攻。为了反击十字军，萨拉丁率军进攻十字军的圣地。1177年11月25日，在拉姆拉附近的特尔盖泽，萨拉丁遭到鲍德温四世的三百七十五名骑兵的突袭。萨拉丁的军队被彻底击溃，他不得不骑马逃命。这是萨拉丁遭受的第一次，也是唯一一次惨败。然而，三个月后，即1178年2月，他再次率军来到霍姆斯。1179年6月，他在梅尔吉翁赢得与耶路撒冷国王鲍德温四世战斗的辉煌胜利，并且俘虏了七十名骑兵，以及传教士、特里波里斯伯爵雷蒙德三世、巴里安、伊贝兰的鲍德温和太巴列的休。1179年8月，萨拉丁摧毁了耶路撒冷国王鲍德温四世为威胁阿拉伯人建造的雅各布浅滩上的城堡。与此同时，由七十艘船组成的埃及舰队不断骚扰巴勒斯坦海岸，并且俘虏了一千名十字军士兵。接着，这些俘虏被派去建造开罗城堡。整个1179年冬，埃及都在组建一支更强大的海军。1180年春，当萨拉丁从海路发动进攻时，鲍德温四世谨慎地提出了停战倡议。埃及和耶路撒冷王国的停战持续了两年，交战双方都宣读了庄严的誓词。转回到北方的奇里乞亚。1180年10月2日，萨拉丁与科尼亚的塞尔柱苏丹小亚美尼亚国王及摩苏尔的统治者、吉兹拉的统治者、伊尔比的统治者、凯菲尔的统治者、马里丁的统治者谈判。最终，上述统治者全在条约上盖上了自己的印章，宣誓两年内互不侵犯，维护边境地区的和平与安宁。从1180年到1182年，整个近东都处于停战状态，各边境地区都没有受到袭扰。

上述地区的停战状态表明，萨拉丁的影响力从黑海和波斯湾延伸到地中海沿岸的所有小国。邻近埃及的伊斯兰政权形成了临时联盟，这有利于萨拉丁实现最终对抗十字军的大联合。萨拉丁的策略是将美索不达米亚的好战部落作为圣战的新兵来源。1181年，努尔丁的儿子、阿勒颇国王萨利赫·伊斯梅尔·马利克去世。背信弃义的美索不达米亚统治者和十字军展开谈判。这为萨拉丁对抗十字军的计划铺平了道路。1182年5月11日，萨拉丁离开开罗。作为伊斯兰教的拥护者，他将实施自己的宏伟计划。1183年，在与十字军交战并围攻贝鲁特失

图49 ● 萨拉丁统治时期的银币，1186年在阿勒颇发行

败后，萨拉丁进军美索不达米亚并征服了除摩苏尔以外的整个美索不达米亚。1183年6月，阿勒颇被萨拉丁购买。1186年5月，经历两次失败且精疲力竭的围攻后，最终，摩苏尔方面同意成为萨拉丁的领地。根据协议，整个美索不达米亚北部和库尔德的部分地区被永久纳入萨拉丁的帝国。

萨拉丁在底格里斯河和幼发拉底河上长期苦战的目标已经实现。在埃及以北地区，他已经拥有盟友而不是对手。此前，他如果不派遣一支先行部队防范来自埃及北方的攻击，那他就不可能安全入侵十字军占领的地方。但此时，他可以自信地率军前进了。与此同时，他拥有了更庞大的军队。他不仅可以指挥叙利亚和埃及的全部军队，而且可以依靠来自美索不达米亚的大军。参加圣战的穆斯林军队逐渐壮大。萨拉丁的盟友包括摩苏尔、辛加尔、吉兹拉、伊尔比、哈兰的统治者，甚至包括来自底格里斯河流域以外的库尔德领主。实际上，库尔德领主用附庸和侍从增强了萨拉丁军队的实力。

　　准备充分的萨拉丁进入其政治生涯的第三个阶段，即巴勒斯坦时期或入侵时期。多年来，埃及一直遭受挑衅。卡拉克的领主查蒂隆的雷纳德曾率军进入红海，掠夺穆斯林朝圣者的船，甚至在1183年4月入侵阿拉伯半岛，试图摧毁麦地那的先知墓和麦加的天房。查蒂隆的雷纳德被埃及舰队追击，其远征计划被粉碎。1183年10月，在巴勒斯坦的富拉附近，埃及和卡拉克曾有过一场胜负难分的战斗。1183年11月，萨拉丁曾两次围攻查蒂隆的雷纳德的坚不可摧的卡拉克要塞，但都以失败告终。1184年8月，鲍德温五世的摄政特里波里斯伯爵雷蒙德三世与萨拉丁签订了为期四年的停战协议。特里波里斯伯爵雷蒙德三世与萨拉丁虽然没有真正结盟，但成了朋友。然而，当整个欧洲都打仗时，和平难以实现。从切维埃到比利牛斯山脉，英格兰骑兵都拿着十字架作战。如同萨拉丁一样，英格兰骑兵充满激情，要为信仰而战。星星之火，可以燎原。火花来自查蒂隆的雷纳德。查蒂隆的雷纳德不顾与埃及的

图50 ● 耶路撒冷圣安妮教堂内萨拉丁的铭文，1192年雕刻

协议，第三次向经过自己要塞的商队发起进攻。他不但获得了丰厚的财宝，而且据传抓住了萨拉丁的一个姐姐或妹妹。他的行为彻底激怒了萨拉丁。萨拉丁发誓杀死违反停战协议的查蒂隆的雷纳德。最终，他实现了誓言。

读者们或许对1187年到1192年的圣战史十分熟悉。圣战并不是埃及历史的一部分。在此，我们只需要稍微描述一下圣战中的一些事件。1187年7月4日，在新国王吕西尼昂的居伊的指挥下，十字军在太巴列附近的赫提惨败。随后，萨拉丁率军迅速征服巴勒斯坦。他的军队遍布圣地。除了几座城堡和防御坚固的城市，一个月内，整个耶路撒冷王国被萨拉丁征服。1187年9月，亚实基伦被攻陷。1187年10月2日，耶路撒冷守军体面地投降了。在第一次进攻中，提尔几乎奇迹般地逃过了一劫。1187年11月到1187年12月，提尔第二次成功抵抗埃及军队的进攻是萨拉丁军事生涯的转折点。1188年5月到1188年9月，提尔以北的所有沿海城市，以及特里波里斯和安提阿，都在一场激烈的战役中被轻易占领，安提阿被迫同意签署屈辱的休战协议。贝尔沃、采法特和卡拉克的内陆要塞仍然屹立不倒。最终，在1188年12月和1189年1月，上述地区被占领。除了提尔和贝尔福，十字军的领地所剩无几。

提尔是十字军的集结地。在十字军领地内的每一个城市或要塞投降时，萨拉丁都以宽容而不是谨慎的态度释放城内的驻军。被释放的吕西尼昂的居伊和大多数十字军贵族与骑兵来到提尔。十字军中的贵族和骑兵被释放时，庄严宣誓不再拿起武器反对萨拉丁。耶路撒冷军队从提尔出发，开始围攻阿卡，并且等来了十字军的强大援军。提尔是萨拉丁的特洛伊城中致命的木马。如果萨拉丁早点占领提尔，那么或许不会发生围攻阿卡之事，不会有第三次十字军远征。如果没有第三次十字军远征，那么英格兰国王理查一世很难将丹麦战斧砍向阿拉伯人。

1189年8月28日，吕西尼昂的居伊开始率军围攻阿卡。1189年8月30日，萨拉丁开始围攻居伊的军队。1189年10月4日，十字军与两个对手——阿卡城内的守军和萨拉丁率领的援军——进行了第一次大战。十字军被击退，损失惨重。萨拉丁没有乘胜追击。在进攻阿卡城前，十字军花了整个1189年底到1190年初的冬季进行战争准备。1190年春，神圣罗马帝国皇帝腓特烈一世率领的德意志十字军逼近阿卡，分散了大部分阿拉伯士兵的注意力。然而，1190年7月25日，十字军对阿拉伯军队的第二次猛攻遭到惨败。但很快，香槟伯爵亨利二世带着一万名新兵登陆阿卡，这大大增强了十字军的军事力量。围攻和反围攻仍在继续进行，阿拉伯人的胜算不断减小。1190年10月，施瓦本公爵腓特烈六世带领德意志军队的残余部队进入阿卡。1190年10月12日，第一支英格兰舰队抵达阿卡。萨拉丁陷入危机四伏的境地。1190年11月12日到14日，十字军试图从海法运送补给，但被在春头（Spring-Head）的激烈交战所阻止。1190年冬，阿卡平原上淤泥遍布，十字军和阿拉伯军队都在等待春天到来。饥荒和热病摧毁了十字军的营地。与此同时，萨拉丁已经向阿卡补充粮食，解救了阿卡疲惫不堪的守军。

1191年复活节，第三次十字军运动的首领法兰西国王腓力二世率军到达阿卡。1191年6月8日，理查一世率军到达阿卡。有了上述援军，对阿卡的长期围困很快结束了。1191年7月12日，阿卡守军投降。萨拉丁无法解救疲惫不堪的阿卡守军，被迫接受阿卡守军投降的局面。和平谈判在阿卡守军投降前已经开始，阿卡守军投降后才结束。但1191年8月16日，由于阿卡守军延迟释放十字军俘虏，英格兰国王理查一世被激怒了。在两个军营前，他冷血地屠杀了两千七百名阿拉伯俘虏。和平谈判没有意义了。由于之前法兰西国王腓力二世已经动身返回法兰西，英格兰国王理查一世沿着海岸行军，打算占领亚实基伦，然后再向内陆进军，进攻耶路撒冷。萨拉丁紧盯十字军的行军路线，但1191年9月7日在阿苏夫战败后，他不得不将自己的部队撤回拉姆拉，并且在1191年冬季来临时撤回耶路撒冷。1192年1月到1192年6月，英格兰国王理查一世曾两次尝试向圣城进军，但十字军内部的分歧和阿拉伯军队日益增强的力量挫败了他的计划。1192年7月27日，理查一世失望地向阿卡撤退。与此同时，萨拉丁抓住机会向雅法发起进攻。随即，雅法得到理查一世的支持和保护——这是第三次十字军东征最特别的时刻。此时，十字军和阿拉伯军队都感到疲倦。自从阿苏夫战役以来，萨拉丁和理查一世的和平谈判在断断续续地进行。但此时，理查一世生病了，英格兰人急切地呼吁理查一世回国。于是，1192年9月2日，理查一世和萨拉丁签订了为期三年的和平协议。协议规定十字军继续占领并统治从阿卡到雅法的海岸城市。基督教朝圣者被允许参观圣城耶路撒冷。

从1187年到1192年，圣战持续了五年。1187年7月，萨拉丁在赫提取得决定性胜利以前，约旦河以西的巴勒斯坦地区没有一寸土地在阿拉伯军队手中。1192年9月拉姆拉实现和平后，除了从提尔到雅法的狭长海岸，巴勒斯坦整片土地都成为阿拉伯人的领土。为了收复巴勒斯坦，整个欧洲都武装起来，成千上万的十字军士兵战死。十字军获得的这个结果几乎与其投入不相称。与此同时，萨拉丁的统治从未动摇。从埃及到底格里斯河，他统治的领土和附庸都忠诚地支持他。萨拉丁的军队中有库尔德人、土库曼人、叙利亚人、阿拉伯人和埃及人。只要萨拉丁一声令下，所有穆斯林士兵都听从他的号令。虽然长期征战的磨难使士兵们失去了对统帅萨拉丁的耐性和信心，但萨拉丁的领土没有一个省份被攻陷，只有一名年轻的封臣短暂造反。第三次十字军东征结束后，萨拉丁仍然统治着从库尔德山脉到利比亚沙漠的领土。在这些领土之外，格鲁吉亚国王、亚美尼亚的天主教徒、科尼亚的苏丹，甚至拜占庭帝国皇帝都渴望与萨拉丁结盟。萨拉丁实现了一生的抱负，他将基督教徒赶出了圣城，使伊斯兰教再次统一。然而，漫长的征战使萨拉丁疲惫不堪，他从来就不健康的身体变得更虚弱了。圣战结束六个月后，1193年3月4日，萨拉丁在大马士革死于一场高烧。对萨拉丁的性格，人们的普遍看法并没有错。他宽宏大量,有侠义精神,温文尔雅,富有同情心,心灵纯洁,生活俭朴,禁欲苦行,真诚热心,对信仰却十分严肃。他是阿拉伯骑士精神的典范。

【注释】

1 "萨拉丁"意为"信仰的光荣"。萨拉丁的全名和头衔是"马利克·纳西尔·阿布-穆扎法尔·萨拉-埃德-杜亚-瓦-丁·优素福·伊本·阿尤布"。——原注

2 关于萨拉丁统治时期的历史,读者还可参考阅读斯坦利·莱恩·普尔的著作《萨拉丁的生平和耶路撒冷王国的沦陷》,下文也从这本著作中摘录了一些内容。——原注

3 阿迪德留下十一个儿子、四个姐妹、四位妻子和其他亲属,共一百五十二人。卡拉库什管家将阿迪德的亲属们关在宫殿的不同建筑里,并且将男女分开,但除了男欢女爱,阿迪德的亲属们享受着奢侈的生活。尽管如此,阿迪德的亲属们还是设法生养了阿迪德的孙子们。1260年,法蒂玛家族仍然没有绝嗣。在开罗发现的一个杯子上写有"伊玛目莫塔西姆-比-拉·阿布-阿拔斯·扎希尔"。这可能是指阿迪德的一个儿子。他对埃及统治权的主张得到亲法蒂玛派的支持。阿迪德驾崩后多年,亲法蒂玛派仍然使尽阴谋,想复辟法蒂玛王朝,并且从中获利。——原注

4 苏丹是某些伊斯兰国家统治者的称号。——译者注

5 斯坦利·莱恩·普尔:《萨拉丁的生平和耶路撒冷王国的沦陷》,第118页到第120页。——原注

6 马穆鲁克指中世纪埃及出身为奴隶的骑兵。——译者注

7 斯坦利·莱恩·普尔:《萨拉丁的生平和耶路撒冷王国的沦陷》,第127页到第128页。——原注

8 实际上,在哈马获胜后,萨拉丁单独统治埃及,因为此时,萨拉丁开始铸造只刻有自己名字的钱币。作为埃及的维齐尔,钱币上萨拉丁的名字出现在法蒂玛王朝哈里发阿迪德名字的后面。在后来的钱币上,萨拉丁的名字出现在努尔丁名字的后面。萨拉丁的名字从没有在钱币上单独出现。占领大马士革时,萨拉丁将努尔丁的儿子萨利赫·伊斯梅尔·马利克的名字印在钱币上,并且加上自己的名字。1175年,开罗和亚历山大铸造的金币首次印有萨拉丁的头衔"马利克·纳西尔·优素福·伊本·阿尤布"和"强大的国王、阿尤布之子优素福"。"马利克·纳西尔"是阿迪德任命萨拉丁为维齐尔时授予萨拉丁的。从1175年到1193年,开罗和亚历山大铸造了印有萨拉丁名字的第纳尔钱币。在大马士革和阿勒颇铸造的印有萨拉丁名字的钱币是银币和铜币。在哈马的铸币厂,萨拉丁下令铸造了印有自己名字的钱币。——原注

9 有历史学家指出,萨拉丁下令建造的城堡和城郭是法兰西式的防御工事。这种防御工事由十字军士兵带到埃及,并且与贝德尔·格马利在城堡第二道墙和现存的三道城门采用的拜占庭式防御工事不同。——原注

10 萨拉丁的父亲是阿尤布,他出生时的名字是"优素福·伊本·阿尤布"(意思是"阿尤布之子优素福"),后改名为"萨拉丁·阿尤布"。——译者注

11 1英尺约合0.3米。——译者注

12 马克里齐:《希塔特》,第2卷,第204页。——原注

13 阿布·萨利:《埃及的教堂和修道院》,第67页。——原注

第 8 章

萨拉丁的继任者：阿尤布家族
(1193 年—1250 年)

SALADIN'S SUCCESSORS
(THE AYYUBIDS)
(1193—1250)

1182年萨拉丁离开开罗后,埃及作为萨拉丁帝国的首要部分,却发挥着次要的作用。萨拉丁统治疆土的政治中心转移到叙利亚,埃及成为纳税大户,并且为萨拉丁的军队提供资金。按照惯例,战争都在夏季进行。当冬季的雨水阻止了军队在叙利亚和巴勒斯坦的行动时,为了阿拉伯军队的士兵恢复身体状况,他们被派回家。另外,士兵们还要照料自己的耕地。在埃及,这种做法省去了许多麻烦,因为冬季是主要的农业生产季。萨拉丁不在埃及时,他的弟弟阿迪勒一世在法迪勒法官的帮助下统治埃及。1184年,阿迪勒一世被派往阿勒颇,他的侄子奥马尔被派往埃及。但事实证明,奥马尔很不听话。1186年,他的弟弟阿迪勒一世又回到开罗。此时,埃及名义上的统治者是萨拉丁的次子阿齐兹·乌斯曼。阿迪勒一世是萨拉丁的亲戚中最有才干的一位。他是一位优秀的将军,也是一位顽强的士兵,但更重要的是,他还是一位老练的外交家和精明的政治家。在战争中,阿迪勒一世忠诚地支持萨拉丁。他带领埃及军队前往巴勒斯坦参加一年一度的军事会议,并且在阿卡平原的几次战斗中表现突出。另外,他不知疲倦地招募新兵、装备战船,为萨拉丁的征战提供粮草和资金。他与英格兰国王理查一世的关系很好。阿迪勒一世,而不是萨拉丁,是英格兰军营欢迎的客人。他的一个儿子被封为骑士,而他是理查一世在拉姆拉谈判时求助的中间人。一切都表明阿迪勒一世是英勇的哥哥萨拉丁的继承人。

然而,萨拉丁自然希望儿子们继承自己的统治者身份。在他去世前的几年时间里，他的三个儿子已经是三个主要省份的总督。他的长子阿夫达尔·伊本·萨拉赫·丁统治大马士革和叙利亚中部，次子阿齐兹·乌斯曼统治埃及，幼子扎希尔统治阿勒颇。他的侄子们统治哈马、霍姆斯和巴勒贝克。他的一个弟弟统治也门。美索不达米亚和迪亚巴克尔是萨拉丁的弟弟阿迪勒一世的特殊封地。萨拉丁去世后，埃及被认为是萨拉丁的帝国中最重要的省份。尽管阿夫达尔·伊本·萨拉赫·丁才是大马士革的统治者，1193年，大马士革却以埃及统治者阿齐兹·乌斯曼的名义铸造了钱币。萨拉丁的家庭成员之间并不团结。1193年，阿齐兹·乌斯曼在大马士革包围了哥哥阿夫达尔·伊本·萨拉赫·丁，虽然经过阿迪勒一世和扎希尔调停，大马士革实现了和平，但第二年，即1194年，矛盾再次爆发，阿夫达尔·伊本·萨拉赫·丁一直将弟弟阿齐兹·乌斯曼追到埃及的比比斯。在德高望重的萨拉丁的首席顾问法迪勒法官[1]的帮助下，谨慎的阿迪勒一世再次介入矛盾。阿齐兹发现自己在开罗有阿迪勒做他的大臣，这有损他的独立权威。阿迪勒一世一直是哥哥萨拉丁忠实的左膀右臂，但他不会让感情妨碍自己做决定。萨拉丁的儿子们正在分裂萨拉丁的帝国，但阿迪勒一世决心在自己的指挥下重新统一萨拉丁的帝国。

阿迪勒一世知道改变局势的关键在埃及。他曾谨慎说服阿夫达尔·伊本·萨拉赫·丁放弃占领开罗的计划，因为他也想占领开罗。阿夫达尔·伊本·萨拉赫·丁是一个爱享乐、爱喝酒的浪荡子。对埃及来说，他是个危险人物。然而，阿齐兹·乌斯曼具备所有的美德，拥有特别的优点，即特别听话。认识阿齐兹·乌斯曼的一个人说[2]，他"慷慨大方，勇敢谦虚，是个道德高尚、一点也不贪财的青年，他不知道如何拒绝别人"。阿齐兹·乌斯曼是适合阿迪勒一世操纵的工具。阿迪勒一世和阿齐兹·乌斯曼合谋将阿夫达尔·伊本·萨拉赫·丁赶出大马士革，他迟缓的改革不能抹除人们对他的软弱的记忆。1196年7月，大马士革轻易被占领，在阿齐兹·乌斯曼的统治下，阿迪勒一世出任总督。与埃及和叙利亚中部的主人阿齐兹·乌斯曼处好关系后，1198年，阿迪勒一世出发前往美索不达米亚获取自己的领地。萨拉丁去世后，美索不达米亚一直被他的老对手摩苏尔的阿塔比格威胁。阿迪勒一世很快恢复了美索不达米亚的秩序。此后，直到蒙古人入侵幼发拉底河，美索不达米亚一直处在阿迪勒一世的儿子们的统治下。

1198年11月，阿齐兹·乌斯曼在法尤姆打猎时罹患热

图51 ● 阿迪勒一世统治时期的一第纳尔钱币，1199年在亚历山大发行

病，早早去世。阿夫达尔·伊本·萨拉赫·丁立即到达开罗，阿迪勒一世被这一消息从美索不达米亚召回开罗。到达埃及后，阿夫达尔·伊本·萨拉赫·丁装作弟弟阿齐兹·乌斯曼的继承人——当时还是婴儿的曼苏尔——的监护人。在阿勒颇统治者扎希尔的帮助下，阿夫达尔·伊本·萨拉赫·丁利用这个机会在1199年率领埃及军队前去征服大马士革。扎希尔和哥哥阿夫达尔·伊本·萨拉赫·丁一样憎恨叔叔阿迪勒一世。但在他们到达大马士革前，阿迪勒一世已经在大马士革。阿夫达尔·伊本·萨拉赫·丁率军撤退，最后被迫投降，并且交出了埃及的统治权。1200年2月，除了阿拉伯和叙利亚北部的阿勒颇、霍姆斯和哈马，阿迪勒一世成为整个萨拉丁帝国的统治者。上述地区虽然承认阿迪勒一世至高无上的地位，并且为他提供军事服务，但实际上保持独立。不久，曼苏尔被废黜，阿迪勒一世任命自己的儿子们担任各省总督。卡米勒为埃及总督，穆阿扎姆·伊萨为大马士革总督，奥哈德·阿比尤、法伊兹、阿什拉弗、哈菲兹为底格里斯河和幼发拉底河各地的总督。

埃及仍然是帝国内最重要的省份，但正经历一段痛苦时期。1201年，尼罗河的超低水位造成农作物歉收。1202年，埃及又出现了饥荒和瘟疫。从1194年到1204年，巴格达医师阿卜杜勒-拉蒂夫在开罗生活了十年。他在艾资哈尔清真寺听讲师们的讲座，并且记录了埃及饥荒的可怕经历。饥荒如此令人绝望，以至于埃及人成群结队地迁移到其他地方，房子和村庄被遗弃，留下来的人自暴自弃。于是，人们开始吃人肉，父母甚至杀死并煮熟自己的孩子，妻子生吃死去的丈夫的肉。在街上，男人拦路抢劫妇女，抢夺妇女怀中的婴儿。婴儿肉和儿童的大脑变成了普通食品。食人的罪犯一旦被抓到，就会被活活烧死。然而，很少有人被抓住。人们前往墓地寻找食物。埃及到处在发生这样的事。道路变成了死亡陷阱，杀人犯和抢劫犯横行。妇女们被因无政府状态和绝望而产生的大批恶棍所激怒。女孩被以五先令一个的价格出售。为了逃避饥饿，许多妇女恳求被人买为奴隶。一头牛被以七十第纳尔的价格售卖。谷物的价格为每蒲式耳十先令。死人不会被掩埋，而是陈尸街道和房屋内。一场致命的瘟疫蔓延到尼罗河三角洲地区。在埃及和商队路线上，成群的秃鹫、鬣狗和豺狼围绕着人的尸体。人们在犁前倒下，染上瘟疫。在亚历山大，一位伊玛目在一天内为七百多位死者举行葬礼祈祷。一个月内，同一笔财产迅速由四十人先后继承。货币迅速贬值。由于人口减少，开罗的房租降到原来的七分之一，宫殿内的雕塑和家具都被砸碎用来生火。叙利亚和远在北方的亚美尼亚都能感受到的强烈地震摧毁了埃及的无数房屋，摧毁了埃及的城市，使埃及人陷入更深重的苦难。

与此同时，阿迪勒一世正在稳步巩固自己的统治。他最担心的是，十字军可能利用萨拉丁继承人的内部分歧重新发动战争。事实上，十字军的确这样做了，但其行动散漫无力，几乎没有伤害到阿拉伯人。名义上的耶路撒冷国王香槟伯爵亨利二世太过软弱，不敢冒险进攻埃及，只满足于统治沿海城市，并且遵守阿齐兹·乌斯曼即位时谨慎续签的休战协定。安提阿和特里波里斯的诸侯们永远忙于提防邻居基利西亚的亚美尼亚裔国王。目前，在叙利亚的十字军还没有对阿拉伯人构成威胁。如果十字军再次发动战争，那么肯定从欧洲来。当时，教皇塞莱斯廷三世再次召集基督教徒参加圣战。然而，英法两国忙于各自的争端，无暇回应塞莱斯廷三世的召集。但在1195年，神圣罗马帝国皇帝亨利六世拿起十字架，在普利亚海岸集结了一支六万人的军队和一支由四十四艘船组成的舰队。神圣罗马帝国皇帝亨利六世集结的军队和舰队在维尔兹堡主教的指挥下前往阿卡。1197年9月，它们到达阿卡。然而，对香槟伯爵亨利二世的法国追随者来说，德意志人不是理想的盟友，他们在孤军作战。阿迪勒一世抓住机会占领雅法。1197年9月，香槟伯爵亨利二世去世，引发了更多矛盾。塞浦路斯的艾默里被选为想象中的耶路撒冷王位的继承人，并且娶了亨利二世的遗孀伊莎贝拉一世为妻。伊莎贝拉一世的前三任丈夫都先她去世。由于还不敢向耶路撒冷进军，德意志人在西顿附近击败了阿迪勒一世的军队以后，占领了贝鲁特，然后与安条克的博希蒙德三世一起准备进攻圣城。1198年2月，传来神圣罗马帝国皇帝亨利六世突然驾崩的消息。德意志人放弃围攻托伦，急忙赶回德意志，阿迪勒一世和阿齐兹·乌斯曼很乐意讲和。

对穆斯林来说，幸运的是，拉丁十字军在君士坦丁堡停下来，并且在君士坦丁堡建立了拉丁帝国。拉丁帝国持续了近半个世纪，吸引了许多来自叙利亚的基督教冒险家。除了骑士堡和迈尔凯巴附近的几场小规模冲突，以及对埃及海岸的一次突袭，埃及没有遇到任何严重的敌对行动。1204年，塞浦路斯的艾默里与埃及苏丹阿迪勒一世达成新的停战协议，阿迪勒一世很高兴通过归还雅法和拉姆拉与十字军恢复了和平。1207年，埃及与特里波里斯也达成了类似的停战协议。阿迪勒一世是一位天生的外交家。他更喜欢和平协议，而不是战争。1208年，他与威尼斯人谈判签订商业条约，这使埃及获得了商业贸易方面的强有力支持并免遭十字军的进攻。根据这项条约，威尼斯人获得了亚历山大和尼罗河的特别贸易设施，埃及人在遏制十字军进攻埃及上获得了威尼斯的帮助。与此同时，1205年，塞浦路斯的艾默里驾崩。他的继女、蒙特费拉的康拉德和伊莎贝拉一世的孩子蒙特费拉的玛利亚继承了耶路撒冷王位。1210年，蒙特费拉的玛利亚和布列讷的约翰结婚，布列讷的约翰是一名充满激情的十字军士兵。但起初，布列讷的约翰的部队不足以对圣城发起进攻。教皇英诺森三世再次吹响战争号角，但回应教皇英诺森三世的第一支部队，即不幸的"儿童十字军"只是让埃及充满了年轻的俘虏，他们投降了敌人。可能由于对这些"孩子"的英雄榜样感到羞愧吧，1217年10月，在奥地利大公利奥波德六世、塞浦路斯国王休一世、亚美尼亚国王莱翁一世、切斯特伯爵拉努尔夫·德·布隆德维尔及许多贵族和传教士的支持下，匈牙利国王安德烈二世在阿卡集结起庞大的军队。匈牙利人、南日耳曼人、弗里斯兰人、莱茵兰人都派兵加入安德烈二世的军队。安德烈二世先后三次进军，但都无功而返。第一次进军到达比珊，甚至到达了约旦河。第二次进军到达阿迪勒一世在塔沃尔山修建的堡垒，但没能占领这座堡垒。第三次进军到达贝奥福特。埃及苏丹阿迪勒一世注视着十字军的一举一动，但不敢冒险与十字军交战。最后，匈牙利国王安德烈二世垂头丧气地回家，但一些德意志人留下帮助加强海岸要塞的防御，并且在海法附近修建朝圣者城堡。

在这之前，十字军已经开始意识到，战胜对手的最好办法是攻击对手的要害。埃及是阿拉伯帝国的重要组成部分。在征服埃及前，在巴勒斯坦的小规模袭击只是浪费力气。1218年4月，在弗里斯兰人和莱茵舰队的支援下，布列讷的约翰终于鼓起勇气，率军向达米亚特进发。1218年5月，奥地利大公

图52 ●一个谢赫墓中的壁画，1216年雕刻

利奥波德六世、荷兰伯爵威廉一世、维德伯爵乔治，以及圣殿骑士团、医院骑士团和条顿骑士团的指挥官们都前来支援布列讷的约翰。于是，一支庞大的军队很快在尼罗河三角洲岸边扎营。达米亚特的三层堡垒，即矗立在尼罗河中的一个岛上的高塔，横跨尼罗河的铁链，以及三面环水的天然优势，为达米亚特提供了坚固的防御。

十字军在尼罗河西岸，他们的目标是占领尼罗河中游的高塔。1218年7月1日，十字军用梯子在船上搭起攻城塔。但在尼罗河东岸卡米勒部队的大力支持下，达米亚特的守军经受住了十字军的第一次进攻。然后，十字军将船捆在一起，建造了一座更坚固的城堡，以及一座吊桥，并且将吊桥放在尼罗河的高塔旁。1218年8月24日，经过激烈的战斗，达米亚特的守军被迫投降。

失去达米亚特后，埃及苏丹阿迪勒一世驾崩，享年七十三岁或七十五岁。自从五十年前与谢尔库赫一起进入埃及以来，阿迪勒一世度过了漫长而辉煌的一生。忠心耿耿、能力超群的阿迪勒一世为哥哥萨拉丁服务了近二十五年。萨拉丁去世后，阿迪勒一世又花了二十五年时间，辛辛苦苦地恢复被萨拉丁的那几个嫉妒自己的儿子摧毁的强大帝国。他的所有计划都实现了。除了叙利亚北部，萨拉丁统治疆域的每一部分都在阿迪勒一世的控制下，由阿迪勒一世的儿子们统治。开罗、大马士革、埃德萨、哈兰、加巴尔、玛雅法里金，甚至也门，每一个都由伟大的阿迪勒一世的一个儿子担任统治者。阿迪勒一世频繁视察各地，使疆域内的每位统治者都处在高效和充分准备的状态。巴哈丁是与阿迪勒一世同时期的一名诗人。后来，他成为阿迪勒一世的孙子萨利赫·阿尤布的密友和宫廷诗人。他写下一首诗缅怀阿迪勒一世：

> 一位君主，他的高贵感
> 充满视线范围。
> 他关怀所有宗教派系。
> 他一直保持警觉，
> 守护着这个国家，
> 挥舞长矛，阻击对手前进。
> 他的眼睛明亮而锐利，
> 他既不知道休息，也不知道睡眠。

在阿迪勒一世面前，十字军的进攻软弱无力。十字军的小规模袭击不能伤害阿迪勒一世。他在领地上所做的为数不多的牺牲——贝鲁特、雅法和拿撒勒——都得到了很好的回报，那就是长时间的和平。在和平期间，他不断增强自己的实力。他的性格一定富有魅力，因为他赢得了理查一世和许多十字军士兵的钦佩和友谊。他的东方传记作者伊本-哈里肯将他描述成一个十分谨慎和深谋远虑的人。他以知识为武器，以经验为后盾。因此，他的事业向来开展得很顺利。他体魄强健，精神饱满。另外，他是个大胃王，一顿饭能吃完一只烤全羊。他强烈地喜欢女人：他全身心地沉浸在享乐中，和其他强者一样，他从他的事业中获得最大的享受。

1218年，阿迪勒一世将驱逐十字军的艰巨任务留给了长子卡米勒。卡米勒继承了父亲阿迪勒一世的许多品质。他是一名优秀的士兵和卓越的外交家。与同时代的其他人相比，他太老谋深算了。他凭借旺盛的精力，率军进攻达米亚特。他下令在尼罗河上架设一座浮桥阻挡十字军的战船，并且多次率军进入十字军的阵地，但都无功而返。当十字军士兵将桥砍断时，为了阻止十字军战船渡过尼罗河，卡米勒下令击沉十字军的船。军营里的热病和尼罗河泛滥给十字军造成的伤害比卡米勒军队的攻击造成的伤害更大。由于十字军营地卫生条件较差，十字军不得不继续进攻。十字军决定不顾一切危险横渡尼罗河。为了跨过尼罗河，十字军挖了一条大运河。十字军的船队通过这条运河到达达米亚特以南十三英里的地方。1219年，在第一次攻击时，虽然十字军因为卡米勒的军队在对岸而感到沮丧，但卡米勒手下的一名将军反叛，威胁到他的统治地位，甚至威胁到他的生命安全。因此，1219年2月7日，十字军顺利渡过尼罗河，占领卡米勒军队的军营，并且围攻达米亚特。然而，十字军面临的麻烦还没有结束。卡米勒在他的弟弟、大马士革总督穆阿扎姆·伊萨的帮助下，建立了一支新的军队，日夜骚扰围攻达米亚特的十字军，并且烧毁了十字军的桥梁，摧毁了十字军的围城工事和防御工事。虽然卡米勒尽了一切努力，但十字军仍然继续封锁达米亚特。此时，十字军粮草不足。疲惫不堪的十字军不断从欧洲获得食物和增援。内弗斯伯爵、马奇伯爵手下的法国骑士和士兵，温彻斯特、阿伦德尔和切特伯爵手下的英国骑士和士兵都前来支援十字军。更加疲惫的达米亚特守军兵力不断减少，最后只剩下大约五万名士兵。其中，只有四千名士兵能拿起武器战斗。双方实力悬殊，这场战争不可能持续太久。

卡米勒看到当前的状况，向十字军提出条件。他提议，如果十字军不占领达米亚特，那么他愿意放弃1187年萨拉丁征服耶路撒冷前十字军拥有的整个耶路撒冷王国。令人难以置信的是，他的提议被拒绝了，十字军要求他做出更多让步。实际上，十字军对卡米勒提出的任何条件都不感兴趣。教皇使者、被选为十字军总指挥的枢机主教佩拉吉乌斯满怀十字架朝圣者的喜悦，不愿与"异教徒"交易。另一些人认为，作为一个商业中心，达米亚特太有价值，十字军不能放弃。耶路撒冷国王塞浦路斯的艾默里和一些骑士同意与卡米勒和解，但没人听从他们的意见。佩拉吉乌斯决定将战争进行到底。十字军士兵能得到的最好结果已经无可挽回地失去了。在阿卡领略过阿拉伯军队战斗力的腓力二世听说十字军拒绝用一座城市，即达米亚特，换取一个王国，即耶路撒冷王国时，惊呼道："十字军就是傻瓜！"1219年11月5日，十字军攻陷达米亚特，达米亚特疲惫不堪的残余守军遭到无情屠杀。阿拉伯军队很恐慌，为了避免让耶路撒冷及巴勒斯坦其他城市成为十字军的据点，匆忙拆毁这些城市的城墙。然而，夺取达米亚特并不意味着征服埃及。十字军推迟了对埃及的进攻。实际上，在达米亚特，十字军花了一年半的时间争吵是否进攻埃及。直到1221年7月，十字军再次等到德意志援兵，才与卡米勒开战。此外，在征服埃及方面，十字军选择了错误的进军路线。达米亚特是一座重要的港口城市，但不是进攻开罗的基地，而攻下开罗意味着攻下埃及。任何进攻开罗的军队都会选择从培琉喜阿姆到比比斯的路线。从冈比西斯二世、亚历山大大帝到阿慕尔·伊本-阿斯，再到阿马里克一世，无数入侵埃及的统帅都曾这么选择。除了沙漠行军的艰辛，这条道路上没有任何障碍阻挡进军开罗。但在达米亚特和开罗之间，有一个运河网络和尼罗河的多条支流，为开罗提供十几处天然的防御阵地，并且对完全不了解埃及地理的入侵者形成一系列陷阱[3]。

这时，卡米勒已经在达米亚特以南尼罗河畔的一座村庄内建立了坚固的防御工事。后来，他扩建了这座村庄，并且称之为"曼苏拉"，即"胜利者之城"。另外，他召集起自己的亲戚。在共同的危险面前，他的亲戚抛开内斗，团结起来支持他。起初，大马士革的穆阿扎姆·伊萨就加入了卡米勒的军队。随后，阿勒颇、哈马、霍姆斯、哈兰及其他地方诸侯，都率领各自的部队前来支援卡米勒。在萨拉丁于阿卡战役期间组建军事联盟之后，阿尤布王朝没有出现比卡米勒在尼罗河畔阻挡十字军进攻时形成的军事联盟更团结的联盟。

1221年7月，十字军向南推进，但很快被曼苏拉的防御工事阻挡。十字军被北方来的顽强的叙利亚人和高地人包围了。叙利亚人和高地人在古老的尼罗河三角洲地区的"乌什曼运河"后,挖掘壕沟。十字军选择了在错误的时间进攻埃及。当时,正值尼罗河水上涨,运河水覆盖尼罗河三角洲的低洼地带,阻碍了十字军的行动。阿拉伯军队等来一支增援舰队。当尼罗河水涨到足够高的水位时,阿拉伯军队包围了在平原上扎营的十字军,接着破坏了阻挡尼罗河水的堤坝,然后埃及变成了一个"湖"。十字军发现自己在一个半岛上,被尼罗河水和机警的阿拉伯军队包围了,他们前进或撤退的道路几乎被切断。1221年8月26日晚,十字军孤注一掷,企图通过仍然能通行的狭窄堤道逃往达米亚特,但他们刚出发,阿拉伯军队就从四面八方向十字军逼近。此时,向北的道路已经被阿拉伯军队切断。在被河水淹没的原野及深深的运河中,十字军的骑士们英勇地战斗。连续两天两夜,毫无希望的战斗仍在继续。接着,十字军士兵哭着求饶。鲁莽的阿拉伯士兵想一举消灭"异教徒",但卡米勒忠于父亲阿迪勒一世的政治原则,不赞成阿拉伯士兵的意见。卡米勒认为,慷慨的条件会在一段时间内结束因信仰不同而引发的战争,而屠杀必然会导致一场以复仇为目的的十字军远征,并且可能刺激达米亚特守军抵抗埃及军队。1221年8月31日,卡米勒允许十字军离开,要求他们必须撤离埃及,交出达米亚特,并且维持当地八年的和平。但附加条件是,任何加冕的欧洲国王都有权打破停战协定。这时,从德意志前来的一支新援军在达米亚特附近登陆,并且不愿与卡米勒和解。但十字军不可能拒绝卡米勒的提议,因为其主力和重要人质被阿拉伯人控制了。一个星期内，1221年9月7日前，四十个月前满怀希望、信心满满地开始远征的十字军羞愧地离开了埃及海岸。

在这次十字军远征中，十字军没有试图收复耶路撒冷。这不只是战略方面的原因。十字军的计划改变了：对信仰的热情已经变成世俗的智慧。十字军的指挥官们及定居在叙利亚的士兵们喜欢当地富裕的沿海城市。这些城市内充斥着意大利商人，城市边缘遍布肥沃的土地。十字军建立的王国旁边就是巴勒斯坦。由于萨拉丁的远征和阿尤布王朝统治者们的忽视，巴勒斯坦变得一片荒凉。荒凉的巴勒斯坦不能吸引十字军前来征服。商人们，特别是威尼斯商人，在干旱的平原、荒芜的村庄和无水的道路上，看不到任何商业优势。于是，他们将目光投向达米亚特和亚历山大。对商人们来说，达米亚特和亚历山大等于五十座耶路撒冷，他们对基督之城的渴望比不上对财富的渴望。然而，收复耶路撒冷的愿望没有消失。这个愿望仍然激励着不屈不挠的罗马教皇们。尽管对宗教持哲学般的态度，但基督教徒的召唤迫使年轻的神圣罗马帝国皇帝腓特烈二世发动一场新的十字军运动。1221年的和平协议规定，欧洲的君主有权打破停战协定。显然，神圣罗马帝国皇帝腓特烈二世符合打破协定的要求。早在1215年，神圣罗马帝国皇帝腓特烈二世就接过了十字架。埃及军队投降时，他曾派遣军队增援。1225年，神圣罗马帝国皇帝腓特烈二世娶了"耶路撒冷的女继承人"、布列讷的约翰的女儿约兰达。三年后，即1228年，约兰达去世了，但腓特烈二世要求继承她的王位，并且将她的父亲排除在外。由于各种借口，神圣罗马帝国皇帝腓特烈二世率领的十字军运动年复一年地推迟。最终，他自食其果，遭到急躁的教皇格列高利九世的禁止。但1228年6月，神圣罗马帝国皇帝腓特烈二世不顾教皇格列高利九世的禁令，只带六百名骑士，驾船前往叙利亚。教皇格列高利九世说，神圣罗马帝国皇帝腓特烈二世更像"一名海盗和穆罕默德的追随者"，而不是一位国王和基督的士兵。

在任何情况下，神圣罗马帝国皇帝腓特烈二世率领的十字军运动都是独一无二的。他违背教会的意愿，在没有经历一场战斗的情况下就夺回了耶路撒冷。事实上，他的军队太弱了，不能冒险与强大的阿拉伯军队交战。他对布列讷的约翰的轻蔑态度使自己被许多基督教徒疏远。他与罗马教皇的斗争使他失去了虔诚的传教士的支持。圣殿骑士团和医院骑士团拒绝追随一个受罗马教廷诅咒的十字军领袖。在叙利亚，似乎没人关心是否收复耶路撒冷。但神圣罗马帝国皇帝腓特烈二世取得的胜利超过了所有人对他的否定。卡米勒和弟弟、大马士革总督穆阿扎姆·伊萨成为对手。穆阿扎姆·伊萨利用达米亚特战役后埃及军队的疲惫，强调自己在战斗中做出的贡献，试图摆脱埃及统治者对萨拉丁帝国的统治。卡米勒对穆阿扎姆·伊萨的行为感到震惊。于是，他派一位使者寻找神圣罗马帝国皇帝腓特烈二世。作为西西里阿拉伯人的领袖，卡米勒用耶路撒冷王国换取腓特烈二世的支持。作为回报，巴勒莫主教贝拉杜斯·德·卡斯塔卡出使开罗，双方交换了贵重的礼物。神圣罗马帝国皇帝腓特烈二世与阿拉伯人的关系很好。实际上，他的宽容引起了人们对他的信仰是否正统的怀疑。上文提到，教皇格列高利九世称他为"穆罕默德的追随者"。已发表的他和阿拉伯哲学家伊本-萨宾的书信，以及卡米勒的使者到达叙利亚后与他关于形而上学的讨论，都体现出他对宗教信仰持有的新颖观点。一位阿拉伯历史学家指出，"神圣罗马帝国皇帝腓特烈二世是十字军中最优秀的君主。他致力于推动科学、哲学和医学的发展，并且对穆斯林友善"。二十年后，大约1248年，让·德·茹安维尔与腓特烈二世的亲属关系，成为让·德·茹安维尔与阿拉伯统治者交往的最佳通行证。卡米勒肯定具有宽容的品质。他曾与欧洲贵族交往，并且毫无疑问与欧洲贵族相互欣赏。没有证据表明神圣罗马帝国皇帝腓特烈二世和卡米勒签订了任何条约，但双方达成了一些谅解。与此同时，局势发生了变化。1227年冬，穆阿扎姆·伊萨去世。叙利亚方面的敌对态度还不足以使卡米勒放弃耶路撒冷。1229年2月11日，卡米勒和神圣罗马帝国皇帝腓特烈二世签订协议。卡米勒无疑履行了自己之前的承诺，但此时，他的主要动机是获得腓特烈二世的支持。

在欧洲与土耳其帝国交战前，1229年的条约是基督教政权与伊斯兰教政权签署的最引人注目的条约。卡米勒向神圣罗马帝国皇帝腓特烈二世交出耶路撒冷、伯利恒、拿撒勒，以及雅法和阿卡的朝圣之路。他只保留耶路撒冷的圣地，奥马尔清真寺在圣地内，供不带兵器的穆斯林使用。他还释放了所有信奉基督教的俘虏，包括许多不幸的"儿童十字军"受害者。作为回报，神圣罗马帝国皇帝腓特烈二世承诺保护卡米勒不受任何对手，甚至基督教徒的侵犯，并且保证安提阿、特里波里斯和叙利亚北部的其他诸侯不得接受任何外部势力的援助。这些协定的有效期为十年零六个月。

毫无疑问，如果双方都遵守协议，那么卡米勒得到的比失去的多。他放弃的耶路撒冷没有什么价值，同时他保留了耶路撒冷城内的穆斯林圣地。卡米勒与神圣罗马帝国皇帝腓特烈二世结成的防御联盟具有压倒性优势。然而，无论他们对达成的协议多么满意，协议还是激起了基督教徒和穆斯林的愤

图53 ● 开罗城堡上的鹰，可能是在13世纪早期雕刻的

怒。除去一部分地区，圣城耶路撒冷确实再次回到基督教徒手中，但基督教徒付出了多么大的代价！教皇派说，神圣罗马帝国皇帝腓特烈二世与"异教徒"讨价还价，而不是杀死"异教徒"。拉丁帝国的大部分地区仍然掌握在阿拉伯人手中。安提阿的诸侯及在叙利亚北部控制许多城堡的军事长官对切断自己从欧洲获得援助的协议深恶痛绝。腓特烈二世保证切断叙利亚诸侯从欧洲获得援助的协议的确是对叙利亚北部军队表现出的不满进行的恶意报复。对穆斯林而言，他们认为这份协议是对伊斯兰教的可耻的背叛。

协议签订一个月后，1229年3月17日，神圣罗马帝国皇帝腓特烈二世进入耶路撒冷，并且在圣墓教堂加冕。1229年3月18日，恺撒利亚大主教下令封锁圣城耶路撒冷，这令朝圣者十分震惊和愤慨。朝圣者们喊道："耶稣基督受难和埋葬的地方被教皇格列高利九世禁止进入！"他们被恺撒利亚大主教的禁令吓坏了，急忙跟着神圣罗马帝国皇帝腓特烈二世前往阿卡。在阿卡，神圣罗马帝国皇帝腓特烈二世指定正直的官员管理自己的新领地耶路撒冷，并且尽一切可能稳定条顿骑士团的秩序。1229年5月1日，神圣罗马帝国皇帝腓特烈二世乘船前往意大利。本次十字军远征结束了，虽然十字军获得了耶路撒冷，但耶路撒冷周围是一个敌对国家，因此耶路撒冷无法抵抗任何进攻。卡米勒虔诚地遵守自己宣誓签订的条约，如同基督教徒遵守教皇格列高利九世的命令一样。然而，卡米勒不能每次都成功阻止狂热的穆斯林虐待基督教朝圣者，破坏圣城耶路撒冷的和平。神圣罗马帝国皇帝腓特烈二世傲慢地对待许多叙利亚和塞浦路斯贵族，导致了一系列争吵。本次十字军远征结束后，基督教的地位没有显著提高，这要归咎于教皇格列高利九世及其支持者，而不是轻率的神圣罗马帝国皇帝腓特烈二世。

从1229年到1238年，卡米勒生命的最后九年，埃及没有受到十字军远征的骚扰，他的族人也没有发生严重斗争。作为阿尤布王朝的统治者，他得到了统治疆域内各省人民的普遍承认。他任命弟弟阿什拉弗为大马士革总督。卡米勒和阿什拉弗率军远征幼发拉底河地区，并且从阿尔图格王朝手中夺取迪亚巴克尔。阿尔图格王朝君主的祖先们统治阿米德长达一百三十年之久。卡米勒试图巩固家族联盟，将女儿们嫁给阿勒颇和哈马的诸侯。1233年，他被小亚细亚的塞尔柱苏丹凯库巴德一世击败。但在1236年，他从凯库巴德一世手中夺取了埃德萨。因此，他能维护自己在父亲阿迪勒一世遗留下来的领地

图54 ●卡米勒统治时期的一第纳尔钱币，1225年在亚历山大发行

的权威。卡米勒的统治并非一帆风顺。家族内实力较小的贵族对卡米勒充满嫉妒和怀疑，并且看不起卡米勒狡猾的外交手腕。1236年，卡米勒与阿什拉弗决裂。1237年，阿什拉弗去世后，卡米勒率军进入大马士革，维护自己至高无上的统治者的权威。阿什拉弗的弟弟萨利赫·伊斯梅尔保卫大马士革，对抗卡米勒。阿勒颇和霍姆斯的领主们不是阿迪勒一世的后裔，一直尽可能远离阿迪勒一世和卡米勒，并且选择支持萨利赫·伊斯梅尔。1238年1月，经过一场激烈的围城战，埃及苏丹卡米勒成功夺取了大马士革，萨利赫·伊斯梅尔获得了巴勒贝克和其他城市。霍姆斯的领主由于多管闲事受到惩罚。但1238年1月的战斗大大消耗了卡米勒的精力。1238年3月8日，卡米勒在大马士革去世。他治理埃及四十年，前二十年阿迪勒一世在世，后二十年阿迪勒一世已经去世。作为一名政治家，卡米勒与父亲阿迪勒一世一样，谨慎地制订策略，坚定地推行策略，是一位精力充沛、富有能力的管理者，独自管

图55 ● 萨利赫·阿尤布统治时期的一第纳尔钱币，1239年在开罗发行

理自己的领地。阿迪勒一世的维齐尔萨菲丁去世后，卡米勒没有任命任何维齐尔，而是亲自处理埃及的所有事务。在卡米勒的统治下，埃及繁荣昌盛。他努力改善灌溉系统，亲自检查工程师的工作，扩建并改善运河、堤坝和水坝，确保旅行者的安全，并且完成了建造开罗城堡的防御工事。作为一名虔诚的穆斯林，他下令建造了许多清真寺，如位于贝恩-卡斯林的代尔-哈德斯或卡米利亚清真寺。如同自己的大多数家人一样，他热爱学习，喜欢与学者来往。每星期四晚上，他都举行文学辩论。

卡米勒的儿子阿迪勒二世[5]即位。他性情放荡。即位几年后，1240年5月31日，他的统治被官员们推翻。他的哥哥萨利赫·阿尤布[6]即位。萨利赫·阿尤布统治时期的主要事件发生在叙利亚。在叙利亚，他有一位棘手的对手，即叔叔萨利赫·伊斯梅尔。1239年，萨利赫·伊斯梅尔夺取了大马士革。当时，他为了提高自己的地位，寻求十字军的支持。1239年11月，他向十字军交出谢基夫、采法特、提比利亚和亚实基伦要塞。然而，十字军的处境并不好。1241年，纳瓦拉国王特奥巴尔多一世、勃艮第公爵休四世和莱斯特伯爵西蒙·德·蒙德福特率领的十字军在加沙战败。康沃尔的理查德和莱斯特伯爵西蒙·德·蒙德福特的谨慎也没能拯救十字军。与此同时，十字军还没有从战败中恢复过来。被成吉思汗的入侵赶到西边的野蛮的花剌子模部落被萨利赫·阿尤布召唤，帮助他消灭十字军。1244年9月，萨利赫·阿尤布占领耶路撒冷，屠

图 56 ●萨利赫·阿尤布陵内的铭文，1252年雕刻，在开罗发现

杀了七千名无助的居民，再次收复了耶路撒冷。1244年10月，十字军和叙利亚穆斯林的联军在加沙附近被埃及人和花剌子模人彻底击溃。萨利赫·阿尤布分别在1245年和1247年收复了大马士革和亚实基伦，恢复了他的父亲卡米勒和祖父阿迪勒一世统治时期埃及的领土。萨利赫·阿尤布战无不胜。在征战过程中，他唯一的阻碍是，1249年他身患严重疾病时收到法兰西国王路易九世入侵埃及的急信。萨利赫·阿尤布立即命人用担架将自己抬到战场。

路易九世领导的十字军远征或许是自布永的戈德弗雷时代以来唯一一次配称为"圣战"的远征。路易九世是圣洁的英雄，他的头衔是加拉哈德爵士。他"一生都在祈祷，目标是实现上帝的意志"。他的高贵品格赢得了人们的信任和尊敬。他的勇气和耐力体现在他信仰的虔诚和履行骑士义务方面。然而，他的崇高和纯洁的天性为他控制一支无法无天、荒淫无度的军队造成了障碍。他远征失败的主要原因，部分是他不了解战场地形，部分是他兵力不足。与1146年克莱尔沃的圣伯纳德积极组织第二次十字军远征不同，路易九世领导的十字军远征不是全欧洲的。当时，德意志和意大利陷入教皇格列高利九世和神圣罗马帝国皇帝腓特烈二世的争吵中。因此，路易九世不得不依靠自己的臣民。他召集了大约二千八百名法兰西骑士、骑士手下的数量众多的侍从和士兵，以及五千名弓箭手。弓箭手来自英格兰、塞浦路斯和在叙利亚的十字军[7]。路易九世派出一千七百二十艘船，但一大半船都因受到塞浦路斯和埃及之间的风暴影响而进入叙利亚的港口。最终，1249年6月初，只有七百艘船抵达达米亚特[8]。达米亚特由以勇敢著称的巴努·基纳纳部落的阿拉伯人驻守。驻守达米亚特的还有法克-埃德-丁指挥的埃及军队。然而，法兰西军队刚在达米亚特出现，当地的阿拉伯守军就逃跑了，当地所有居民也逃跑了，埃及人撤退到了曼苏拉。

　　路易九世几乎不费吹灰之力就占领了达米亚特。与布列讷的约翰一样，路易九世做出了错误决定，他选择在尼罗河岸登陆。然而，由于埃及人在匆忙中忘记摧毁浮桥，十字军毫无困难地渡过了尼罗河。与1219年的布列讷的约翰一样，路易九世犯了一个导致进军延迟的致命错误。他唯一的机会是赶在尼罗河水位上升前赶到开罗。此时，阿拉伯人由于失去达米亚特惊慌失措，埃及军队的士气也由于萨利赫·阿尤布病重大幅下降。萨利赫·阿尤布对逃亡的巴努·基纳纳部落守军的严厉处决也不能使其追随者们安心。然而，法国人在达米亚特等了近六个月，期待被风暴赶到叙利亚的其他部队前来。1249年10月，其他部队到达达米亚特。随后，他们发生争执，讨论究竟是前往亚历山大还是直接向开罗进军。1249年11月20日，十字军决定"攻击蛇头"，开始向开罗进军。1219年的先例再次发生了。由于忘记了或不知道吸取1219年灾难性事件的教训，十字军不是选择一个新的起点，而是再次走过数不尽的障碍，穿过广阔的被运河和尼罗河支流分割的区域。如果从培琉喜阿姆出发，那么十字军可以轻松穿过开阔的田野。十字军花了一个月时间渡过长度不足五十英里的河流。1249年6月到1249年12月，在近七个月的时间内，阿拉伯军队得到休整，并且从恐慌中恢复了过来。富有冒险精神的阿拉伯军队闯进十字军的营帐，试图砍下"异教徒"的头颅来领取赏金。

与1219年入侵埃及的十字军一样，十字军在同一地点逗留。1249年12月21日，十字军到达沙尔梅萨，尼罗河三角洲的支流——当时被称为乌什曼运河，现在被称为苏盖伊尔河，即小河。坦尼特河是达米亚特河向东延伸的一条支流。十字军营地右边是尼罗河东侧的主河道。人们可以从这里看到尼罗河对岸埃及军队营地位于曼苏拉镇，坦尼特河和达米亚特河交汇处以南大约四英里处[9]。尼罗河主河道还有埃及的舰队。十字军要想前进，要么渡过小河，要么渡过达米亚特河。路易九世选择了渡过较小的小河。他立即下令在小河上筑起一道堤坝。1249年圣诞节前，路易九世的军队建造了两堵防护墙保护施工人员，还竖起两座高塔观察当地环境。为了保持水道的宽度，尼罗河对岸的阿拉伯人破坏了堤岸。很快，堤岸被河水冲走。埃及军用十六座投石机向十字军发射大量石块。十字军用十八座投石机反击，一场投石决战在尼罗河两岸持续了一段时间。十字军正在建造的堤坝是阿拉伯军队攻击的重点。阿拉伯军队持续不断地从陆路和水路发射弩箭、长箭和石头攻击修建堤坝的十字军，并且两次用大量的希腊火[10]摧毁十字军的防护墙和其他木制品。阿拉伯军队还从小河下游渡河，从后方攻击路易九世的军队。十字军被击退，但路易九世在小河东北方扎营，并且在营地四面设防。

这时，堤坝还没完工。与以前一样，小河无法通行。这时，埃及的一个叛徒——据说是萨尔蒙的一名"异教徒"——以五百金币的价格向十字军出卖小河上游的一个秘密渡口。1250年2月9日忏悔星期二[11]，法兰西国王路易九世带着手下的骑士、骑兵和弓箭手来到这个秘密渡口。十字军分三个战队作战：第一战队是圣殿骑士，第二战队是路易九世的弟弟、阿图瓦伯爵罗贝尔一世率领的弓箭手，第三战队是路易九世率领的侍从。这个秘密渡口没有阿拉伯军队防守，但有一些侦察兵。阿图瓦伯爵罗贝尔一世一到达对岸，就不服从路易九世的命令，坚持立即向阿拉伯军队进攻。圣殿的主人和名义上的索尔兹伯里伯爵小威廉·朗斯佩，请求罗贝尔一世等到路易九世的军队渡过小河后再行动，但罗贝尔一世不屑一顾。他嘲讽小威廉·朗斯佩。小威廉·朗斯佩别无选择，只能跟随有勇无谋的罗贝尔一世。十字军冲过阿拉伯军队的营地，一直攻入曼苏拉，然后从曼苏拉另一侧冲出，杀死了阿拉伯军队的总指挥法克-埃德-丁。当时，法克-埃德-丁正在洗澡，几乎没有时间拿起武器反抗。他曾被神圣罗马帝国皇帝腓特烈二世封为骑士，但他的骑士头衔没能拯救自己。十字军分散开来，既不顾组织纪律，肆意掠夺曼苏拉，又没有防范对手的攻击。十字军甚至冒险进攻曼苏拉河岸上苏丹的宫殿。这时，厄运降临了。

埃及士兵和阿拉伯士兵在混乱中溃散，但被萨利赫·阿尤布训练的、值得信赖的、大约一万名马穆鲁克士兵没有那么容易被吓倒。马穆鲁克士兵在宫殿附近集合，在著名弩手拜巴尔的领导下发起冲锋，最终扭转了战局。十字军士兵被驱赶到曼苏拉狭窄的街道上。当时，街道已经设置了路障，弓箭手把守着街道两旁的窗户和屋顶。在街道上，法国骑士被彻底击溃。阿图瓦伯爵罗贝尔一世及其手下三百名骑士被杀，圣殿骑士中只有五人逃脱，小威廉·朗斯佩及几乎所有英格兰士兵都战斗到死，英格兰弓箭手被消灭。穆斯林估计死者中有一千五百名十字军骑士和贵族。剩下的十字军士兵被赶到小河。路易九世经过多次冲锋，终于到达未完工的堤道对岸。在击退了马穆鲁克士兵的进攻中，他暴露在更大的危险之中，他手下的许多最好的骑士被抓获并被救回。单靠武士不可能击退骑在马上的埃及弓箭手，因为弓箭的射程很远。位于尼罗河两岸的十字军拼命在堤道和尼罗河南岸之间的空地建造一座临时桥梁。缴获的投石机和各种各样的木材都用来建造这座桥梁。1250年2月9日日落前,营地指挥官勃艮第公爵休四世派一支步兵和弩手击退马穆鲁克士兵。然而,此前,许多十字军士兵在恐慌中骑马渡河,希望到达对岸营地。小河上充斥着淹死的人和马的尸体,一片漆黑。

十字军在曼苏拉战役的胜利是一场惨胜。路易九世虽然占领了小河南岸和埃及军的营地,并且摧毁了埃及军队的武器,但损失了大概一半骑兵和所有的弓箭手,丧失了打败阿拉伯人的信心。很快,埃及军开始猛攻路易九世用来守卫堤道的桥头,而路易九世只能保持防御姿势。曼苏拉战役体现了骑兵和步兵相互依存的重要性。如果没有步行弓箭手,那么路易九世会被赶到河里。路易九世要渡过浅滩,就不可避免地要依靠骑兵。然而,一旦越过浅滩,十字军的第一个目标应该是与留在尼罗河北岸的步兵取得联系,并且完成大桥建造。显然,以上是路易九世的计划,但这一计划的失败完全是阿图瓦伯爵罗贝尔一世的冲动造成的[12]。埃及没有遭到入侵的主要原因是马穆鲁克的持续战斗。在战斗中,他们首先冲锋,沉重打击了鲁莽的十字军。他们的表现更难能可贵,因为没有国王领导他们。萨利赫·阿尤布于1249年11月21日驾崩。当时,十字军正从达米业特出发,向埃及进军。萨利赫·阿尤布被描述成一位性格坚强、简朴、沉默寡言、严厉、极度骄傲和专制的君主。毫无疑问,他雄心勃勃。他继承、巩固,甚至增强了卡米勒的所有权力[13]。他在关乎埃及安危的关键时刻去世是一场严重的灾难。他的长子图兰沙远在迪亚巴克尔的凯法。在这样一个关键时刻，相互竞争的埃米尔之间难免会爆发争夺摄政甚至君主的斗争，导致埃及无力抵御十字军的进攻。幸运的是，萨利赫·阿尤布的妻子舍哲尔-杜尔十分能干。舍哲尔-杜尔是突厥人，一些历史学家认为她是亚美尼亚奴隶。她很快就控制了局面。她召集了几位值得信赖的埃米尔，商量后制订了自己的计划。萨利赫·阿尤布去世的消息被隐瞒下来。向外界透露的消息是萨利赫·阿尤布病得很重，并且食物照常被送到萨利赫·阿尤布休息的地方。萨利赫·阿尤布的一道命令被发布出去，宦官苏海尔伪造了萨利赫·阿尤布的签名。不管这是否引起了人们的怀疑，埃及没有发生明显的骚乱，舍哲尔-杜尔和官员们成功地管理了政府并保卫了埃及。舍哲尔-杜尔是埃及的主要人物，她主持朝政，代表"生病的"主人萨利赫·阿尤布接待大臣和将军，并且在曼苏拉战役期间监督军队的纪律。在1249年11月到1250年2月这段令埃及人焦虑的时间里，舍哲尔-杜尔很好地将埃及人团结在一起。

1250年2月27日，萨利赫·阿尤布的继承人图兰沙终于回到埃及。图兰沙一回到埃及，舍哲尔-杜尔就立即辞去她的临时职务。年轻的图兰沙虽然名声不太好，但至少全身心投入对抗十字军的战斗中。1250年3月，他的第一步行动是将几艘船拆成多个部分，并且用骆驼将船的各部分运到尼罗河支流达米亚特河上十字军舰队停留的下游的某个地方。到达河岸后，船的各部分被组装起来。最后，埃及舰队击败并缴获十字军的三十二艘船，并且切断了十字军的所有补给。此时，路易九世陷入绝境。他没有足够兵力突破埃及军队的防线，并且强行进入开罗。补给被切断了，他的军队开始受到粮草不足的影响，十字军营地内流行的热病更带来了致命的影响。虽然军队退到小河北岸，但路易九世不愿撤军，仍然在等待机会。最后，他开始与埃及军队谈判，希望阿拉伯人更新卡米勒在1219年提出的条件，即用达米亚特交换耶路撒冷王国。但这次，穆斯林拒绝了。最后，当十字军的士兵快要饿死，或者忍受热病、粮草匮乏和伤痛时，路易九世一把火烧掉自己军队的武器，放弃了营地和装备，并且在1250年4月5日夜出发，向达米亚特撤退。路易九世在军队后方承担危险的责任。在一片混乱中，十字军没有破坏小河上的桥和堤。阿拉伯军队蜂拥而来追击十字军，屠杀被遗弃的、伤病在身的十字军士兵，并且追击十字军到离达米亚特三分之二路程的地方。在那里，阿拉伯军队消灭了路易九世的整支军队。图兰沙写道，三万名十字军士兵被杀，至少可以肯定的是，十字军的士兵不是被杀，就是被俘。除了出身高贵的人，所有十字军俘虏都被屠杀了。

路易九世被俘时，已经高烧不退。十字军远征编年史的作者、在曼苏拉战役中扮演勇士角色的让·德·茹安维尔也在被关押的俘虏中。为了赎回路易九世，十字军被要求交出十万里弗（一千万法郎）的赎金，以及达米业特。据说，当有人向路易九世说明赎金数额时，路易九世表现出一种高傲的冷漠。因此，为了羞辱路易九世，图兰沙将赎金减少四分之一。他在统治的两个月时间里，受到大多数人的憎恨。当图兰沙得罪继母舍哲尔-杜尔,轻视巴希里的将军们,被马穆鲁克杀死时[14],俘虏们陷入了巨大的危险中。幸运的是,1250年5月,曾经拯救埃及的舍哲尔-杜尔再次成为统治者。路易九世的赎金数额也提高了,尽管这遭到狂热穆斯林的反对。十字军前往达米亚特。在达米亚特,路易九世的王后普罗旺斯的玛格丽特凑足了约定赎金的一半。1250年5月,路易九世带着残余的英勇而不幸的军队,从达米亚特出发前往阿卡。曾遭到许多基督教徒入侵的达米亚特很快被夷为平地,并且在更安全的内陆地区重建。与此同时,埃及人在尼罗河口修建了一条拦河栅。

图兰沙被杀后,阿尤布王朝在埃及的统治结束,马穆鲁克成为埃及的主人。下一章,我们将讲述马穆鲁克的历史。除了阿卜杜勒-拉蒂夫描述的饥荒年代,我们对萨拉丁王朝统治下埃及的内部情况了解得很少。从一些历史学家模糊的叙述中,我们可以了解到萨拉丁王朝统治下的埃及很繁荣。1196年到1250年,阿迪勒一世、卡米勒和萨利赫·阿尤布三位统治者睿智又有能力,并且充分意识到土地的农业价值,以及维护秩序和正义的重要性。除了对付两个臭名昭著的卑鄙的苏丹,埃及内部没有任何人发动叛乱或实施阴谋。我们可以从伊本-哈里肯、伊本-阿提尔和巴哈丁这些当时学者的作品中得知阿迪勒一世、卡米勒和萨利赫·阿尤布三位统治者的高尚品格和高雅品位。显然,在开罗,这些学者和阿卜杜勒-拉蒂夫是智力超群的杰出人物。在宫廷中,上述几人受到赏识。巴哈丁是萨利赫·阿尤布的秘书和密友,他的诗歌反映了13世纪中叶以前埃及宫廷的生活，没有传统东方诗歌的特点。他的诗歌生动、欢快、幽默的风格及用轻松方式处理严肃事物，使他的作品更像欧洲的悲剧作品。巴哈丁创作的一些赞美诗成功做到了庄严而不做作，赞赏而不卑躬屈膝。阿尤布王朝的统治者们表现出一种务实的态度，他们开放了埃及与欧洲的贸易。1208年，阿迪勒一世给在埃及的威尼斯人提供特殊政策，允许威尼斯人在亚历山大建立一个叫苏克迪的集市。差不多与此同时，比萨人也获得了类似特权。比萨人派了一位使者前往亚历山大，并且比萨人的特权在1215年或1216年得到延续。1219年，十字军入侵埃及，自然干扰了埃及与欧洲的贸易。直到1238年，当阿迪勒二世确认威尼斯人重新享有以前的特权后，埃及才有贸易特权的记录。非穆斯林商人的所有进口到埃及货物的关税是货物价值的十分之一[15]。

随着时间的推移，阿尤布王朝和他们的基督教徒臣民的关系变得更友好。萨拉丁和弟弟阿迪勒一世是严厉、苛刻的，但埃及教会认为卡米勒是他们遇到的最慷慨、最仁慈的君主。作为摄政，卡米勒经常向父亲阿迪勒一世为基督教徒求情。在卡米勒统治时期，他继续执行同样的政策，坚决拒绝介入基督教的琐事。卡米勒与神圣罗马帝国皇帝腓特烈二世的通信显示出一种宽容的态度，这在穆斯林中很罕见。这显然导致基督教徒相信卡米勒可能会改变信仰。1219年，阿西西的圣方济各亲自拜访埃及宫廷，在卡米勒面前布道，至少受到了礼貌接待。1245年，萨利赫·阿尤布给教皇英诺森四世写信，表示自己因语言障碍无法与传教士辩论而感到遗憾。然而，路易九世率领的十字军运动激怒了阿拉伯人。据说，达米亚特被占领后，一百一十五座教堂被摧毁。

总的来说，阿尤布王朝在统治埃及时，就帝国权力、内部繁荣和坚决抗击入侵而言，为埃及历史做出了杰出贡献。

【注释】

1　1199年1月，法迪勒去世。1201年，法迪勒的同事、萨拉丁的秘书伊玛德-丁去世。参见斯坦利·莱恩·普尔的《萨拉丁和耶路撒冷王国的灭亡》，1898年，第187页到第189页。——原注

2　阿卜杜勒-拉蒂夫：《埃及历史汇编》，1800年，第469页。——原注

3　查尔斯·欧曼：《中世纪的战争艺术》，伦敦，1885年，第264页到第265页。——原注

4　阿布-菲达不赞同这一观点，并且认为穆阿扎姆·伊萨对卡米勒十分恭敬顺从，总是在公共祈祷中为君主卡米勒祈祷。——原注

5　阿迪勒二世的钱币，伊斯兰历635年到637年，即公元1238年到1240年，在开罗发行，伊斯兰历635年在大马士革发行。1248年2月，阿迪勒二世在开罗城堡的监狱内去世。南肯辛顿的维多利亚和阿尔伯特博物馆里有一尊刻有阿迪勒二世名字的银铜容器。——原注

6　萨利赫·阿尤布的钱币，伊斯兰历637年到646年在开罗发行，伊斯兰历644年和645年在大马士革发行。在伊斯兰历647年，即公元1249年，大马士革铸造的一枚钱币上，萨利赫·阿尤布被称为领主。——原注

7　阿拉伯历史学家估计路易九世的总兵力约为五万。——原注

8　根据让·德·茹安维尔的记载，1249年5月27日，十字军抵达达米亚特。但大多数历史学家认为达米亚特是十字军到达后被立即占领的，占领时间是1249年6月5日或6月6日。——原注

9　埃德温·约翰·戴维斯在其著作《1249年路易九世入侵埃及：当代埃及苏丹史》第32页到第34页提供了埃及地形的一些有趣的详细信息。这些信息来自埃德温·约翰·戴维斯对埃及的观察和研究。他说，1249年，小河从达米亚特河向北延伸，在曼苏拉以北四五英里处，而不是像现在这样靠近曼苏拉镇。让·德·茹安维尔将小河命名为"雷溪运河"，表示小河源头是德里克萨村，而不是罗塞塔。埃德温·约翰·戴维斯还记录了发现的大量头骨。这些头骨被认为是欧洲人的，散落在曼苏拉东北的一个大范围的区域内，"就像一座巨大的墓地"。埃德温·约翰·戴维斯认为这些是在忏悔星期二的战斗中阵亡的十字军士兵的遗骸。——原注

10　希腊火是东罗马帝国所发明的一种可以在水上或水里燃烧的液态燃烧剂，主要应用于海战中，"希腊火""希腊火药"或"罗马火"只是阿拉伯人对这种恐怖武器的称呼，拜占庭人自己则称之为"海洋之火""流动之火""液体火焰""人造之火"等。——译者注

11 忏悔星期二在基督教大斋期前一天,传统上这天被称为"薄饼日"。——译者注
12 查尔斯·欧曼:《中世纪的战争艺术》,伦敦,1885年,第338页到第350页。——原注
13 萨利赫·阿尤布建造了罗达城堡和凯博什城堡。两座城堡位于开罗和福斯塔特之间,城堡旁边是萨利希亚镇。萨利赫·阿尤布的陵墓清真寺仍然矗立在开罗的贝恩-卡斯林。——原注
14 让·德·茹安维尔目睹了马穆鲁克杀死图兰沙。图兰沙是在尼罗河中死的。当时,图兰沙正游向河中,企图逃走。马穆鲁克手下的士兵一剑插进图兰沙的肋骨。——原注
15 西班牙人伊本-萨伊德这样描述福斯塔特:"来自世界各地的各种各样的船抵达尼罗河的码头……至于从地中海和红海到福斯塔特的货物,数量大到几乎无法形容,因为所有货物都首先到达福斯塔特,而不是开罗,然后再从福斯塔特运往埃及各地。"参见伊迪丝·路易斯·布彻的《埃及教会的故事》,伦敦,1897年,第2卷,第148页到第151页。——原注

第 9 章

马穆鲁克王朝前期
(1250 年—1279 年)

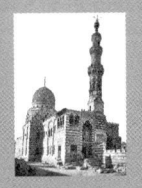

◇◇◇◇◇◇

THE FIRST MAMLUKS
(1250—1279)

"马穆鲁克"一词的意思是"被拥有的""属于……的",特指在战争中被俘或在市场上被购买的男性白人奴隶。雇用外国人,特别是突厥奴隶做侍卫,可以追溯到巴格达的阿拔斯王朝统治时期。巴格达阿拔斯王朝的哈里发们引进来自中亚的英俊的、精力充沛的青年保护自己,并对抗阿拉伯部落和崛起的地方豪强。后来,突厥侍卫成为监狱看守。塞尔柱王朝中最有能力、最有野心的奴隶出身的将军们以同样的方式成为无数独立王朝的缔造者。接着,这些王朝逐渐瓜分了塞尔柱王朝的财富。雇用奴隶出身的官员和骑兵的做法自然在从同样条件下崛起的王朝中盛行。努尔丁和萨拉丁周围都是马穆鲁克的精锐部队。马穆鲁克在特殊照顾下长大,参加各种战斗,装备精良,训练有素,擅长运用兵法。由白人奴隶或自由人组成的哈尔卡,即侍卫制度,在萨拉丁继任者的统治下延续,并且在萨拉丁的侄孙萨利赫·阿尤布统治时期发展到顶峰。萨利赫·阿尤布早年经历过亲戚们的妒忌和十字军的敌意。因此,他不信任普通的埃及人和阿拉伯士兵,并且组建了一支规模小但训练有素的奴隶军,这是他的私人财产。他从各个市场购买马穆鲁克,但无论从哪里购买,他购买的绝大多数都是突厥人。精锐骑兵驻扎在萨利赫·阿尤布在福斯塔对面、尼罗河上的罗达岛建造的城堡里。这支部队的名字以其驻扎的位置命名,被称为"巴赫里马穆鲁克",意思是"河上的白人奴隶"。巴赫里马穆鲁克并不是萨利赫·阿尤布手下唯一的马穆鲁克部队,而是最受萨利赫·阿尤布喜爱和最强大的部队。奴隶制远非耻辱。不久之后，我们发现一位著名的埃米尔卡苏由于没当过奴隶而被人鄙视。在东方，奴隶和主人的关系更接近亲属关系，而不是奴役关系。巴赫里马穆鲁克对自己的出身感到自豪，因为这一出身有利于晋升。他们的指挥官被称为"管理一千人的埃米尔"，具有巨大的影响力。其中一位指挥官法里斯丁·阿克泰，接替法克-埃德-丁成为曼苏拉战役后的最高指挥官。萨利赫·阿尤布去世前，马穆鲁克军官已经从普通奴隶升到宫廷中的荣誉职位。一些马穆鲁克成为捧杯人、品酒人或驯马师，被主人解放。获得自由身份的马穆鲁克转而成为其他马穆鲁克的主人和拥有者。因此，在马穆鲁克统治早期，人们可以发现一些强大的埃米尔拥有大量侍卫。埃米尔和侍卫一起战斗，侍卫甚至愿意为保护埃米尔献出生命。图兰沙被巴赫里马穆鲁克谋杀后，巴赫里马穆鲁克距离埃及苏丹之位仅一步之遥。在接下来的一百三十年里，著名的巴赫里马穆鲁克部队的指挥官及其后代成为埃及苏丹。

马穆鲁克贵族赢得埃及的统治权主要靠其个人能力和追随者的数量。在没有受到其他影响的情况下，毫无疑问，贵族身份采用世袭制。有一个家族，即嘉拉温家族，几代人都继承苏丹之位。但通常情况下，苏丹的继承者是当时最有权势的马穆鲁克贵族，他对苏丹之位的控制主要取决于其追随者的势力，以及他安抚其他贵族的能力。在马穆鲁克统治时期，类似的例子很多：势力强大的马穆鲁克贵族削弱在位苏丹的权威，然后踩着当权者的尸体登上苏丹之位。苏丹们大多死于与之敌对的埃米尔之手。当时，统治者的安全主要取决于卫队的人数和勇气。苏丹的安全与权力取决于卫队的忠诚，所以他们习惯于授予卫队土地、华丽的服装和大量金钱。埃及大部分领土都被苏丹授予埃米尔和卫队的士兵。卫队士兵有几千人，每次更换统治者，他们就要更换效忠对象。他们的指挥官成为选择统治者的重要因素，并且经常废黜或拥立一位他们眼中的好苏丹。实际上，在一定程度上，苏丹，或马穆鲁克首领，根据其性格，受近卫队军官的控制。苏丹和近卫队军官之间是相互猜忌，甚至对立的关系。

无论是近卫队军官，还是朝廷官员，或者一位普通贵族，每一位马穆鲁克贵族都是一个微型的马穆鲁克苏丹。马穆鲁克贵族有自己的马穆鲁克奴隶。马穆鲁克奴隶护送贵族骑马旅行，奉命攻击公共浴室并带走浴室内的女人。在对手包围贵族的府邸时，马穆鲁克奴隶保护贵族，并且勇敢地在贵族的带领下战斗。马穆鲁克贵族及其随从持续威胁在位的苏丹。在家庭卫队或王室卫队的一些军官的支持下，一些心怀不满的贵族组成联盟。这些贵族将大量卫队士兵安插进苏丹的宫殿，并且派一名值得信赖的捧杯者或其他能近身接触苏丹的官员，给予苏丹致命一击。随后，合谋者会立即选出自己中的一员登上空出来的苏丹之位。这些阴谋涉及许多斗争。王室卫兵并不总是接受贿赂。另外，心怀不满的、想要谋反的贵族要考虑其他贵族的利益。如果一些贵族的利益与在位苏丹的统治挂钩，那么这些贵族会阻止阴谋者的行动。然后，不同势力派别会在街上爆发争斗。惊慌失措的民众会关闭店铺，跑回家，隔离城市各个区域和市场的大门随之关闭。马穆鲁克的敌对派系会骑马穿过仍然开放的街道，抢劫对手的房屋，带走妇女和儿童，在路上激战，或者从窗口向下面街上的对手射箭和投掷长矛。这些事情经常发生，开罗商人的生活一定跌宕起伏。当这些战斗在外面的街道上进行时，大集市汗-哈利利有时会被关闭一个星期，开罗的富商们在坚固的大门后瑟缩发抖。

埃及苏丹的统治时间并不确定，一般而言很短，平均大约五年。在这种情况下，马穆鲁克苏丹们还有闲情建造高水平的建筑和工程。这使马穆鲁克苏丹的统治时期不同于公元后埃及的其他时期。除了需要时刻保持警惕应对难对付的马穆鲁克，苏丹还有繁忙的工作。他们是最高法官，必须定期开庭。他们不仅要听取诉讼，还要接受臣民的任何申诉和请愿。他们会收到大量书信。大多数苏丹会亲自起草分发给埃及各地和国外的书信。在所有的巴赫里马穆鲁克苏丹中，最有名、最有活力的是拜巴尔一世。拜巴尔一世建立了一个组织良好的驿站系统，将广阔领土的每一部分与开罗连接起来。每个驿站都准备好寄送书信的马。苏丹每星期两次收到并回复埃及各地的报告。除了普通邮件，他还改善了信鸽邮务，信鸽邮务的管理也很仔细。信鸽被安置在城堡的驿站内，每一段路程都有专门的信鸽传递书信。实际上，同一只信鸽传递书信的距离比同一匹马传递书信的距离更远。信鸽被训练在某一个驿站停下来。在这个驿站，这只信鸽的信会被系在另一只信鸽的翅膀上。另一只鸽子会将信传递到下一个驿站。皇家信鸽有明显的标记。当皇家信鸽带着急信抵达城堡时，除了苏丹本人，没人能拆开这封信。不管苏丹是在吃饭、睡觉，还是在洗澡，他只要听到信鸽来到，就会立刻将信拆开。从拜巴尔一世的工作时间可以看出，大量书信是由信鸽带进或带出城堡的。一天晚上，拜巴尔一世到达提尔。帐篷内点起火把，七名大臣和总指挥官被召集起来。副指挥官，即埃米尔·阿拉姆，和高级军官们奉命起草法令。军官们连续几个小时不停地写信和写证书，拜巴尔一世在上面盖章。当夜，官员们在拜巴尔一世面前为尊贵的客人写了五十六篇证书，每一篇证书都详细写上赞美真主的话。

除了日常事务，举办庆典也占用了苏丹们很多时间。马穆鲁克宫廷组织严密，苏丹要细心谨慎地任免官员，以免引发官员之间的猜忌和分歧。对苏丹们来说，在仪式上发表演说、写证书、授予头衔和封地，这些事务都劳心费力。王室成员担任官职至关重要，因为为了使每名官员都满意，苏丹需要运用一些手腕任命宫廷官员和王室官员。除了一些大臣，如总督，即奈布·萨尔塔纳，或称维齐尔；总指挥官，即阿塔贝格·阿萨基尔，或埃米尔·凯比尔；管家，即乌斯塔达尔；近卫队长，即拉斯·纳巴；替骑士拿盔甲者，即西拉达尔；马匹管理员，即埃米尔·阿霍；捧杯者，即萨吉；品酒者，即加什内基尔；财务官；御马官；书记员；王室侍从等，苏丹身边还有许多较小的职位。实际上，担任这些职位的官员往往掌握巨大权力,并且拥有很大的影响力。埃米尔·麦格里斯是宫廷外科医生的主管,也被称为"座位的主人",因为他享有在苏丹面前坐着的特权。甘达尔,或称"衣橱的主人",是高级官员。埃米尔·希卡尔,或称"大猎人",协助国王狩猎。埃米尔·塔巴,或称"戟的主人",共十人,与近卫队长享有同等地位,负责指挥苏丹的侍卫。巴什马达尔负责拿苏丹的拖鞋。古卡达尔负责拿苏丹的手杖。苏丹的手杖是一根上过漆的木头手杖,大约四腕尺长,顶部弯曲。基玛达是宦官护卫。王室成员的宫中也有担任类似职位的官员。这些官员通常是埃及的大贵族或有影响力的人。乌斯塔达·苏巴主持烹饪工作。塔布尔哈纳,或称音乐室,是皇家乐队训练的地方。塔布尔哈纳内的工作由副指挥官或埃米尔·阿拉姆主持。据说,苏丹乐队的乐器包括四个鼓、四十个水壶鼓、四个双簧箫和二十个小号。与埃及其他历史时期相比,有乐队演奏是马穆鲁克统治时期的一大明显不同之处。被允许在府邸大门前演奏乐曲的官员被称为"埃米尔·塔布尔哈纳",或称"鼓的主人"。埃米尔·塔布尔哈纳大约有三十人,每人拥有四十名骑兵。每个埃米尔·塔布尔哈纳都有一个乐队,每个乐队有十个鼓、两个双簧箫和四个小号。埃米尔·塔布尔哈纳还有价值约三万第纳尔的封地。奥斯曼土耳其帝国征服埃及后,埃及不再使用礼仪乐队。

苏丹宫殿内有一个叫提斯哈纳的地方,或者说是衣物间。提斯哈纳内存放着王室成员的长袍、珠宝、印章、剑等。另外,提斯哈纳内还有洗衣房。夏布哈纳,或称食品室，是为君主储存酒、糖果、水果、香料、香水和水的地方。另外，霍迪哈纳，即配膳室，是为君主准备一天所需的食物和蔬菜的地方。在阿尔-阿迪勒·怯的不花统治时期，配膳室每天要准备两万磅食物。在纳西尔·阿德-丁·穆罕默德统治时期，配膳室的日常成本从两万一千迪拉姆涨到三万迪拉姆。

可以看出，即使在14世纪，宫廷生活也很复杂。马穆鲁克苏丹统治时期的仪式一定与现代仪式一样多，甚至更豪华。当苏丹骑马出国，举行阅兵式或在领土上视察时，护卫人员必须精心安排。以拜巴尔一世出巡为例，他骑马走在护卫队中间，穿着一件黑色丝质长袍，但没有刺绣或黄金镶嵌。他头上戴着一条丝质头巾，肩上挂着一个坠子，腰间挂一把贝都因剑，长袍下穿着达乌迪胸甲。马穆鲁克统治时期的苏丹们手持象征最高统治权的皇家马鞍布，马鞍布上镶嵌着黄金和宝石。苏丹头上撑着一把黄金刺绣的黄色绸制遮阳伞，伞的圆顶上有一只金色的鸟雕像，撑伞的是一位亲王或三军统帅。苏丹骑的马的脖子上戴着绣有黄金的黄色丝绸，马屁股上盖着一块红缎布。象征王室的用丝绸和金线制成的旗帜被高高举起，每支部队都有象征自己部队的黄色绸布，绸布上绣着部队指挥官的徽章。苏丹前面是两位青年侍从。他们身着华丽服饰，一人骑一匹白马。侍从的袍子是黄绸做的，边上镶着金丝锦缎。青年侍从的职责是保证前面的道路是安全的。侍从前面是一个吹笛子的人和一个唱歌的人。在手鼓的伴奏下，歌者吟唱埃及前任统治者们的英雄事迹。伴着凯蒙伽（kemenga）和莫希耳（mosil），诗人们轮流吟唱自己写的诗。苏丹前后都有手持戟的塔巴达尔，苏丹左边的古卡达尔手持剑鞘中的短剑，苏丹右边有一个手持盾牌和短剑的人。紧跟在苏丹后面的是加玛达尔，即持权杖者。持权杖者是一个高大英俊的男人，高举着顶部镶嵌黄金的权杖，眼睛始终不离开自己的主人苏丹。宫廷内的高级官员们跟在加玛达尔后面，但他们的穿着打扮不太引人注目。当苏丹在长途旅行中停下来过夜时，人们就将火把拿到苏丹面前。苏丹还未到营地，他的仆人就会先去搭好帐篷。苏丹到达营地后，仆人拿着镶金的蜡烛迎接苏丹。侍从和戟兵将苏丹团团围住，士兵们齐声合唱，所有人下马，只有苏丹仍然骑在马上。苏丹将马留在帐篷前面，然后走进帐篷后面的圆亭。圆亭内有一间小卧室，家具都是木质的，小卧室内部比帐篷内还暖和。圆亭内还有一个浴盆，浴盆旁边放着烧水的工具。圆亭周围有栅栏，马穆鲁克卫兵定时骑马巡视。他们每夜巡视整个营地两次。埃米尔·巴布达尔，或称大门卫，指挥巡视工作。仆人和宦官睡在圆亭门口。让·德·茹安维尔描述了苏丹在达米亚特的营地。营地入口有一座用彩色材料覆盖的圆木制成的高塔，经过高塔往里走是一个帐篷。当军官们拜见苏丹时，他们先将武器留在帐篷内。"帐篷后面有一个和营地入口一样的门，从这门进去，便有一个大帐篷，这里就是苏丹的大厅。大厅后面有一座塔，和前面的塔很像。经过这座塔，人们便进入了苏丹的房间。苏丹房间后面有一个封闭的地方。这个封闭地方的中心有一座比其他塔都高的塔。苏丹从塔上可以俯瞰整个营地甚至整个埃及。一条小路从围场一直延伸到尼罗河畔。在河边，苏丹支起一个帐篷用作浴室。整个营地都用木板围起来，木板外面盖着蓝色印花布，四座塔也用印花布盖着。"

历史学家马克里齐喜欢讲述苏丹如何骑马，如何检阅军队，如何在战斗中冲锋，如何应对埃及内部的斗争。马穆鲁克是体育运动的狂热爱好者。纳西尔·阿德-丁·穆罕默德喜欢狩猎。他引进大量的鹰，并且把宝贵的领地赠送给身边的猎鹰人。拜巴尔一世是一位敏捷的弓箭手，也是一位制箭能手。在开罗胜利门外，他下令建造一座射箭场。在这里，他从中午一直待到日落，并且鼓励埃米尔们练习射箭。射箭成为拜巴尔一世统治时期宫廷贵族的主要兴趣。但与大多数马穆鲁克一样，拜巴尔一世爱好广泛。他喜欢赛马，并且每星期有两天在赛马场度过。另外，他以在比武中使用长矛闻名。比武是那个时代娱乐活动的一部分。拜巴尔一世还擅长游泳。一次，他穿着铁甲游过尼罗河，他的身后还跟着几个坐在充气垫上的贵族。

对马穆鲁克生活细节的描述可以在马克里齐的著作中找到。但如果我们想了解马穆鲁克时期的埃及内部的情况，我们必须参考其他著作。我们偶尔会在马克里齐的著作中发现埃及宫廷在重大节日的狂欢，以及城堡内举行的音乐会。举行音乐会时，人们将一支火炬轻轻来回挥舞计时。但要了解马穆鲁克时期埃及人的生活，我们必须参考《一千零一夜》。在《一千零一夜》中，无论故事的起源和场景如何，故事涉及的风俗习惯都是叙述者在开罗马穆鲁克统治时期亲眼见到的。流传下来的各种奢侈品，如高脚杯、香炉、碗和镶嵌着金银的精美器皿，都证实了《一千零一夜》中描绘的场景的真实性。中世纪的穆斯林用祈祷、斋戒和乏味的仪式自娱自乐。甚至在宗教生活中，穆斯林也会找到享乐的机会。他们充分利用宗教节日，穿上最好的衣服。他们举行集会——实际上是去参观陵墓，并且是骑在驴背上高高兴兴地去参观。他们让家中的仆人也外出，在灯火辉煌的街道上玩耍。街道上挂满绸缎，挤满跳舞的、玩杂耍的、狂欢的、穿着奇怪的人，表演着卡拉库什（东方的潘趣）和中国皮影戏。

1258年，萨利赫·阿尤布的秘书、诗人巴哈丁去世。巴哈丁的诗歌生动描述了马穆鲁克统治早期欢乐的埃及社会。显然，当时穆斯林侍臣们没有严格遵守戒酒令。酒杯在巴哈丁诗中的重要性与在奥马尔·海亚姆的诗中一样突出。许多马穆鲁克苏丹都被描述为嗜酒成瘾者，甚至由于沉溺于饮酒，伟大的领主贝萨里一度无法参与朝政。然而，这种嗜酒状态也有可取之处。哈伦统治时期的穆斯林，以及埃及其他"黄金时期"，如拜巴尔一世和巴库克统治时期的穆斯林，都不会郁郁寡欢或孤独地喝酒。他们喜欢一群人一起快乐地饮酒，桌上放有许多鲜花，身边芳香弥漫。穆斯林在胡须上洒上麝香，在漂亮的长袍上洒上玫瑰水，在香炉里点燃龙涎香和乳香。这使房间内弥漫着一股怡人的香味。没有音乐和女歌者的声音，宴会就不完整。女歌者狂欢的地方往往在一座宫殿内，如同忽必烈在梦中想象的那样[1]。马穆鲁克王朝的统治者曾经下令建造富丽堂皇的拱形宫殿，并且在宫殿内挂满贵重的装饰品，在地板上铺有珍贵的地毯。宫殿的门和天花板装饰着大量雕刻品和象牙制品。饮水和洗涤器皿上有精美的镶嵌物，彩色的窗户引人注目。但巴哈丁的诗没有描绘辉煌的宫殿，而是主要描绘阿拉伯艺术繁盛时期埃及的生活和社会状况，以及埃及人创作的优秀艺术作品。人们可以通过历史记录看到马穆鲁克统治时期常备军士兵生活的矛盾之处。常备军士兵是外国人，很少与埃及本地人通婚。因此，人们可以从外表上区分常备军士兵和埃及本地人。常备军士兵们对对手暴虐、无情，喜欢流血的战斗。但他们喜欢在家中收藏艺术品，捐赠大笔款项做艺术基金，帮助建造宏伟的清真寺和宫殿。另外，对服装和家具的小细节，他们也很讲究。尽管我们明白突厥士兵的野蛮行为，但我们仍然无法解释他们如何碰巧成为埃及自托勒密王朝以来艺术、文学和公共事业的卓越的推动者。

在这个辉煌的时期，埃及人被严格分为两个阶层：一个是马穆鲁克，或军官，另一个是埃及百姓。这两个阶层几乎没有共同点。百姓被用来耕地、缴税养活马穆鲁克，以及为马穆鲁克制作长袍。但除了这些职能，以及担任与司法和宗教相关的职位，很少有百姓能参与政事，地位与马穆鲁克相当的百姓很少。马克里齐的著作中讲述了马穆鲁克的名字[2]，对马穆鲁克的名字描述准确、详细。人们可以见到马穆鲁克的名字一般是突厥语，但一些马穆鲁克的名字是阿拉伯语，这是因为他们的突厥父母使用了阿拉伯语名字。马穆鲁克享有的荣誉百姓无法享有。另外，百姓不能像马穆鲁克一样参与军事活动和国家仪式。遇上一位像拉金一样温和的君主登上苏丹之位，实行减少税收、分配巴克什[3]的政策，百姓就很感激。当苏丹从征战中归来，或者从疾病中康复时，百姓在街上张灯结彩，参与公众欢庆活动。但百姓在埃及政事方面没有发言权，其处境完全由统治者的性格决定，而统治者会频繁更迭。

以下列表显示了巴赫里王朝二十五位苏丹的名字和继承顺序。其中，一些苏丹缺乏详细的传记记录：

巴赫里王朝苏丹的姓名	登基时间（公元）	备注
女苏丹舍哲尔-杜尔[4]	1250	
伊兹丁·艾贝克[5]	1250	
马利克·曼苏尔·阿里	1257	
忽秃思[6]	1259	
拜巴尔一世[7]	1260	
穆罕默德·巴雷凯·汗	1277	
塞拉米什	1279	
嘉拉温	1279	
萨拉丁·赫利勒[8]	1290	
纳西尔·阿德-丁·穆罕默德	1293	
阿尔-阿迪勒·怯的不花[9]	1294	
拉金[10]	1296	

●续 表

巴赫里王朝苏丹的姓名	登基时间（公元）	备注
纳西尔·阿德-丁·穆罕默德	1299	第二次统治
拜巴尔二世[11]	1308	
纳西尔·阿德-丁·穆罕默德	1309	第三次统治
塞义夫丁·阿布-巴克尔	1341	
阿拉丁·库朱克	1341	
纳西尔·艾哈迈德	1342	
萨利赫·伊斯梅尔	1342	
赛义夫丁·沙巴恩一世	1345	
赛义夫丁·哈吉一世	1346	
纳西尔·哈桑	1347	
萨利赫·本·穆罕默德	1351	
纳西尔·哈桑	1354	第二次统治
萨莱赫丁·穆罕默德	1361	
宰恩丁·沙巴恩二世	1363	
曼苏尔·阿里二世	1376	
萨利赫·哈吉二世	1381	
巴库克（布尔吉马穆鲁克）	1382	
塞莱赫丁·哈吉	1389	第二次统治，头衔是曼苏尔

1250年5月，图兰沙遭谋杀后，埃及的马穆鲁克虽然要控制苏丹之位，但显然，他们很尊重萨利赫·阿尤布。于是，马穆鲁克拥立萨利赫·阿尤布的遗孀舍哲尔-杜尔做埃及女苏丹。在印度女皇出现前，舍哲尔-杜尔似乎是统治伊斯兰政权的唯一女性统治者。由于女性做统治者不符合伊斯兰教规，舍

图 57 ● 舍哲尔-杜尔女苏丹统治时期的一第纳尔钱币，1250 年在开罗发行

哲尔-杜尔遭到埃及穆斯林的责难。因此，不久后，舍哲尔-杜尔与近卫军首领伊兹丁·艾贝克结婚，共掌政权。他们生了一个儿子哈利勒，但哈利勒在婴儿时就去世了。不过，舍哲尔-杜尔以哈利勒的名义继续统治，这一点可以由当时所有的国家文件都有舍哲尔-杜尔的签名来证明。她自称是乌姆-哈利勒，或瓦利达-哈利勒，即"哈利勒的母亲"。清真寺的祈祷以舍哲尔-杜尔的名义进行。发行的钱币印有舍哲尔-杜尔的头衔"穆斯塔希米亚，萨利希亚，马利卡特-穆斯米，瓦利达·马利克·曼苏尔·哈利勒-阿米尔-穆米宁"，意为"穆斯台绥木和萨利赫·阿尤布从前的奴隶，穆斯林的女苏丹、利克·曼苏尔·哈利勒的母亲"[12]。新苏丹舍哲尔-杜尔的第一个任务是确认以前与法兰西国王路易九世签订的协议，并且将路易九世及其军队安全驱逐出境。十字军士兵能保住性命在一定程度上要归功于舍哲尔-杜尔。自从谋杀图兰沙后，兴奋的马穆鲁克想重新占领达米亚特，并且考虑屠杀基督教徒。十字

军的赎金可能改变了马穆鲁克的想法。在达米亚特,路易九世的王后普罗旺斯的玛格丽特支付了八十万银币赎金的一半。随后,路易九世立即离开达米亚特。

穆斯林并不喜欢女统治者,女苏丹舍哲尔-杜尔的统治难以持久。先知穆罕默德曾说"让女性做统治者的民族是无可救药的"。巴格达的哈里发穆斯台绥木不喜欢埃及新苏丹舍哲尔-杜尔。于是,他给埃及的领导人们写信说道:"如果你们没有一个合适的男人担任君主,那么我向你们提供一个人选。"埃及的领导人们明白穆斯台绥木话里暗示的意义。伊兹丁·艾贝克是近卫队的总指挥官,地位重要。他被埃米尔们选为与舍哲尔-杜尔结婚的人选。1250年7月31日,伊兹丁·艾贝克与舍哲尔-杜尔结婚。伊兹丁·艾贝克的头衔是"马利克·莫伊兹"[13]。鉴于阿尤布王朝在叙利亚的势力对埃及怀有敌意,埃及进一步采取了防范措施。萨拉丁的后代不愿轻易失

图 58 ● 伊兹丁·艾贝克统治时期的一第纳尔钱币,1256 年在亚历山大发行

去埃及的这块领地。萨拉丁的曾孙纳西尔·优素福已经占领了当时属于埃及的大马士革，下一步会向尼罗河进军。为了让纳西尔·优素福出师无名，1250年8月5日，马穆鲁克让伊兹丁·艾贝克和阿什拉弗·穆萨共同统治。阿什拉弗·穆萨是卡米勒的曾孙[14]，当时只有六岁，但舍哲尔-杜尔仍然大权在握。她控制着埃及财政，拒绝告诉伊兹丁·艾贝克已故苏丹萨利赫·阿尤布财宝的储藏地，并且严格控制丈夫伊兹丁·艾贝克。伊兹丁·艾贝克的真正职责是帮助舍哲尔-杜尔打击对手，舍哲尔-杜尔管理埃及内部事务。然而，她总是以两位苏丹伊兹丁·艾贝克和阿什拉弗·穆萨的名义，在由马穆鲁克组成的军队的协助下处理政务。阿克泰、拜巴尔和巴班是马穆鲁克军队中最显赫的人物，并且担任要职。

伊兹丁·艾贝克需要防范两种危险。一种危险是叙利亚的阿尤布王朝正统派穆斯林的入侵，另一种危险是马穆鲁克和阿拉伯臣民的阴谋，但埃及本地人制造的危险可以忽略。最紧迫的危险来自正统派。1250年8月，在叙利亚边境附近的萨利希亚，部分马穆鲁克组成军队，宣布拥立阿迪勒二世的儿子、卡米勒的孙子穆吉赫·奥马尔为埃及苏丹。穆吉赫·奥马尔具有登上苏丹之位必要的王室血脉。因此，他的伯父萨利赫·阿尤布将他软禁在蒙特利尔的肖贝克。在肖贝克，他被投机的狱卒释放。随即，他占领了卡拉克的坚固要塞。伊兹丁·艾贝克称穆吉赫·奥马尔的行动是将埃及置于巴格达的阿拔斯王朝哈里发穆斯台绥木的保护之下，宣布埃及是穆斯台绥木统治下的一个省，伊兹丁·艾贝克是哈里发穆斯台绥木的总督。在确立另一个比阿尤布王朝更古老的正统头衔后，伊兹丁·艾贝克转向采用战争手段。他首先派马穆鲁克的指挥官阿克泰解救被叙利亚人围困的加沙。与此同时，伊兹丁·艾贝克努力使埃及人相信自己尊敬阿尤布王朝。萨利赫·阿尤布的尸体被从罗达城堡移走。之前，舍哲尔-杜尔匆忙将萨利赫·阿尤布的尸体藏在罗达城堡内。1250年10月，舍哲尔-杜尔在贝恩-卡斯林为萨利赫·阿尤布建造的、现在仍然存在的建在墓地上的清真寺中，为萨利赫·阿尤布举办了一场盛大的葬礼。两位苏丹伊兹丁·艾贝克和阿什拉弗·穆萨，以及官员们都隆重出席葬礼。所有马穆鲁克都穿着白衣哀悼，他们还剪掉了头发。墓上覆盖着一块布，已故苏丹萨利赫·阿尤布的弓和箭袋被安放在墓前。埃及人被鼓励相信阿尤布王朝的反对力量已经分裂，卡拉克的穆吉赫·奥马尔已经成为伊兹丁·艾贝克的盟友。当时，各种谣言到处流传。

然而，1251年，当大马士革的纳西尔到达埃及边境时，埃及人对他取得成功充满信心，并且准备迎接他到来。每个人都预言阿尤布王朝将会获得胜利。伊兹丁·艾贝克和阿克泰，以及上埃及的马穆鲁克和阿拉伯人组成的庞大军队在阿巴沙附近遇到要求继承埃及苏丹之位的大马士革的纳西尔。随后，一场艰苦的战斗爆发了。1251年2月3日，在第一次猛攻中，埃及的阿拉伯军队溃不成军。埃及的阿拉伯士兵逃回自己的家园，并且在途中宣告伊兹丁·艾贝克战败。开罗的政府立刻支持所谓的胜利者。1251年2月4日,大马士革的纳西尔的名字在星期五的祈祷中被尊崇。为了庆祝大马士革的纳西尔获胜,开罗居民准备了娱乐活动。然而,当阿拉伯士兵逃跑时,战斗还没有结束。埃及人和叙利亚人旗鼓相当。最终,大马士革的纳西尔麾下的马穆鲁克抛弃了他,投靠了伊兹丁·艾贝克。这使形势发生了逆转。叙利亚军队逃到大马士革,放弃了营地和行李。许多叙利亚将士被杀和被俘,其中被俘的包括大马士革前领主萨利赫·伊斯梅尔和其他几位萨拉丁家族的亲王。萨利赫·伊斯梅尔是埃及的死敌。萨利赫·伊斯梅尔在老对手萨利赫·阿尤布的墓前被示众,然后他在开罗城堡中被勒死。

在胜利的鼓舞下,伊兹丁·艾贝克派阿克泰收复加沙和巴勒斯坦,并且利用自己正在上升的声望,在1252年推翻名义上的伙伴阿什拉弗·穆萨,在1254年将他送到君士坦丁堡。与此同时,他促进叙利亚和埃及的和解。他的动机是明显的。入侵的蒙古人已经靠近埃及边界,此时正在迪亚巴克尔。伊兹丁·艾贝克必须消除伊斯兰世界君主之间的微小分歧,并且形成统一战线对抗蒙古人。1253年4月,巴格达方面的使者到达埃及,埃及和叙利亚达成协议。根据协议,埃及控制约旦河以西,包括耶路撒冷和沿海穆斯林聚集的巴勒斯坦地区。1256年,当大马士革的纳西尔放弃保护埃及的不满者,伊兹丁·艾贝克不再受正统派穆斯林的骚扰时,协议的内容有所更新[15]。

对伊兹丁·艾贝克而言,埃及内部的阴谋诡计比外敌的公开进攻更难防范。阿克泰是最杰出的马穆鲁克将军，他不仅曾击溃路易九世率领的十字军，还多次打败叙利亚人。他是伊兹丁·艾贝克的主要对手。巴赫里马穆鲁克只听从阿克泰的命令。在阿克泰的纵容下，这些好斗的士兵让开罗当地居民很害怕。马穆鲁克屡犯暴行，抢劫无辜百姓的房屋，扫荡妇女使用的公共澡堂。马克里齐认为，即使是十字军，也不可能犯下比马穆鲁克更严重的罪行。更糟糕的是，萨伊德的阿拉伯人大声疾呼"埃及属于阿拉伯人"，而不属于突厥人，进而爆发了叛乱。这场民族主义运动的影响范围广泛，阿拉伯人召集了一万两千名骑兵和大量步兵。阿拉伯人与只有五千名马穆鲁克的阿克泰在尼罗河三角洲附近交战，但阿克泰的战略和勇气再次为马穆鲁克带来胜利。埃及以北的一场战争迅速削弱了尼罗河三角洲地区反叛的阿拉伯人。伊兹丁·艾贝克处死了阿拉伯人的领袖及其诸多追随者，并且通过增加税收惩罚阿拉伯部落。埃及的阿拉伯人曾经很富有，拥有许多马匹和大群牲畜。15世纪的历史学家说，阿拉伯人在13世纪与马穆鲁克爆发战争后，阿拉伯人沦落到现在的状态。

成功镇压阿拉伯人的叛乱使阿克泰比以往任何时候都更令人难以忍受。伊兹丁·艾贝克决定除掉阿克泰。阿克泰被关在开罗的城堡里，他的头被抛给站在城墙下的卫兵。许多巴赫里马穆鲁克对这一突如其来的打击感到震惊。随后，巴赫里马穆鲁克逃离埃及，一些留下来的遭到逮捕。伊兹丁·艾贝克暂时保住了苏丹之位。然而，流亡的马穆鲁克仍然是一个长期的威胁。他们袭击巴勒斯坦，试图在大马士革煽动大马士革的纳西尔。当大马士革的纳西尔试图摆脱流亡的马穆鲁克时，马穆鲁克与穆吉赫·奥马尔在卡拉克会合，并且在埃及边界徘徊。伊兹丁·艾贝克花了近三年时间在埃及边境的军营防范穆吉赫·奥马尔和马穆鲁克的进攻。当时，伊兹丁·艾贝克一心想使自己的头衔合法化。于是，他派一位使者前往巴格达，面见哈里发穆斯台绥木。使者要求哈里发穆斯台绥木授予伊兹丁·艾贝克荣誉长袍和徽章。与此同时，伊兹丁·艾贝克向摩苏尔贵族卢鲁的女儿求婚。这最终导致伊兹丁·艾贝克与妻子舍哲尔-杜尔决裂。虽然伊兹丁·艾贝克与舍哲尔-杜尔的关系很糟糕，但舍哲尔-杜尔不想与其他女人分享自己的丈夫。舍哲尔-杜尔曾经让伊兹丁·艾贝克与前妻离婚，同样不能容忍伊兹丁·艾贝克再婚，特别是与一位有地位的公主再婚。伊兹丁·艾贝克曾被宫廷占星家告知，他将死于一个女人的阴谋。私下里，伊兹丁·艾贝克得到人们的提醒：舍哲尔-杜尔正密谋废黜自己。他似乎打算暗杀舍哲尔-杜尔，但舍哲尔-杜尔先下手了。她虚情假意地邀请伊兹丁·艾贝克来到城堡。然后，伊兹丁·艾贝克在洗澡时被舍哲尔-杜尔谋杀。当这一切结束后，舍哲尔-杜尔试图谎称伊兹丁·艾贝克是自然死亡，但马穆鲁克很快通过折磨奴隶获得了真相。舍哲尔-杜尔将苏丹之位让给几位贵族，但谁都不敢接受这样危险的礼物。盛怒之下，马穆鲁克本来会杀死舍哲尔-杜尔，但旧日的战友情谊使舍哲尔-杜尔得到了近卫军的保护。实际上，近卫军并不喜欢伊兹丁·艾贝克。舍哲尔-杜尔被关在红塔里，预感自己的末日即将来临。在最后几个小时内，她将自己的珠宝放在研钵里捣碎，不让其他女人戴。三天后（1257年4月13日），舍哲尔-杜尔被拖到她强迫伊兹丁·艾贝克与之离婚的妻子面前。在情敌面前，舍哲尔-杜尔被女奴的木屐砸死。女奴将舍哲尔-杜尔半裸的尸体扔进城堡沟。她的尸体在沟里躺了几天，被狗吃掉，最后有人掩埋了她的残骸。舍哲尔-杜尔的墓在西塔·内菲萨教堂附近。一些虔诚的现代人在墓地旁放了一块绣着舍哲尔-杜尔名字的布。舍哲尔-杜尔的结局与荡妇耶洗别无异，但她曾经拯救过埃及。

伊兹丁·艾贝克和前妻生的儿子被马穆鲁克选为苏丹之位的继承人。但这个将时间都花在鸡毛蒜皮的斗鸡和骑驴上的十五岁的小伙子能登上苏丹之位，只是为了避免相互嫉妒的埃米尔们斗争的权宜之计。新苏丹的头衔是马利克·曼苏尔·阿里[16]。1259年11月，他被伊兹丁·艾贝克的副将、摄政忽秃思废黜。忽秃思继承苏丹之位，头衔是马利克·穆扎法尔[17]。正如忽秃思对自己的追随者说的那样，埃及不需要一个男孩做傀儡苏丹，"我们要的是一个能战斗的苏丹"。当时的危险不是来自正统派，因为当流亡的马穆鲁克试图征服埃及时，忽秃思已经完全击溃卡拉克的阿尤布王朝穆吉赫·奥马尔的势力。威胁着整个地中海东岸穆斯林的是旭烈兀领导下的蒙古人。1258年2月，旭烈兀占领巴格达，杀死穆斯台绥木，并且在1260年征服整个叙利亚，接着进军加沙，掠夺和摧毁沿途所有城镇。旭烈兀派使者会见埃及苏丹忽秃思。蒙古使者带着一封威胁信，要求忽秃思屈服于旭烈兀的统治。忽秃思处死了旭烈兀派去的使者，并且将使者的头挂在扎维拉门上。他不愿与旭烈兀谈判，以免一些意志薄弱的埃米尔同意旭烈兀提出的条件。他必须严厉斥责有投降想法的埃米尔们，然后集中精力领导一支团结而坚定的军队反击对手。1260年7月，当拜巴尔一世带领先头部队将蒙古守军赶出加沙时，埃及人中有关投降的谣言消失了，埃及军队士气大增，并且鼓起了勇气。整个埃及军队沿着埃及海岸向北挺进，迫使阿卡的十字军在这场战争中保持中立。然后，埃及军队将对付蒙古人。1260年9月3日，埃及军人发现蒙古人驻扎在十字军远征的著名地点比珊附近的歌利亚之泉。起初，蒙古人的猛烈进攻击溃了埃及军队。但埃及军队分散逃跑使其赢得了胜利，因为蒙古军队因分散追击埃及军队导致队形变乱，从而遭到马穆鲁克的持续进攻。1260年9月6日，蒙古将军怯的不花战败。蒙古军队很快全面撤退，大马士革的蒙古守军也加入了撤退的队伍。在大马士革，穆斯林势力崛起并杀害当地的基督教徒。忽秃思恢复了被摧毁的城市秩序，废黜了霍姆斯和哈马的阿尤布王朝的诸侯们。从希姆斯和哈马一直到阿勒颇和幼发拉底河的居民以忽秃思的名义祈祷。忽秃思从拯救埃及和收复叙利亚的战争中凯旋时，成为妒忌的牺牲品。事实上，妒忌是军事独裁不可避免的祸根。忽秃思麾下最能干的将军拜巴尔一世不满足于统治阿勒颇。于是，拜巴尔一世与其他贵族合谋推翻忽秃思

图 59 ●拜巴尔一世统治时期的一第纳尔钱币，1261 年在亚历山大发行

的统治。1260年10月24日，忽秃思在从埃及边境返回途中被杀。主要弑君者拜巴尔一世当场被选为埃及苏丹。

拜巴尔一世是马穆鲁克王朝的真正建立者，他的头衔是苏丹·马利克·扎希尔·鲁肯杜亚瓦丁·拜巴尔·本杜克达里-萨利希[18]。拜巴尔一世的前任们在打击对手、镇压叛乱和抗击外敌时几乎没有掌握实际权力，但拜巴尔一世不一样。他出生在里海和乌拉尔山脉之间的钦察，身材高大，面色红润，有一双蓝色的眼睛。由于一只眼睛患有白内障，所以他在奴隶市场只卖到二十英镑左右。拜巴尔一世曾是埃米尔艾德金·本杜克达尔的奴隶，因此，他的绰号是"本杜克达里"，即马可·波罗笔下的"本多克克达尔"。后来，他加入萨利赫·阿尤布的军队，成为巴赫里马穆鲁克最引人注目的人。拜巴尔一世在曼苏拉战役中表现突出。他是第一位卓越的马穆鲁克苏丹，奠定了马穆鲁克王朝的基础。特里波里斯的威廉说："作为一名士兵，庞德加不逊于尤利乌斯·恺撒，在邪恶方面不逊于尼禄。"但特里波里斯的威廉认为拜巴尔一世"稳重、品德高尚，公正地对待自己的臣民，甚至仁慈地对待自己信仰基督教的臣民"。拜巴尔一世成功统治了幅员辽阔的领地。直到奥斯曼土耳其帝国的征服浪潮最终席卷埃及和叙利亚，拜巴尔一世的继任者们即使能力不足，或者试图分裂马穆鲁克王朝，也不能摧毁拜巴尔一世建立的基业。拜巴尔一世组织马穆鲁克军队，重建海军，将采邑分配给领主和士兵，修建堤道和桥梁，并且在埃及各地开凿运河。他巩固了叙利亚要塞的防御工事，并且派马穆鲁克驻守。另外，他将大马士革和开罗的邮政服务时间缩短到四天，并且经常在同一星期内在大马士革和开罗打马球。拜巴尔一世的清真寺依然矗立，但北门已经消

图 60 ● 在清真寺发现的拜巴尔一世的狮子徽章，1268 年制作

失。他下令建造的学院曾经矗立在贝恩-卡斯林，但如今这座学院只剩下一些遗迹。另外，他设立了一项用于贫穷的穆斯林葬礼的捐赠基金。在许多方面，他是一位伟大的统治者，并且具有非凡的品质，正是这些品质让他从一个眼睛有缺陷的奴隶成长为一个持续二百五十年的王朝的巩固者。

1260年10月，拜巴尔一世决心成为第二个萨拉丁。他要恢复埃及帝国的统治权和威望，并且向仍然在地中海岸徘徊的"异教徒"发动战争。叙利亚确实已经被拜巴尔一世的前任忽秃思收复。拜巴尔一世谨慎地确认自己在叙利亚任命官员的名单，并且安抚了叙利亚的诸侯们，但埃及对叙利亚的统治仍然不稳定。拜巴尔一世的一个对手宣称自己是大马士革的国王。1261年1月，虽然这个对手被镇压下去，但他的野心巨大。新苏丹拜巴尔一世的第一个目标是迫使蒙古人待在幼发拉底河的对岸，此时，蒙古人已经建立了一个王朝，即波斯的伊儿汗国；第二个目标是惩罚组建十字军的国家。十字军与蒙古人共同对抗曾经广阔的阿拔斯哈里发帝国的残余势力。为了强调自己伊斯兰教苏丹的卓越身份，拜巴尔一世不仅大规模建造清真寺，设立慈善基金会，还邀请阿拔斯王朝一位流亡的亲王来到开罗。1261年6月，阿拔斯亲王在开罗举办的盛大仪式上登上哈里发之位，其头衔是穆斯坦绥尔二世。拜巴尔一世给穆斯坦绥尔二世戴上黄金刺绣的深色头巾和金链，穿上紫袍和短袜，象征穆斯坦绥尔二世被正式拥立，即人们在精神上承认穆斯坦绥尔二世对哈里发领地的统治。起初，拜巴尔一世似乎考虑在巴格达恢复哈里发帝国，并为此向穆斯坦绥尔二世派遣了一支军队和一位出色的随从。然而，当向美索不达米亚进军时，他心中产生了恐惧。他担心恢复地位的穆斯坦绥尔二世可能会对自己产生敌意。于是，他放弃了穆斯坦绥尔二世。不幸的穆斯坦绥尔二世孤军作战，并且在美索不达米亚战争中失去了生命。1262年，拜巴尔一世在开罗拥立另一位叫哈基姆一世的阿拔斯哈里发。此时，没人谈论重新征服巴格达。此后，哈基姆一世及后来埃及的阿拔斯哈里发都只被限制在清真寺举办的仪式之类的宗教活动中。然而，阿拔斯哈里发是伊斯兰教的精神支柱，因为他们将古老的巴格达哈里发制度与土耳其现在的苏丹联系起来，并且将哈里发的所有权力赋予苏丹。按照继承顺序，埃及的阿拔斯哈里发有：

名字	统治时间（公元）	备注
穆斯坦绥尔二世	1261	
哈基姆一世	1262	
穆斯塔克菲一世	1302	
瓦提克一世	1339	
哈基姆二世	1340	
穆塔迥德一世	1352	
穆塔瓦基勒一世	1362	
穆阿台绥姆	1377	
穆塔瓦基勒一世	1377	第二次统治
瓦提克二世	1383	

●续 表

名字	统治时间（公元）	备注
穆阿台绥姆	1386	第二次统治
穆塔瓦基勒一世	1389	第三次统治
穆斯塔因二世	1405	
穆塔迪德二世	1413	
穆斯塔克菲二世	1440	
卡依姆二世	1451	
穆斯坦吉德二世	1454	
穆塔瓦基勒二世	1479	
穆斯塔姆西克	1497	
穆塔瓦基勒三世	1498	
穆斯塔姆西克	1516	第二次统治
穆塔瓦基勒三世	1521	第二次统治

在获得穆斯林领袖的头衔后，拜巴尔一世开始通过与外国君主结盟巩固权势。幸运的是，在伏尔加河流域放牧的金帐汗国，即钦察汗国的可汗别儿哥已经接受伊斯兰教，并且与其亲戚波斯的伊儿汗国展开激烈的斗争。1261年到1263年，别儿哥和拜巴尔一世互派使者，并且向对方送去珍贵的礼物。于是，别儿哥和拜巴尔一世形成对抗波斯的同盟[19]。

每星期五，在开罗、耶路撒冷、麦加和麦地那的清真寺内，别儿哥的名字甚至和苏丹拜巴尔一世的名字一起被祈祷。别儿哥的女儿和拜巴尔一世结婚。拜巴尔一世的特使在面见别儿哥的途中，经过君士坦丁堡。埃及已经和拜占庭帝国皇帝米海尔八世达成共识。米海尔八世自然愿意与埃及成为朋友。十字军的暴力和暴政已经折磨了拜占庭帝国半个世纪。1262年，在米海尔八世的要求下，拜巴尔一世向君士坦丁堡派出一名米列凯派的牧首。作为回报，米海尔八世下令修复一座古老的清真寺。在被罗马天主教徒摧毁前，这座清真寺已在君士坦丁堡存在了几个世纪。埃及政府向西西里国王曼弗雷德派去使者。曼弗雷德是神圣罗马帝国皇帝腓特烈二世的儿子，也是教皇的对手，但他没有向埃及提供什么帮助。此外，埃及苏丹拜巴尔一世和阿拉贡国王海梅一世签订了商业协议。1271年到1272年，拜巴尔一世和卡斯蒂利亚国王阿方索十世成为商业伙伴。1264年，路易九世的弟弟安茹的夏尔派使团前往开罗。拜巴尔一世与小亚细亚的凯胡斯鲁的诸侯成为盟友。所有这些活动都体现了拜巴尔一世作为一位谨慎而有远见的政治家的品质。正是与强大的金帐汗国的联盟，使伊斯兰世界免遭在波斯的蒙古人大举入侵。蒙古人确实多次袭击幼发拉底河岸的比拉，并且来到叙利亚的阿帕梅亚。但拜巴尔一世明智地将埃及北部地区变成一片废墟，使入侵者找不到食物和饲料。此后，尽管蒙古军队是埃及的长久威胁，但在拜巴尔一世的统治下，蒙古军队没有取得任何重大胜利。

然而，拜巴尔一世必须处理位于叙利亚海岸的一些蒙古人的支持者。法兰克人，特别是安提阿和特里波里斯的君主博希蒙德六世希望牺牲伊斯兰教来支持基督教。他们是伊儿汗国的支持者，所以成为拜巴尔一世攻击的特殊目标。从1261年到1271年的十年里,拜巴尔一世几乎每年都要发动反十字军国家的战争。起初,拜巴尔一世只是袭击安提阿、奇里乞亚和阿卡,残忍破坏城镇并杀死对手。然而,1265年,他开始了一系列征服行动。从1265年3月到1265年4月,他占领恺撒利亚和阿苏夫,并将它们夷为平地,以免它们再次成为"异教徒"的据点。被征服的恺撒利亚和阿苏夫要塞的十字军士兵被侮辱,他们被迫帮助埃及军队拆毁要塞的防御工事,在脖子上挂着破碎的十字架,为胜利者回到开罗增色。在信奉伊斯兰教妇女的协助下,托钵僧和苦行僧鼓舞并点燃了穆斯林军队的热情,并且在战壕内劳作。拜巴尔一世像个挖土工人那样拆毁防御工事。1266年,埃及军队再次出发。虔诚地访问耶路撒冷和希伯仑,并且分发救济品,之后,拜巴尔一世占领阿尔卡,突袭了阿卡、提尔和西顿周围基督教徒的土地,并且经过三次战斗从圣殿骑士手中夺取了采法特。几乎所有圣殿骑士被杀。与沿海城镇不同的是,1266年7月,拜巴尔一世往采法特派遣驻军,并且加固防御工事。拜巴尔一世承担了战斗中危险的职责,训练士兵们攻城,并且对伤病员表现出不同寻常的关怀。为了鼓舞士气,拜巴尔一世为伤病员提供帐篷和外科医师。与此同时,他严惩穆斯林聚集区的叛乱者和掠夺者,禁止士兵在营地喝酒,并且割去沉溺于私下抢劫或破坏庄稼的官员的鼻子。1266年秋,他率军占领了奇里乞亚和塔尔苏斯。1267年,海屯一世为了换取和平,交出了特拉普萨克和葛洪河以东地区。1268年,雅法被占领,并且被夷为平地[20]。雅法精美的大理石被用来装饰开罗的清真寺。1268年4月,舍克夫·阿嫩,即贝尔福投降,这次战役中的最大胜利是攻陷叙利亚北部的基督教大本营安提阿。安提阿这个高贵的城市被夷为平地。

拜巴尔一世利用征服安提阿的机会给安提阿国王博希蒙德六世写了一封信。他以在信中吹牛、挖苦人著称,在这封信中也不例外。他称呼博希蒙德六世为"伯爵",因为此时博希蒙德六世已经失去他的领地。拜巴尔一世说博希蒙德六世的领土一块一块被夺走,但他"像一个昏迷的人一样眼睁睁地看着"。然后,拜巴尔一世描述这场以攻陷安提阿而告终的战争,并且不放过任何细节。他写道:"你看到了吗?你的骑士被马蹄践踏!你的宫殿被劫掠者攻陷,被洗劫一空!你的财富用英担[21]来衡量!你的妃嫔们将你的用品出售,一第纳尔就能买四件用品;你的教堂被拆毁,你的十字架被锯成碎片,你的断章取义的福音书在太阳下被卖出;你的贵族们的墓被毁坏;在祭坛上,修士、祭司、执事被屠杀;富人陷入悲惨的境地,有王族血统的王子沦为奴隶!火焰吞噬了你的宫殿;死者被扔进会熄灭的火里,火光是永恒的;保罗和科斯马斯的教堂在晃动、在下沉!如果你看到这一切,那么你会说:'上帝啊,我要是尘土就好了!'……这封信为你带来好消息:它告诉你,上帝眷顾你,要延长你的生命,因为你不在安提阿!如果你在安提阿,那么现在你将被杀死或被俘、受伤或致残。活人看见堆满尸体的土地,为自己的平安感到喜乐。……没有一个人逃出来将这些情况告诉你,那么朕来告诉你。没人能告诉你你是安全的,其余的人都已经死亡,那么朕来告诉你。"

失去安提阿令法兰克人很沮丧,他们要求和平。为了暗中侦察特里波里斯,为未来围城做准备,拜巴尔一世随自己的使者乔装成马夫进入特里波里斯。阿卡的法兰克人也开启了和平谈判,但谈判失败了。1269年,埃及军队突袭了提尔和阿卡附近地区。1271年4月7日,埃及发动了一场更激烈的战争,医院骑士团放弃了骑士堡[22]。1271年5月11日,托尔托萨和迈尔凯巴通过割地实现停战。1271年6月12日,阿卡投降,条顿骑士团无法保卫蒙德福特要塞。拜巴尔一世再次给博希蒙德六世写信:"我们的黄旗战胜了你的红旗,你的钟声被真主伟大的召唤吞噬。"在进一步的敌对行动结束后,提尔与埃及达成领土划分协议。1272年4月22日,自称耶路撒冷国王的塞浦路斯国王休三世成功地为阿卡和塞浦路斯与埃及达成为期十年十个月十天的和平条约。和平条约之所以能够达成,部分是因为1272年5月金雀花王朝的爱德华一世将从英格兰派来援军,爱德华一世鼓励阿卡人重拾勇气,阿卡人甚至获得一些小规模战斗的胜利;部分是因为蒙古人的威胁——1271年和1272年,蒙古人分别入侵叙利亚北部。此外,为了征服博希蒙德六世的主要支持者塞浦路斯王国,埃及舰队在利马索尔损失惨重,拜巴尔一世正忙着通过快速建造新船修补受损舰队的实力。1275年,博希蒙德六世去世后,其继任者同意每年向拜巴尔一世支付两万第纳尔的贡品。于是,和平恢复了。

此时，法兰克人无法对埃及构成威胁，但在这之前另一个危险已经因阿萨辛派的投降而消失了。马儿卡布和哈马之间的安萨里亚山脉中有九座堡垒，潜伏着伊斯玛仪派的狂热信徒，他们组成了一个刺客组织。12世纪初，它一直在威胁叙利亚的安全。它多次暗杀一些重要人物。萨拉丁曾试图镇压它，但徒劳无功。自从萨拉丁的镇压行动失败后，许多基督教势力与刺客组织接触，刺客组织也得到医院骑士团的特别保护。然而，1267年，拜巴尔一世通过与骑士们的协议接管了这个刺客组织，并且对它产生影响[23]。拜巴尔一世开始削弱它的势力。1270年到1273年，通过武力或劝降，拜巴尔一世一个接一个地占领刺客的堡垒，并且诱导所有秘密组织中最可怕的刺客在埃及定居。在埃及，刺客组织逐渐失去狂热的特性，并且与平和的居民融合了。

1275年，从叙利亚海岸的战争中解脱后，拜巴尔一世将战争矛头转向北方。他再次占领奇里乞亚，突袭并烧毁埃尔马斯萨和西斯，接着袭击了塔尔苏斯。在塔尔苏斯，穆斯林带着喜悦祈祷。1273年初，拜巴尔一世率军游过幼发拉底河，并且在比拉附近击败蒙古人。1277年，他发动最后一场对抗最强大对手蒙古人的战争。蒙古人任命总督统治小亚细亚，并且控制年轻的塞尔柱诸侯们。1277年4月16日，拜巴尔一世带着一万一千名马穆鲁克士兵在阿布拉斯廷附近向蒙古人发起进攻。最终，蒙古军队被彻底击溃，战场上死去的蒙古士兵有近七千名。蒙古营地被占领，俘虏被处死。1277年4月23日，拜巴尔一世坐在恺撒利亚的王座上——鲁姆的塞尔柱苏丹曾在恺撒利亚统治了两个世纪。他受到恺撒利亚人的尊敬。他的名字在清真寺内被祈祷，诗人为拜巴尔一世欢呼，皇家塞尔柱乐队为拜巴尔一世唱赞美歌。拜巴尔一世在恺撒利亚以自己的名义铸币，并且将珀瓦纳的财宝分给军队。同样在恺撒利亚，卡拉曼的土库曼裔统治者效忠拜巴尔一世。卡拉曼是埃及北部边境一个有用的缓冲地带。拜巴尔一世是暂时占领恺撒利亚。当时，波斯伊儿汗国已经召集大军准备收复恺撒利亚。谨慎的拜巴尔一世回到叙利亚，将恺撒利亚留给残忍的蒙古人。坐上塞尔柱王座虽然荣耀无比，但这对拜巴尔一世来说只是小菜一碟，不值得记在他的功绩簿上。

埃及不只向北扩张。根据传统，信奉基督教的努比亚国王达乌德应该每年向埃及苏丹进贡奴隶。但达乌德屡次入侵埃及领土，并且在尼罗河岸的阿斯旺和红海岸的艾达布抓获穆斯林俘虏。为了报复上述行为，1272年到1273年，埃及的库斯总督袭击了努比亚，远至栋古拉。1275年，拜巴尔一世趁达乌德的侄子谢登达到达埃及的机会，支持谢登达篡位，使谢登达与叔叔达乌德对立。谢登达率领一支军队进攻努比亚。道、苏斯和栋古拉的堡垒都被占领。达乌德被击败，谢登达登上努比亚王位。在庄严宣誓后，他承诺将作为埃及苏丹真正的、忠诚的附庸，每年向埃及苏丹进贡奴隶，交出努比亚的一半税收，将大象、长颈鹿、黑豹、单峰骆驼和牛作为贡物进献，并且按照每个努比亚成年男性一第纳尔黄金的标准上交贡金。每个努比亚成年男性也被迫宣誓效忠埃及苏丹。早在652年，埃及就曾尝试征服努比亚。1173年，萨拉丁的哥哥图兰沙曾试图征服努比亚。但努比亚只是埃及名义上的附庸，很快又摆脱了埃及的统治。

此时，拜巴尔一世已经实现了自己的志向。他从一个奴隶成为13世纪最了不起的苏丹。从尼罗河的第四瀑布到皮拉缪斯河，从东边的幼发拉底河的比拉到哈布尔河上的卡尔基西雅，人们都服从拜巴尔一世的命令。沙漠中的贝都因人是拜巴尔一世的后备力量，阿拉伯圣城的治安官都受到拜巴尔一世的控制。除了海岸上几座仍然由基督教徒控制的城市及哈马，叙利亚地区都已臣服于拜巴尔一世。也门国王希望与拜巴尔一世建立友谊，并且送给拜巴尔一世昂贵的礼物。埃塞俄比亚的统治者希望拜巴尔一世派遣一位牧首。红海上的萨瓦金是拜巴尔一世的，来自北非巴尔卡的酋长们给拜巴尔一世进贡[24]。1277年7月1日，拜巴尔一世在自己名声最盛时去世。他也许死于自己为别人准备的一杯毒酒。

拜巴尔一世统治的大部分时间都花在埃及以外的战争中，但他通常在开罗度过冬季的几个月。每逢冬季，雨雪阻碍行军时，拜巴尔一世的军队就休息。拜巴尔一世利用冬季改善埃及及其都城开罗的治理。他不仅通过建立和修复清真寺和学院，以及通过重建城堡下的正义之堂显示自己希望提高人民的生活质量，还拓宽灌溉渠，挖掘新的灌溉渠，修路架桥，加固亚历山大的防御工事，修复灯塔，确保尼罗河口不受外国军队入侵的威胁。他重建了埃及舰队，建造了四十艘战船，使正规军——不包括阿拉伯民兵和埃及民兵，也不包括临时征募的士兵——维持了一万两千人的规模。巨大的战争开支意味着沉重的税收。尽管拜巴尔一世为了获得民众支持，在开始执政时，将忽秃思征收的苛捐巨款减为每年六十万第纳尔，但随着一系列征战的发生，他不得不增加赋税。从历史记录中可以看到，废除旧税的记录比征收新税的记录要多，并且在埃及的国库收入中，在埃及征收的税金少于被征服的叙利亚城市上交的贡金。至于拜巴尔一世的财富，我们可以从他送给盟友金帐汗国的礼物清单中了解一二。礼物清单中有乌木雕刻和象牙镶嵌的宝座，一个银箱子，大量祈祷用的上等地毯、窗帘、靠垫，精美的银柄宝剑，来自花剌子模的马鞍，来自大马士革的弓，阿拉伯投枪，银和搪瓷灯及吊灯，一个装有一本《古兰经》的黄金刺绣盒子，以及黑人宦官、厨师、阿拉伯马、单峰骆驼、骡子、野生驴、长颈鹿、猿、鹦鹉等。

拜巴尔一世的政府开明、公正、执法严格。拜巴尔一世采取明智而慷慨的措施应对1264年的严重饥荒，规范粮食销售，强迫官员们和埃米尔们为贫困人口提供三个月的援助。虽然酒税每年有六千第纳尔，但拜巴尔一世不允许酒或大麻出现在自己的领地。另外，拜巴尔一世试图通过科学隔离根除传染病。他严格要求自己的臣民具有良好的道德。因此，他下令关闭酒馆和妓院，驱逐镇上的欧洲妇女，虽然他有时也沉迷女色。不管他身上存在什么缺点，拜巴尔一世都不是一个爱奢佟享乐的人，没有人比他更热爱工作。白天，他常常打猎或打马球、耍长矛或射击。晚上，他处理政务。如果一名信使在黎明时分将信送到他手中，那么他会始终准时在三个小时内答复。上文提到，拜巴尔一世及其手下官员们在一个晚上起草、签署和密封了五十六份文件。

拜巴尔一世很受臣民欢迎。穆斯林总是崇拜一位能打胜仗的苏丹，特别是当这位苏丹还慷慨施舍时。在这两个方面，拜巴尔一世都表现得特别出色。另外，他得到宗教人士的认可，不仅因为他虔诚的捐赠，还因为他对伊斯兰教内任何一派都没有表现出任何偏爱。拜巴尔一世同时任命了四位卡迪，分别代表伊斯兰教内四个正统派，并且通过挑拨离间，设法在涉及法律和宗教的事务上为所欲为。埃及的贵族和军官都害怕拜巴尔一世的愤怒。拜巴尔一世怀疑每一个人。为了防止地方长官在地方上获得影响力，他不断将地方长官从一个地方换到另一个地方。如果一位埃米尔显露出背叛的倾向，那么拜巴尔一世绝对不会宽恕他。相反，忠诚的仆人肯定能得到优厚的报酬。他们能迅速晋升，还能分到土地。拜巴尔一世最坏的品质是背信弃义。他说的话和誓言都毫无价值，甚至以欺骗对手并导致对手死亡为豪。拜巴尔一世为了陷害一位亚美尼亚裔神职人员，向他寄去一封内容不宜泄露的信，并且故意让一位埃及裔间谍截住这封信，拿给蒙古总督看。拜巴尔一世的类似阴险行为数不胜数。实际上，他受到的政治训练及他的实践经验，令他不能对自己的伙伴或仆人有充足的信心。他曾经用阴谋手段夺权,别人也可能把这些用到他身上,夺走他的权力。因此,不难理解拜巴尔一世的地牢内总是挤满了人。拜巴尔一世不信任地方长官们。因此,他采取各种手段监视他们。一次,拜巴尔一世患病,本应该待在巴勒斯坦的帐篷里,但他乔装打扮骑马前往开罗。在开罗的城堡内,他躲了几天,研究毫无戒心的开罗官员们的行为。另一次,据说拜巴尔一世乔装进入小亚细亚并秘密调查这里。他在一家客店留下一枚戒指做抵押。此时,他竟厚颜无耻地给蒙古的伊儿汗国的阿八哈写信,让阿八哈送回戒指。无论在战斗中还是在探险中,他都展现了非凡的勇气和胆量。他的英雄品质超过了他的错误和小气。直至19世纪,开罗人仍然在咖啡店内高兴地谈论或聆听英勇的拜巴尔一世的故事[25]。他的勇气和慷慨超出埃及人的想象。与亚历山大大帝及萨拉丁一样,拜巴尔一世在埃及历史上留下了璀璨的一笔。

【注释】

1　这句话可能源于抒情诗《忽必烈汗》,它是英国诗人柯尔律治在1797年夏天一个梦中的偶得之作。诗中提到"忽必烈曾下令在上都建造宏伟的逍遥宫"。——译者注
2　在这里,我们必须解释一些马穆鲁克的名字和头衔。每个马穆鲁克都有几个名字:(1)一个本名,如阿尔-阿迪勒·怯的不花、拉金、拜巴尔、嘉拉温等,本名一般是突厥语单词的派生词;(2)

一个姓氏或光荣的绰号，如胡萨姆丁，意为"信仰之剑"，努尔丁，意为"信仰之光"，纳西尔丁，意为"信仰的守护者"；（3）一个源于父名的名字，如阿布-斐思，意为"胜利之父"，阿布-纳斯尔，意为"守护者之父"；（4）如果是苏丹，那么苏丹的头衔前有一个绰号，如马利克•赛义德，意为"幸运的国王"，马利克•纳西尔，意为"守护者国王"，马利克•曼苏尔，意为"胜利的国王"；（5）一个以"i"结尾的名字，表示曾作为奴隶被苏丹或领主拥有，或被雇佣为军官或护卫，如马什拉菲，意为"苏丹马什拉夫的奴隶或马穆鲁克"，曼苏里，意为"苏丹曼苏尔的马穆鲁克"。这些名字的顺序如下：第一个名字是皇家头衔，然后是尊贵的姓氏，第三个名字是源于父名的名字，第四个名字是本名，最后是一个以"i"结尾的名字。如苏丹•马利克•曼苏尔•胡萨姆丁•阿布-费斯•拉金•曼苏里，意为"苏丹、胜利的国王、信仰之剑、胜利之父、拉金、苏丹曼苏尔的马穆鲁克"。如果使用简称，那么人们通常会用苏丹的头衔，如"曼苏尔"等，或者用他的本名"拉金"等称呼苏丹。如果是埃米尔，那么只用本名称呼。——原注

3 巴克什指赏金或礼物。——译者注
4 原是萨利赫•阿尤布的巴赫里马穆鲁克。——原注
5 原是萨利赫•阿尤布的巴赫里马穆鲁克。——原注
6 原是萨利赫•阿尤布的巴赫里马穆鲁克。——原注
7 原是萨利赫•阿尤布的巴赫里马穆鲁克。——原注
8 原是萨利赫•阿尤布的巴赫里马穆鲁克。——原注
9 是嘉拉温的马穆鲁克。从1290年开始，所有苏丹都是嘉拉温的后代，或他的马穆鲁克。——原注
10 是嘉拉温的马穆鲁克。——原注
11 是嘉拉温的马穆鲁克。——原注
12 已经发现的唯一一个舍哲尔-杜尔统治时期的钱币目前收藏在大英博物馆。钱币上铸有"穆斯台绥木和萨利赫•阿尤布的前奴隶，穆斯林的女苏丹，信仰的指挥官马苏尔•哈利勒的母亲"、当时的阿拔斯哈里发穆斯台绥木的头衔，以及钱币铸造的日期1250年4月5日和铸造地点开罗。钱币上舍哲尔-杜尔的头衔与马克里齐记录的相同。这枚钱币是舍哲尔-杜尔在位时唯一的钱币记录——舍哲尔-杜尔的统治持续了不到三个月。印度莫卧儿帝国贾汉季汉皇帝的钱币上铸有女皇头像。这枚钱币是唯一已知的伊斯兰世界女统治者的钱币。舍哲尔-杜尔的姓是"阿斯玛丁"，意为"信仰的捍卫者"。舍哲尔-杜尔的皇家头衔是苏丹。阿拉伯语中没有"苏丹娜"这样的阴性形式。"舍哲尔-杜尔"是常用名，阿布-菲达和其他历史学家也这样称呼她，但她经常被马克里齐和马克里齐时代以后的历史学家称为"沙贾蕾特-杜尔"——"舍哲尔-杜尔"的名词形式。——原注
13 伊兹丁•艾贝克的钱币很少。伊兹丁•艾贝克的钱币是萨利赫•阿尤布的钱币，只不过加上了"艾贝克"，但没有加上伊兹丁•艾贝克的头衔。钱币铸造的时间是1253年和1254年，铸造地点是开罗。没有钱币铸有伊兹丁•艾贝克和阿什拉弗•穆萨的名字。——原注
14 阿什拉弗•穆萨是纳西尔•优素福的儿子，纳西尔•优素福是梅素德•优素福的儿子，梅素德•优素福是卡米勒的儿子。从1215年到1228年，梅素德•优素福统治也门。——原注
15 根据阿布-菲达的记载，当时埃及的边界与今天一样，在阿里什附近。——原注
16 马利克•曼苏尔•阿里统治时期的一个金币在开罗发行，铸造时间是伊斯兰历656年，即公元1258年。——原注

17　马利克·穆扎法尔统治时期的一个金币在伊斯兰历658年，即公元1260年发行，但铸币厂的名称被毁。马利克·穆扎法尔统治时期的一个银币铸有铸币地大马士革，但没有铸币时间。——原注

18　拜巴尔一世的头衔意为"高贵的国王，伊斯兰教和埃及的支柱，萨利赫·阿尤布的马穆鲁克"。起初，拜巴尔一世使用的是"卡希尔"，而不是"扎希尔"。但后来，由于他发现以前有叫"卡希尔"的人下场不好，所以改名为"扎希尔"。"扎希尔"意为"高贵的"。在开罗重新建立阿拔斯哈里发的统治后，拜巴尔一世又加上"卡西姆-阿米尔-穆米宁"的头衔，意为"忠诚的指挥官的伙伴"。与马穆鲁克王朝时期的大多数货币一样，拜巴尔一世统治时期钱币刻记的内容经常被磨损得难以辨认。目前，已经发现的拜巴尔一世统治时期的钱币有1265年到1269年在开罗发行的钱币和1260年到1269年在亚历山大发行的钱币。另外，人们发现大马士革和哈西姆发行的钱币，但钱币上的年份无法辨认。拜巴尔一世统治时期的钱币上铸有拜巴尔一世的徽章，即一只抬右前足呈行步态的狮子。这是埃及货币设计方面的一个明显创新。钱币上的名字通常写的是"拜巴尔"。——原注

19　关于1263年金帐汗国派往埃及使者的详细记录，请参阅马克里齐的记录。埃及使者到达君士坦丁堡，穿过克里米亚，到达伊提尔，那里有别儿哥的营地。1263年，金帐汗国使者抵达开罗。——原注

20　贝鲁特的老领主伊贝林的约翰和大马士革的阿尤布苏丹纳西尔曾有协议。1261年，在一次会面中，拜巴尔一世与贝鲁特的老领主伊贝林的约翰确认了协议的内容。然而，贝鲁特的老领主伊贝林的约翰之死使这份协议的效力终止。——原注

21　英担是重量单位，20英担为1吨。——译者注

22　骑士堡是一座坚固的十字军城堡，起初叫"库尔德人的城堡"。1142年到1271年，骑士堡被医院骑士团控制，于是改叫"医院堡"。18世纪末被称为"骑士堡"。它位于今天的叙利亚境内，也是世界上现存的最重要的中世纪城堡。——译者注

23　据说，拜巴尔一世曾令刺客暗杀爱德华一世，但拜巴尔一世极力否认这一指控。——原注

24　1265年，拜巴尔一世从蒙古人手中夺取卡尔基西雅。1266年后，拜巴尔一世任命麦地那和麦加的首领。哈马是阿尤布王朝残余势力的最后一个据点，其首领们保留了阿尤布王朝苏丹的头衔，虽然直到1341年阿尤布王朝灭亡，阿尤布王朝的苏丹实际从属于马穆鲁克苏丹。1273年，阿尤布王朝末代苏丹阿布-菲达生于大马士革。由于担心蒙古人入侵，阿布-菲达的父母逃到大马士革。作为历史学家和地理学家的阿布-菲达更被人熟知。希姆斯是阿尤布家族的倒数第二份财产。1263年，阿尤布王朝末代苏丹驾崩后，希姆斯落入拜巴尔一世手中。大约1260年，阿尤布王朝的其他领土被蒙古人占领，叙利亚被古突兹收复。1263年，拜巴尔一世背叛了穆吉赫·奥马尔，并且将穆吉赫·奥马尔关在开罗的城堡里。穆吉赫·奥马尔是卡拉克的阿尤布王朝统治者，很可能是其父阿迪勒二世苏丹之位的继承人。此后，卡拉克成为埃及的一个要塞。1261年，肖贝成为埃及的一个要塞。1266年，萨瓦金被拜巴尔一世占领。——原注

25　爱德华·威廉·莱恩：《现代埃及人的风俗习惯》，伦敦，沃德·洛克有限公司，1836年，第21章。——原注

第 10 章

嘉拉温家族统治时期
(1279 年—1382 年)

◇◇◇◇◇◇

THE HOUSE OF KALAUN

(1279—1382)

在拜巴尔一世的三个儿子中，长子穆罕默德·巴雷凯·汗是金帐汗国的别儿哥汗的女儿所生。穆罕默德·巴雷凯·汗登上苏丹之位，头衔是马利克·赛义德·纳西尔丁·巴雷凯·汗。早在1264年，拜巴尔一世就宣布穆罕默德·巴雷凯·汗为自己的继承人。三年后，穆罕默德·巴雷凯·汗被尊为苏丹。拜巴尔一世急切希望确保自己的后代继承苏丹之位。不幸的是，穆罕默德·巴雷凯·汗没有遗传父亲拜巴尔一世的优秀品质。他是一个十九岁的青年，柔弱且贪图享乐。他只是蒙古裔母亲和自己挑选的年轻大臣们的工具。他将巴赫里王朝最好的职位授予大臣们。在拜巴尔一世统治时期立下战功的老埃米尔被穆罕默德·巴雷凯·汗忽视。一些老埃米尔被囚禁，甚至被太后毒死。老埃米尔们的不满逐渐演变成公开的叛乱，被围困在开罗城堡的穆罕默德·巴雷凯·汗被迫退位，并且退到卡拉克要塞[1]。1279年8月，马穆鲁克恳求嘉拉温登上苏丹之位。嘉拉温是最有能力的老将军之一。但精明的嘉拉温预见到有人会反对自己登上苏丹之位，于是，他拥立拜巴尔一世的幼子塞拉米什为苏丹。塞拉米什的头衔是阿德尔。他担任七岁的塞拉米什的摄政一百天。与此同时，他将自己的支持者安插在所有政府部门内，并且为下一步行动做准备。1279年11月，塞拉米什被秘密罢黜，嘉拉温成为埃及苏丹。

嘉拉温的头衔是"马利克·嘉拉温·艾菲·萨利赫"[2]。嘉拉温是钦察的博格·奥格鲁部落的一个突厥人。他比拜巴尔一世更幸运，因为他的后代建立了一个延续一百年的王朝，维持甚至提高了埃及的威望，扩大了埃及的版图。因此，开罗到处是嘉拉温王朝时期修建的纪念碑。然而，嘉拉温在登上苏丹之位前，经历了艰苦的斗争。"马穆鲁克担任苏丹"的体制有一个缺陷，即在马穆鲁克首领中选出的苏丹驾崩后，主要的埃米尔们都可能成为苏丹之位的候选人。当时还没有世袭的继承制度，虽然人们倾向于暂时承认已故苏丹的儿子为新苏丹。拜巴尔一世手下的好几位将军认为自己和嘉拉温一样有资格继承苏丹之位。1280年4月，一位叫苏库尔的将军，自封为"马利克·卡米勒"，宣布自己是叙利亚国王。苏库尔得到拜巴尔一世的几位马穆鲁克、沙漠中的贝都因人，以及哈马城主阿尤布的支持。1280年6月，在大马士革附近格苏拉的一场大战中，经过数小时战斗，苏库尔及其支持者的联军被嘉拉温击败。苏库尔战败的部分原因是士兵逃亡，部分原因是嘉拉温明智的战略。不久，1281年5月3日，嘉拉温延长了拜巴尔一世与迈尔凯巴的医院骑士团的停战协议，尽管迈尔凯巴的医院骑士团违反协议，并且在1281年7月16日与特里波里斯城主、1282年4月15日与托尔托萨的圣殿骑士团及1283年6月3日与阿卡城主分别签订协议。这些协议名义上是为了建立为期十年的同盟关系，其中最引人注目的条款是埃及船进入基督教地区港口的自由，以及限制建造或巩固防御工事。基督教地区同意放弃自卫措施。这证明基督教地区自知无力对抗埃及军队，其末日不远了。

　　埃及与十字军占领的城市签订的各种协议是在蒙古人入

侵的压力下签订的。嘉拉温希望能专心与唯一强大的对手蒙古人交战。蒙古人利用叙利亚叛乱造成的混乱局势，越过幼发拉底河，洗劫了阿勒颇。嘉拉温尽其所能征召马穆鲁克和土库曼人、哈马和卡拉克的军队、沙漠中的贝都因人、汉志和幼发拉底河的阿拉伯人[3]，共约五万人。蒙古军队由伊儿汗阿八哈的弟弟忙哥帖木儿率领。根据不同历史学家的估计，蒙古军队兵力在五万人到八万人之间，其中大约三分之一是来自格鲁吉亚、亚美尼亚和拜占庭边境地区的分遣队。嘉拉温的军队与蒙古军队在霍姆斯附近相遇，并且在1281年10月30日星期四展开决战。蒙古骑兵毫无疑问使用了著名的迂回战术，其令人迷惑的战术彻底击溃了嘉拉温军队的左翼。嘉拉温军队的左翼仓皇逃向霍姆斯城的大门，并且被草原上神速的蒙古弓箭手紧追不舍。在霍姆斯，一些埃及士兵被杀，另一些埃及士兵带着战败的噩耗，继续向埃及逃亡。获胜的蒙古追兵在霍姆斯城外宿营，尽情享用战利品。嘉拉温的军队和蒙古军队都没有想到，发生在埃及左翼部队的情况并没有发生在埃及右翼部队和中路军身上。哈马城主阿尤布的部队驻扎在霍姆斯，驻扎在这里的还有难以捉摸的贝都因人。这两支部队不仅遭到蒙古军队的攻击，还遇到逃亡的埃及左翼部队，左翼部队的将军负伤了。这两支部队在群龙无首的情况下竟然击溃了蒙古军队。蒙古军队追击埃及左翼部队时，埃及右翼部队在追击蒙古左翼部队。这时，嘉拉温站在一座山上，身边只有一千名马穆鲁克。他惊叹着眼中的场景：自己的军队与蒙古军队朝相反方向互相追击。正享受盛宴的蒙古人很快就知道了自己左翼部队面临的险境，于是迅速前去支援自己的同伴。蒙古军队行动匆忙，甚至没有击溃嘉拉温的小部队，尽管他们离嘉拉温很近。焦虑的嘉拉温隐藏了自己的旗帜，战斗的鼓声也沉寂下来。然而，蒙古军队一掉头支援自己的左翼部队，嘉拉温就命令自己的军队扑向蒙古军队，干扰蒙古军队撤退，并且用信鸽向在幼发拉底河的将军们发出命令，要求他们封锁渡口。这是蒙古人进攻叙利亚时遭遇的最大灾难：忽秃思、拜巴尔一世及嘉拉温都曾率军打败蒙古人，而嘉拉温对蒙古人的打击最严重。

1282年4月1日，埃及方面和蒙古方面达成为期十七年的新休战协议。1283年春，忙哥帖木儿和阿八哈离世。波斯的下一位伊儿汗帖古迭儿是一位皈依伊斯兰教的蒙古人。但他没有放弃阿八哈的政策，并且通过使者与嘉拉温交换书信，毫不隐晦地表示自己将与埃及方面开战。不过，帖古迭儿在自己国家的一个对手使他转变了态度。1284年8月，他向埃及派出第二位使者，并且送去漂亮的礼物，传达了与埃及维持友谊的信息。波斯的使者们在大马士革面见嘉拉温，嘉拉温由一千五百名马穆鲁克卫兵保卫。卫兵穿着红色缎子衣服，系着金腰带，戴着金头巾，每名卫兵拿着一根蜡烛。但此时，帖古迭儿驾崩了。在嘉拉温的剩余统治时间内，他没有与蒙古人发生争斗。他和金帐汗国的蒙古统治者、拜占庭皇帝、法兰西国王、卡斯蒂利亚国王、西西里国王、热那亚统治者及哈布斯堡王朝的鲁道夫一世都保持着友好的关系。嘉拉温和热那亚方面签订了商业协议。1289年，卡斯蒂利亚国王阿方索十世和西西里国王海梅二世与嘉拉温建立防御同盟，抵御所有入侵者。1289年，也门国王向嘉拉温送去贵重的礼物。甚至斯里兰卡的统治者也派使者带来一封信。在开罗，没人能看懂这封信。斯里兰卡使者用更容易理解的口语，邀请嘉拉温与富裕的斯里兰卡开展贸易，并且愿意提供二十艘船的援助。与拜巴尔一世一样，嘉拉温是一位有远见的政治家，并且尽其所能吸引商人来到埃及。嘉拉温确保外籍商人在自己的领地得到保护。当时，埃及的货物甚至流通到了印度和中国。

当蒙古军队的威胁减弱后，嘉拉温立刻开始与十字军占领的城市断绝友好关系。他与十字军占领的城市签订的协议只在他觉得有用时才有效。嘉拉温的誓言和拜巴尔的誓言一样不可信。1285年5月25日，他虽然与医院骑士团签订了十年同盟条约，但他突袭了医院骑士团的迈尔凯巴要塞。迈尔凯巴要塞完全没有防御准备，只好投降。安提阿伯爵博希蒙德七世被迫将海岸附近的马拉基亚让给嘉拉温，尽管基于马拉基亚的地理位置，入侵者不能从陆地围攻它。1285年8月，为了与埃及达成为期十年的和平协议，安提阿–吕西尼昂的玛格丽特放弃提尔的一半收入，并且承诺永远不强固防御工事。小亚美尼亚王国被埃及袭击，被迫以每年一百万迪拉姆的贡品获得十年休战，并且释放所有埃及俘虏，拆除一切防御措施。1287年，埃及不顾与特里波里斯的条约，攻陷拉塔基亚。1287年

4月2日，博希蒙德七世去世后——条约签订者去世，条约失效，特里波里斯被埃及军队包围并猛攻。当地的男人们被用剑杀死，妇女和儿童被奴役，城市被烧毁。最后，阿卡人破坏休战协议，宣布发起圣战。其实，不管他们用什么借口破坏休战协议，都无关紧要。1290年11月10日，嘉拉温开始准备征服阿卡，不料在自己的帐篷内暴毙，终年七十岁。

嘉拉温紧跟拜巴尔一世的脚步巩固在埃及的统治。他们的统治情况一样，嘉拉温用与拜巴尔一世一样的政策解决同样的困难。嘉拉温通过与外国结盟或开展商业合作增强自己的力量，安抚附近的实力较弱的对手，全力对付真正的危险——蒙古人的入侵。他维护了埃及的声望，并且维持了拜巴尔一世统治时期埃及的领土范围。1287年和1289年，埃及虽然分别两次远征努比亚，但没有战胜努比亚傲慢的国王谢马蒙。不过，至少埃及军队入侵努比亚震慑了谢马蒙，并且使他承诺每年向埃及进贡。此前，努比亚方面轻率地与埃及断绝关系。埃及军队被保持在高效状态。为了避免马穆鲁克放纵，一万两千名马穆鲁克受到了前所未有的严格约束。其中，大约三分之一的马穆鲁克驻扎在开罗城堡。这个分队被称为"布尔吉"，意为"塔上的人"。布尔吉马穆鲁克中的许多人或者是切尔克斯人，或者是来自金帐汗国的蒙古人。嘉拉温被同时代的东方人誉为"一位勇敢而有先见之明、公正而温和、憎恶杀戮的君主"。然而，他对不忠的埃米尔们十分严厉。许多不忠者被处决、监禁，或被罚没财产。嘉拉温的惩罚措施有时很野蛮。一个基督教徒违反法律娶了一个穆斯林妇女。最终，他被烧死，他的妻子被毁容。无论在叙利亚海岸还是在埃及的法庭中，嘉拉温都对基督教徒充满偏见。直到嘉拉温统治末期，没有一个基督教徒在埃及政府部门任职。嘉拉温对穆斯林臣民是仁慈的。为了改善埃及人的身体和精神状况，他设立了慈善基金。他病重躺在大马士革的努尔丁医院时，发誓如果自己康复，那么将在开罗修建一所医院。1284年，著名的比马里斯坦医院建成。实际上，比马里斯坦有三座建筑：一座清真寺、一

图61 ●嘉拉温的陵和礼堂，1284年建造

座医院及一座嘉拉温的陵和礼堂。礼堂装饰着精美的阿拉伯式窗饰和石膏浮雕及精美的大理石马赛克。另外,礼堂保存着红色花岗岩石柱、嘉拉温及其儿子们的长袍。几个世纪以来,病人、不孕的妻子和不能说话的孩子都曾触摸过这些长袍,因为人们相信这些长袍有治病功效。清真寺的建筑风格比较朴素,但医院是开罗最引人注目的建筑。医院有三个庭院,其中两个被小房间包围,一个较大庭院两侧的柱廊通往一些房间。最初,每种疾病的患者都有专门的病房,医院里有正规的医护人员、教室、实验室、药房、浴室、厨房,以及当时人们知道的每一件器具。乐师们陪伴痛苦的病人度过失眠的时间。在附近的清真寺,五十名《古兰经》诵经者给予患者精神上的慰藉。图书管理员带着五名助手管理一批珍贵的医学、神学和法律书籍。在医院附近的学校,六十名孤儿接受教育。这家医院是开罗有史以来建成的第一家医院,其价值得到了人们的认可。富人和穷人被一视同仁。嘉拉温的这一伟大行为使得他的名字在埃及苏丹中被祝福,因为对穆斯林的慈善行为可以掩盖大量的罪恶[4]。

嘉拉温有四个儿子。1280年,其中一个儿子阿拉丁被宣布为他的继承人。但当阿拉丁在1288年神秘去世时,他的另一个儿子萨拉丁·赫利勒被宣布为继承人。嘉拉温无论是由于不喜欢萨拉丁·赫利勒暴力的性格、不敬神的态度,还是由于怀疑萨拉丁·赫利勒毒害了阿拉丁,都不愿意签署正式委任状。他说:"我永远不会让萨拉丁·赫利勒当穆斯林的苏丹。"嘉拉温可能是在等小儿子穆罕默德长大。但他的驾崩和公众的认可使萨拉丁·赫利勒不再需要正式的委任状。在没人反对的情况下，1290年11月，萨拉丁·赫利勒[5]坐到父亲嘉拉温的王座上。他登上苏丹之位后，做的第一件事是羞辱或摆脱嘉拉温宫廷和军队中值得信赖的追随者。1290年到1293年，在短暂的三年统治时期内，萨拉丁·赫利勒处决、监禁和迫害曾立下大功的埃米尔们。埃及地位最高的大臣们首先遭受折磨。首席维齐尔突伦泰在萨拉丁·赫利勒眼前被杀；拉金之所以没被杀死，是因为弓弦断裂，拉金苦苦哀求萨拉丁·赫利勒饶自己一命。萨拉丁·赫利勒没收了突伦泰的财产，包括价值六十万第纳尔的黄金、一万七千磅银币，以及无数奴隶、马和珠宝。突伦泰的盲人儿子被迫乞讨。

二十七岁的萨拉丁·赫利勒是一个残酷而反复无常的暴君。他唯一的美德是勇气，唯一的功绩是征服阿卡。尽管征服阿卡是他父亲嘉拉温留下的遗产，但他渴望铲除"异教

图62 ● 萨拉丁·赫利勒统治时期的一第纳尔钱币，在开罗发行

徒"。他对宗教虽然完全不感兴趣，但很迷信。每次出征前，他都要在嘉拉温陵的华丽圆顶下举行庄严的祈祷和诵读《古兰经》的仪式。叙利亚官员奉命向阿卡平原派兵，并且运来大量物资和攻城武器。这些东西装满了一百辆牛车。1292年4月5日，萨拉丁·赫利勒的埃及军队和叙利亚军队会合。一星期内，九十二座攻城塔对着阿卡的城墙和防御工事频繁发射武器。早在萨拉丁统治时期，阿卡就被认为是叙利亚最坚固的要塞。萨拉丁·赫利勒组织了一支十分强大的攻城部队。然而，阿卡的防御已经没有以前那么好了。在拜巴尔一世和嘉拉温征战期间，十字军占领的许多城市沦陷，这使阿卡充斥着混杂的、道德败坏的人，他们都是被欧洲抛弃的渣滓。

阿卡的城墙内聚集了来自基督教世界各国的代表，他们分别代表一个国家或地区，其中包括各地的领主，以及法兰西国王、英格兰国王和耶路撒冷国王的代表。每位代表都按照自己的想法行事。因此，阿卡城内陷入十七位相互独立的豪强"制造的混乱局面"。在这种情况下，阿卡好像变成了基督教世界的堕落之地，这不奇怪。这里有许多"统治者"，但没人真正拥有权力。在阿卡城内，宗教、法律和道德的戒律是空洞的。因此，阿卡在被攻陷前的日子里，沦为所有基督教国家的笑柄，因为这里的居民奢侈、堕落，并且经常爆发骚乱。没有足够的士兵保卫阿卡。即使在阿卡被攻陷的最后时刻，当地居民更倾向于大吃大喝而不是战斗。居民的懦弱、不团结破坏了抵抗萨拉丁·赫利勒军队的可能性。萨拉丁·赫利勒的军队首次进攻时，许多人急忙逃往海外。其他人待了一段时间后也决定离开。这时，阿卡成功抵抗萨拉丁·赫利勒军队的希望渺茫。即使在生存受到威胁时，圣殿骑士和医院骑士也不能放下相互的妒忌。因此，即使阿卡的部分士兵顽强抵抗，这些士兵仍然不能团结一心，从而无法获得最后的胜利。最终，1292年5月18日星期五，萨拉丁·赫利勒的士兵用攻城塔在阿卡城墙上打开一个入口，壕沟内填满了石头和尸体。萨拉丁·赫利勒的军队强行进入阿卡。阿卡居民逃上城楼，逃进贵族府邸或圣殿骑士宏伟的房子内。一些阿卡居民逃往海港，挤在船上。船上的人太多了。出发时，有些船就沉没了。阿卡被围初期，耶路撒冷国王亨利二世发挥了不小的作用，但此时他已经逃回塞浦路斯。医院骑士团团长和其他一些逃亡者跟随着亨利二世。然而，仍然有六万名基督教徒要么会成为奴隶，要么会死在刀剑下。圣殿骑士及其追随者都抵抗到最后，英勇地死去。堡垒被攻破时，圣殿骑士才屈服，连同许多攻击者一起死在废墟中。

于是，定都于耶路撒冷的拉丁王国的最后一座坚城——阿卡被攻占，遭到洗劫，最后被付之一炬。这里著名的塔楼和堡垒被拆毁，防御工事被夷为平地。虽然一座新城在原来的位置上拔地而起，但中世纪的阿卡，这座英勇战斗了一个世纪的城市，永远消失了。随着阿卡城的陷落，十字军剩余的领地也陷落了。当阿卡陷落时，提尔、西顿、贝鲁特和法兰克人残存的几座城市只能听天由命。结果，有些城市被占领，有些城市投降,但除了贝鲁特,所有城市都被摧毁,居民要么被屠杀,要么被奴役。十字军的名字从这片土地上消失得无影无踪。"世界之争"结束了。

萨拉丁·赫利勒带着大批俘虏进入大马士革,在矛头上勇敢地展示基督教徒的头骨。随着征服阿卡,他征服更辽阔领土的决心增强了。在开罗城堡的隐居处,他救出老哈里发哈基姆一世,并且请他在清真寺内三次宣讲圣战。萨拉丁·赫利勒在父亲嘉拉温的陵前再次举行庄严仪式,不久后向幼发拉底河进军。1292年6月29日,他的军队包围并占领"希腊人的堡垒"卡拉特-鲁姆,并且将其重新命名为"卡拉特-穆斯米"。萨拉丁·赫利勒宣布他要征服整个亚洲和罗马人的土地,直到成为至高无上的统治者。然后,他回到开罗。1293年,他宣布征服也门。然后,他在亚美尼亚发动战争,但这场战争在大马士革结束。在大马士革,谨慎的奇里乞亚人为了维持和平,向萨拉丁·赫利勒割让卡赫拉曼马和贝塞斯纳。波斯的伊儿汗帖古迭儿派使者面见萨拉丁·赫利勒,帖古迭儿说自己希望住在阿勒颇。帖古迭儿的父亲曾占领阿勒颇,并且希望萨拉丁·赫利勒投降。萨拉丁·赫利勒回答,自己对巴格达有类似的看法,即巴格达曾经属于穆斯林,看是帖古迭儿先占领阿勒颇,还是他先占领巴格达。1293年12月12日,当萨拉丁·赫利勒被诱骗到一场射箭聚会,并且被憎恨他的埃米尔们谋杀时,无聊的吹嘘戛然而止了。弑君的主犯(和埃及大臣贝达拉一样是大人物)被捕。被处决前,他向聚集的埃米尔们发表演说,为自己的行为辩护。他说:"像萨拉丁·赫利勒这样的一个人,他在斋戒月期间喝酒,让奴隶成为贵族,慢待父亲嘉拉温的老埃米尔们,将老埃米尔们监禁、杀死。这样的人不适合统治穆斯林。"

接下来的半个世纪,马穆鲁克的历史由嘉拉温幸存的、由蒙古公主阿斯伦可敦所生的儿子纳西尔·阿德-丁·穆罕默德断断续续的三次统治书写。1293年,哥哥萨拉丁·赫利勒死后,九岁的纳西尔·阿德-丁·穆罕默德在主要的埃米尔拥立下登上苏丹之位。1294年,他被废黜。1299年,他再次登基。1308年,他再次退位。过了一年(1309年),他第三次登基,在位三十年,直到1340年驾崩。他多次复辟,不是因为自己的继承权存在争议——人们尊重他的父亲嘉拉温,倾向于让嘉拉温的后代继承苏丹之位,而是因为主要的埃米尔们的嫉妒。为了避免爆发内战和谋杀君主,埃米尔们希望自己中的一人担任苏丹。显然,纳西尔·阿德-丁·穆罕默德的第一次统治只是名义上的。真正的权力掌握在大贵族手中。大贵族掌握着埃及的最高职位。阿尔-阿迪勒·怯的不花是总督,森格尔·舒盖是维齐尔,品酒者拜巴尔是管家。纳西尔·阿德-丁·穆罕默德统治初期,大臣们尽力抓捕弑君者,并且通过酷刑处死弑君者,为萨拉丁·赫利勒报仇。其中,一项酷刑是将罪犯钉在木板上,让罪犯骑着骆驼在街上游行,直到罪犯痛苦不堪,最终渴死。很快,埃及的官员们分裂成两派,一派支持阿尔-阿迪勒·怯的不花,另一派支持森格尔·舒盖。两派爆发了巷战。最终,森格尔·舒盖被一群愤怒的暴民紧紧包围在城堡里。他们要求砍掉森格尔·舒盖的头。最终，森格尔·舒盖被纳西尔·阿德-丁·穆罕默德的蒙古裔母亲出卖，因为她同情城墙外的同胞阿尔-阿迪勒·怯的不花。森格尔·舒盖的头被绑在长矛上游街示众，接着人们表示效忠王室。

阿尔-阿迪勒·怯的不花成为事实上的苏丹。每逢星期五，人们在祈祷词中首先说出纳西尔·阿德-丁·穆罕默德的名字，然后是阿尔-阿迪勒·怯的不花的名字。阿尔-阿迪勒·怯的不花为了巩固自己的地位，赦免了两位享有很高声望，有很多追随者的主要弑君者——拉金和卡拉苏库尔。阿尔-阿迪勒·怯的不花开始与拉金和卡拉苏库尔一起策划夺取苏丹之位。他饶恕了这两位埃米尔，但因此激起了萨拉丁·赫利勒的马穆鲁克的怒火。萨拉丁·赫利勒的三百名马穆鲁克发动叛乱，控制了皇家马厩和军械库，肆意掠夺和破坏。马穆鲁克驻扎在城堡前，准备围攻城堡。阿尔-阿迪勒·怯的不花的部队骑马驱散叛乱者。萨拉丁·赫利勒的马穆鲁克被击败，遭受各种形式的折磨，包括挖眼、断肢、淹死、斩首、绞死，或者钉在扎维拉门[6]上。少数叛乱分子得以幸免，他们被分配给阿尔-阿迪勒·怯的不花的士兵做奴隶。就这样，叛乱被平息了。但第二天，阿尔-阿迪勒·怯的不花召集大贵族开会，抗议说埃及眼下的情况不合理，并且说如果让纳西尔·阿德-丁·穆罕默德这样的孩子继续占据苏丹之位，那么苏丹的尊严将不可挽回地遭受损害。1294年12月，纳西尔·阿德-丁·穆罕默德被送走，阿尔-阿迪勒·怯的不花理所当然地继承了苏

图63 ● 阿尔-阿迪勒·怯的不花统治时期的一第纳尔钱币，1294年或1295年在开罗发行

丹之位。然而，埃及人认为阿尔-阿迪勒·怯的不花在大饥荒和可怕的瘟疫时期治理不力。一天内，七百具尸体从开罗城门内被抬出来。一个月内，一万七千五百人死亡。这些灾难及阿尔-阿迪勒·怯的不花偏袒蒙古军官引起的不满导致了一场阴谋。1296年底，阿尔-阿迪勒·怯的不花从叙利亚回到开罗，他的帐篷遭到袭击。他的士兵和马穆鲁克顽强抵抗，让自己的主人逃亡。叛军的首领拉金立即被选为苏丹。

拉金[7]登上苏丹之位，他的头衔是曼苏尔。他原是伊兹丁·艾贝克儿子曼苏尔·阿里[8]的一个奴隶，随后被嘉拉温用大约三十英镑购买。在嘉拉温手下，他从侍从晋升到替骑士拿盔甲者。嘉拉温登上苏丹之位后，授予拉金埃米尔头衔，并且任命拉金为叙利亚总督。萨拉丁·赫利勒将拉金关进监狱。于是，拉金参加了暗杀萨拉丁·赫利勒的行动。在阿尔-阿迪勒·怯的不花短暂的统治时期，拉金担任的最高官职是总督。此时，他转而反对新主人阿尔-阿迪勒·怯的不花，并且为自己夺取苏丹之位。如果当时苏丹之位的继承遵循世袭的原则，那么拉金至少与王室有一点联系，因为他娶了嘉拉温的一个女儿。拉金登上苏丹之位稳定了马穆鲁克苏丹的权威。他的同谋者们跟在他的马镫后面，高呼他是苏丹，并且向他致敬。但他们要求拉金继续作为同谋者的一员，凡事征求其他同谋者的意见，永远不要不适当地偏爱马穆鲁克。拉金发誓遵守这些要求，但同谋者们怀疑他的诚信，就让他再次发誓。拉金补充说，如果登上苏丹之位，不会违背自己的誓言，偏袒自己的追随者，不会损害推举自己登上苏丹之位的贵族的利益。

安排好这一切后，拉金戴着象征王权的徽章，大领主贝萨里为他撑着皇家的遮阳伞，骑马前往开罗。人们在清真寺内以拉金的名义祈祷，在拉金经过的城镇内击鼓。开罗的贵族们出来迎接拉金，表示效忠拉金。在一群王公和军官的护送下，拉金骑马来到城堡，向人们展示自己作为苏丹的风采，然后从城堡的街道走向胜利门。在拉金身边，巴格达古老的家族的软弱后代——阿拔斯哈里发骑马陪同。在拉金和阿拔斯哈里发前面，卫兵拿着哈里发的授职证书。没有这份证书，埃及苏丹的加冕仪式就不能顺利进行。街道装饰着珍贵的丝绸，路边摆放着武器，人们喜气洋洋。拉金仁慈慷慨，受到人们的爱戴。他答应免除一年的税，还发誓说，只要自己住在开罗，就不会征收一分钱的税。在最近的动乱中，食品价格曾涨到饥荒时期的顶点。此时，食品价格下跌了百分之六十。面包很便宜，拉金自然受到人们崇拜。

虽然拉金参与谋杀萨拉丁·赫利勒，并且用奸诈手段篡夺了苏丹之位，但他似乎赢得了臣民的爱戴。他不仅减轻了人民的赋税压力，而且消除了马穆鲁克统治惯用的监禁和折磨等刑罚。他对待政敌的态度很温和，这在马穆鲁克统治时期的王公贵族中是少有的。他没有杀死前苏丹阿尔-阿迪勒·怯的不花，而是让阿尔-阿迪勒·怯的不花统治塞勒海德[9]。还是孩子的纳西尔·阿德-丁·穆罕默德不害怕拉金。拉金告诉纳西尔·阿德-丁·穆罕默德，他作为其父嘉拉温的马穆鲁克，只将自己当作纳西尔·阿德-丁·穆罕默德的代表，直到纳西尔·阿德-丁·穆罕默德长大成人，可以统治埃及。拉金热心行善，大部分捐赠是秘密进行的，并且建立了许多慈善基金。他花了一万英镑修复伊本·突伦的清真寺，因为在萨拉丁·赫利

图 64 ● 开罗纳西尔清真寺学院中的铭文，1299 年雕刻

勒被杀后的追捕行动中，他曾经在被遗弃的清真寺回廊内避难。他发誓保护和修复庇护自己的清真寺。修复清真寺的善行及宽宏大量地释放了许多囚犯，使拉金受到人们爱戴。当拉金由于在马球场摔倒受伤在城堡修养两个月后重回公众视野时，人们的喜悦之情是真实而普遍的。所有街道都装饰着丝绸和缎子。人们为了一睹苏丹的风采，租下商店和窗户。随着拉金骑马经过街道，鼓声不断响起。为了庆祝自己恢复健康，拉金将许多荣誉长袍赠给领主。另外，他释放俘虏，并且向穷人分发救济品。年轻时，拉金是酒鬼、赌徒，并且过度沉迷运动，但他的私生活符合开罗穆斯林的行为标准。他登上苏丹之位后，过着俭朴的生活。除了斋月，他每年另外禁食两个月。他的行为影响了许多虔诚的法官和传教士。他穿着普通的衣服，遵守先知对穆斯林的要求，严格要求自己的追随者着装朴素。拉金红润的面色、蓝色的眼睛、高大威武的身影，确实具有外国人的特征，但他的习惯符合正统派穆斯林的做法。拉金对酒鬼——即使是贵族——施行打脚掌的笞刑。他的饮食习惯也符合穆斯林的传统。

然而，拉金虽然做出了承诺，但还是开始培养心腹。起初，他任命自己的同谋者担任要职。但渐渐地，他开始让新人代替老埃米尔们。一个叫蒙哥帖木儿的人对自己和蔼可亲的君主拉金有十分重要的影响力。一些贵族提出让新总督继承拉金的苏丹之位，但没等他们谋杀拉金，他们就被关进了监狱。在监狱内，他们的死法一致。最后，连埃及最富有、最受欢迎的埃米尔、大领主贝萨里也被逮捕。拉金将贝萨里关进监狱。对此，他眼中噙满泪水。谣言传播的范围越来越大。为了制止谣言继续传播，拉金派军队征服小亚美尼亚，并且借此机会驱赶自己不信任的叙利亚贵族。一些贵族投靠波斯的蒙古人，叙利亚陷入无政府状态。埃及国内同样充斥着令人不安的因素。埃米尔们没有默默忍受蒙哥帖木儿的压迫。然而，他们不想冒被监禁在城堡地牢里的风险。地牢是一个充满噪声的深坑，里面的空气是肮脏的、致命的，到处是不洁的害虫和蝙蝠。这一切使城堡内的黑暗变得更可怕。最后，两位意志坚定的埃米尔决心暗杀拉金。1299年1月16日，当拉金准备站起来晚祷时被杀。接着，蒙哥帖木儿被抓捕。他暂时被关在城堡的地牢里。杀死拉金的埃米尔用刺耳的声音喊道："拉金做了什么，让我杀了他？真主啊，拉金给了我这么多好处。他养大我，给了我升迁的机会。我如果知道拉金死了，蒙哥帖木儿还活着，那么一定不会杀死拉金。这一切都怪蒙哥帖木儿。"说着，这位埃米尔跳进地牢，亲手杀死拉金遭人憎恨的心腹蒙哥帖木儿，并且让士兵们洗劫蒙哥帖木儿的房子。

在合谋杀死拉金的人中，有一个人当了几天苏丹就被处决了。马穆鲁克总是这样"公正地"处理犯罪者，只要罪犯不是马穆鲁克的一员。经历一位埃米尔的统治后，唯一的办法是回归正轨。纳西尔·阿德-丁·穆罕默德被带回开罗，并且受到热烈欢迎。两天后（1299年2月7日），纳西尔·阿德-丁·穆罕默德[10]被名义上的哈里发授予新的授权证书。人们分发荣誉长袍，装饰城市，击鼓庆祝。然而，纳西尔·阿德-丁·穆罕默德当时只有十四岁，根本不是真正统治埃及的严厉的埃米尔们的对手。被派去担任地方长官的官员——按照传统，地方长官出发前要亲吻开罗城堡的门槛——都是埃米尔萨拉尔和品酒者拜巴尔的人。萨拉尔和品酒者拜巴尔管理埃及事务时，以自己的利益为重。每星期六，纳西尔·阿德-丁·穆罕默德会举行会议，但他要做的只是登记埃米尔们的决定：萨拉尔提出某种措施，他按照萨拉尔的建议宣布实施这项措施。当大贵族们从封地和各种特权中聚敛大量财富时——例如，萨拉尔女儿的嫁妆价值十六万第纳尔，纳西尔·阿德-丁·穆罕默德几乎处在赤贫状态，甚至属于他的美食和奢侈品都被剥夺了。唯一的问题似乎是，萨拉尔和品酒者拜巴尔两位埃米尔，谁会打倒对手并夺取苏丹之位。到目前为止，萨拉尔和拜巴尔一直共同理政，一起出现在公开活动和仪式中，但"决斗"肯定会很快到来。

与此同时，在与蒙古人重新开始的战争中，所有其他考虑都被打乱了。巴赫里马穆鲁克曾经投靠波斯伊儿汗国最强大的合赞汗，这导致了拉金统治末期叙利亚局势的混乱。于是，蒙古军队再次穿过幼发拉底河，收复1282年失去的领地。1299年9月，年轻的苏丹纳西尔·阿德-丁·穆罕默德虽然没有作战经验，但他率领埃及军队迎战入侵者。不过，真正的指挥权在埃米尔们手上。对埃米尔们来说，战争就像呼吸一样简单。起初，厄运一直伴随埃及军队。埃米尔们相互嫉妒，频繁争吵。叙利亚的乌拉特难民虽然遭到埃及军队的残酷镇压，但产生了更广泛的影响。埃及营地的大部分行李都在洪水中丢失。一大群燕子飞来飞去。这是一个不祥的预兆。天空一片漆黑，埃及军队惊惶失措。1299年11月，埃及军队接近大马士革。此时，大批难民从阿勒颇和大马士革以北方向逃来。这展现了蒙古军队入侵的恐怖景象。埃及军队继续前进，但士气低落。埃及军队在霍姆斯看到了蒙古人。埃及将军下令："扔掉长枪，拿起短剑！"埃及军队获胜的唯一的机会是近距离肉搏。这样一来，蒙古弓箭手就无法用箭攻击了。1299年12月23日，大约两万名马穆鲁克骑兵在瓦迪-卡津达尔遇到一支蒙古军队，蒙古军队兵力是埃及军队兵力的四倍到五倍。但所有埃米尔都在战场上率领马穆鲁克骑兵，他们都是骁勇善战的勇士。骑兵们与自己的指挥官都来自同一政治派别，都全副武装。埃及军队通常形成中、右、左三个战队的队形，五百名拿着石脑油管的掷弹兵排在前线。神职人员在队伍中走来走去，鼓舞士兵们不要动摇，直到士兵们眼含热泪。合赞让自己的士兵下马。士兵们站在马后面，向埃及军队发起第一次冲锋。埃及士兵投掷石脑油弹，但毫无效果。随后，蒙古军队没有派出预备队，而是向前进的埃及士兵射出致命的箭。蒙古士兵上马，开始惯常的冲锋。与先前的霍姆斯战役一样，埃及军队与蒙古军队都在进攻对方的一个战队时取胜。一时间，埃及军队与蒙古军队陷入僵局。随后，合赞停止了自己的恐惧，重新召集士兵，发起第二次冲锋。蒙古军队击溃了埃及军队的中间部队，埃及骑兵转身逃跑。萨拉尔、比克提穆尔、布卢吉等埃米尔们都在逃命。在埃米尔耳边，蒙古追杀者的箭嘶嘶作响。哭泣的纳西尔·阿德-丁·穆罕默德被埃米尔们抛下。他的身边只有十八名马穆鲁克卫兵。最终，他被埃及军队的左翼部队救下。战斗一开始，埃及军队的左翼部队取得了胜利。左翼部队追击蒙古军队时惊奇地发现中间部队被击溃，苏丹纳西尔·阿德-丁·穆罕默德被抛弃。埃及军队左翼部队的到来及蒙古军队的巨大损失，使埃及军队没有被整体击溃。剩余的埃及军队有序地撤退到大马士革，然后以最快速度回到埃及。

1300年，蒙古军队在没有遭遇抵抗的情况下占领大马士革。值得赞扬的是，合赞既是穆斯林，也是明智、慷慨的君主。他对大马士革居民表现出极大的仁慈。他不仅对穆斯林，对犹太人和基督教徒也表现出极大的仁慈。合赞不许抢劫或骚扰。宗教团体很自然地将这次征服与早期入侵区分开。早期入侵时，蒙古还很野蛮。此时，蒙古民族中还有野蛮的人，这种人难以控制，在大马士革城外大肆破坏。即使在大马士革城内，也有近一万名当地居民被杀或被卖，努尔丁统治时期的许多珍贵的历史遗迹被烧毁或砸烂。但这种对信仰的破坏，更多地应归因于不可能控制一支野蛮的军队，而不是蒙古人的背信弃义，以及埃及指挥官阿格瓦什顽强抵抗入侵者，坚决拒绝投降，导致抵御蒙古军队时对大马士革造成不可避免的破坏。埃及人正准备报复蒙古人。他们在武器和军饷方面做了大量准备工作，他们对坐骑的需求巨大，以至于一匹马的价格从十二英镑涨到四十英镑。由于黄金的数量充足，一第纳尔黄金的兑换价值从二十五迪拉姆降到十七迪拉姆。1300年3月，考虑到埃及人充分的准备工作、波斯东部边境面临的危险，以及城堡难以摧毁等情况，蒙古军队在大马士革体验了从未有过的酗酒和放荡后，撤出大马士革。

跟随合赞的巴赫里马穆鲁克被留下，他们再次效忠埃及。阿格瓦什从自己英勇保卫的城堡内走了出来，恢复了大马士革的秩序。他下令镇压暴乱，倒掉蒙古人的酒，打碎蒙古人的酒瓶。1300年4月，埃及人重新占领大马士革、阿勒颇和整个叙利亚。1300年1月，黎巴嫩的德鲁兹人的一万二千名弓箭手骚扰马穆鲁克撤退。此时，德鲁兹人要承担严重的后果了。

随后，谈判开始了：1301年到1302年，在叙利亚北部开展一次灾难性的远征（那里的雨雪摧毁了合赞的军队）后，合赞派了两位使者前往开罗求和，但双方未能和解。必须再次发动战争。1303年，十万名蒙古士兵在库图赫沙的领导下进入叙利亚。大马士革陷入恐慌。大马士革居民抛弃家人逃难，寻求庇护所。人们在城门处拥挤，在拥挤中被踩死。处在恐慌中的人们高价购买马和驴用来长途旅行。1303年4月，拜巴尔和英勇的马穆鲁克到达大马士革，但他们没有被大马士革的恐惧气氛影响。拜巴尔和马穆鲁克骑马迎战蒙古人，在沙克哈布的马格-苏法尔平原与五万名强壮的蒙古人[11]交战。七个世纪前，阿拉伯人曾在马格-苏法尔打败赫拉克利乌斯的军队。同一天，纳西尔·阿德-丁·穆罕默德和哈里发及埃及军队的主力从开罗赶来。1303年4月21日，埃及军队的右翼再次被蒙古人击败，损失惨重。埃及军队的左翼和中间部队保持稳定，抵抗每一次进攻。当晚，埃及人占领沙克哈布，蒙古人退到附近的一座山上。纳西尔·阿德-丁·穆罕默德及其手下的士兵在马背上过了一夜。鼓声震天，铙钹齐鸣，指引蒙古人前往集结地。蒙古人退守的那座山很快就被封锁了。在队伍内，萨拉尔和其他埃米尔走来走去，鼓舞士兵们。1303年4月22日日出时，人们看到埃及军队排列整齐。这是一个壮观的场面。不久，蒙古军队下山迎战埃及军队，再次爆发了激烈的战斗。纳西尔·阿德-丁·穆罕默德的马穆鲁克的几匹马在自己脚下被射杀。战斗持续到中午，库图赫沙再次撤退到山上。蒙古军队在饥渴的驱使下，再次强行穿过周围的对手。这次，埃及军队狡猾地让蒙古军队通过，攻击蒙古军队的尾部。筋疲力尽的蒙古人要么被杀死，要么消失在沙漠中。跟随库图赫沙渡过幼发拉底河的只是少得可怜的残余部队。一万名俘虏和两万头牲畜落入埃及人手中。这次战败几乎让合赞的心都碎了。不久，1303年5月17日，合赞驾崩。合赞的继任者完者都小心翼翼地避免与马穆鲁克发生冲突。马穆鲁克已经第四次击退阿拉伯人征服埃及以来埃及遭遇的最危险对手。

纳西尔·阿德-丁·穆罕默德光荣地回到开罗。信使们已经宣布了埃及军队战胜蒙古军队的消息，埃米尔们在纳西尔·阿德-丁·穆罕默德的军队凯旋的路线上，设立豪华的亭台楼阁，或者装饰华丽的大看台。除了建造庆祝凯旋的建筑，工人们被禁止做任何事。沿途房间一天的租金从二英镑到四英镑不等。街上铺着丝质地毯。骄傲的纳西尔·阿德-丁·穆罕默德骑着马穿过辉煌的门面，欣赏贵族们建造的亭台楼阁。蒙古俘虏们戴着锁链，每个蒙古俘虏的脖子上都挂着一名蒙古士兵的头。这一切使这场胜利显得完整。欢声笑语震耳欲聋，鼓声和音乐声响彻整个埃及，恐怕只有地震才能使人们冷静下来。

对蒙古人的战争是纳西尔·阿德-丁·穆罕默德第二次统治时期的重大事件。此外，为了迫使小亚美尼亚国王进贡或转移野心勃勃的马穆鲁克士兵的注意力，频繁在奇里乞亚发动的战争，以及1304年到1306年毫无结果地入侵努比亚，都不重要。一支远征军装备了在尼罗河上建造的运输工具，并且将圣殿骑士从叙利亚海岸的塔尔图斯驱逐出去。塔尔图斯是十字军的最后据点。埃及苏丹与外国势力的关系依然友好。埃及与金帐汗国的联盟得以维持，虽然马穆鲁克已经没有必要再与金帐汗国共同对抗波斯蒙古人了。1305年，努比亚向埃及进贡礼物，摩洛哥王国、法兰西王国派使者访问埃及。1306年，拜占庭帝国皇帝米海尔九世获得在耶路撒冷重开穆萨里亚教堂的许可。

埃及与国外似乎关系友好，但埃及内部的情况不尽如人意。埃及人对通过征税增加军费的做法感到不满，许多人陷入了贫困。1299年，蒙古军队在霍姆斯战役中击溃了埃及军队。之后，上埃及的贝都因部落推翻了纳西尔·阿德-丁·穆罕默德的统治，嘲笑开罗的两位主要埃米尔，并且以这两位主要埃米尔"萨拉尔"和"拜巴尔"的名字命名自己的首领。1302年,贝都因部落的首领们向村庄勒索,并且称之为"征税"。马穆鲁克很快镇压了这次叛乱。真正的萨拉尔和拜巴尔分别在尼罗河东岸和西岸领导埃及军队,别克塔什向法尤姆进军,其他埃米尔向苏伊士进发,库斯的总督和阿拉伯人切断了沙漠中的道路。各种行动秘密而迅速地进行,贝都因人被突袭。从吉萨到艾迪富,被杀的男人约有一万六千人,贝都因人的妻子儿女和财物都被抢走。如果一个人声称自己不是贝都因人,而是一个城里人,那么埃及军队会让这人说"达基克"这个词,因为没有埃及人会说这个词。埃及军队一听到真正的阿拉伯喉音,就会砍掉这人的头。这个词语帮助埃及军队干掉了一大群贝都因逃兵。乡下成为可怕的屠杀现场,尸体污染了空气。贝都因逃兵逃到山上的洞穴里,埃及士兵用烟将贝都因逃兵熏死。埃及军队的战利品有一千六百名地主的货物、八千头牛、六千只绵羊和山羊、四千匹马和三万两千头骆驼。战利品太多,导致一只肥公羊才卖几先令、一只山羊卖九便士、一磅黄油卖两便士。埃及军队在洗劫贝都因部落后回到开罗,留下一片没人的空旷土地。

基督教徒和犹太人遭到残酷的迫害。最近,他们享有特权,积累了大量财富。他们骑着装饰华丽的马或骡,穿着华丽的服装,担任许多政府要职。事实上,他们的权力变得强大,并且在穆斯林眼中,显得傲慢无礼。于是,一位来自摩洛哥的使者向埃米尔们提出抗议。卡迪们被召集开会,会议的结

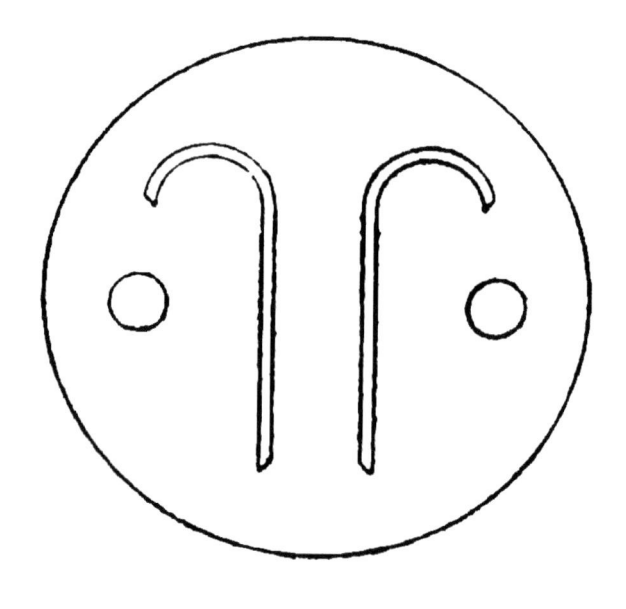

图65 ● 马球能手的徽章

果是恢复古老的节约法令。1301年4月,埃及的基督教徒都要戴蓝色头巾,犹太人要戴黄色头巾,并且不能骑马。基督教徒和犹太人必须骑驴,并且将道路中间的位置让给穆斯林。另外,基督教徒和犹太人不得敲响钟,不得提高嗓门,还要遵守其他种种羞辱性限制。许多重视外表的基督教徒变成了穆斯林。亚历山大和其他地方的一些教堂被暴民摧毁,埃及的所有教堂在1301年关闭。在拜占庭帝国皇帝米海尔九世的要求下,一些教堂重新开放,如卡斯尔-埃-谢玛的莫阿拉卡教堂、圣米迦勒教堂和圣尼古拉教堂。每年一度的"尼罗河殉道节"是在舒布拉附近的河上举行的一场盛大狂欢节,但1303

年后被拜巴尔取消，因为这导致人们酗酒并引起混乱。人们的举止确实达到了异乎寻常的放纵程度。苏丹纳西尔·阿德-丁·穆罕默德从叙利亚凯旋后的庆祝活动延长为一场肆意饮酒、荒淫无度的狂欢。人们在哈基米运河的驳船上看到没有戴面纱的妇女与喝着酒的男子在一起。因此，后来，哈基米运河禁止通行用来娱乐的船。1303年8月8日，埃及发生了大地震。这给了埃及人一个思考其他东西的机会。地面震动、墙壁破裂、房屋和清真寺倒塌，引起了人们的恐慌。一些妇女没有戴面纱就冲到街上，生下早产的婴儿。人们的房屋被夷为平地，他们拥有的一切都消失了。一些人在惊慌中逃走，抛弃自己的房屋，任由小偷光顾。尼罗河上的船被抛向陆地。人们在城外扎营，为天塌和世界末日战栗。整个埃及都有震感，亚历山大和库斯遭受打击。大马士革和阿卡也有震感。开罗的哈基

图 66 ●纳西尔·阿德-丁·穆罕默德的碗，收藏在大英博物馆

姆、艾资哈尔、萨利赫、鲁兹克和嘉拉温的清真寺，以及福斯塔特的古老的阿慕尔清真寺都遭受了很大的破坏。在一年多的时间内，主要的埃米尔们，特别是萨拉尔和贝巴尔斯，花费大量资金修复清真寺。地震后的开罗看上去像一座被入侵军队摧毁的城市。

幸运的是，富裕的统治阶层能支付清真寺的修复费用。贵族们为修复清真寺投入大量资金，表现出非凡的公共意识或宗教精神。除了修复在地震中遭到破坏的清真寺，1304年，埃及政府建成纳西里亚新学院，即纳西尔·阿德-丁·穆罕默德的学院式清真寺，并大量向它捐赠。这座清真寺位于苏克-恩-纳哈辛。清真寺的哥特式门是萨拉丁·赫利勒下令摧毁阿卡城时从阿卡大教堂搬回的。埃及并不缺钱。1301年，埃及宫廷的马球能手贝克铁穆尔前往麦加朝圣时花了八万五千第纳尔，这笔钱的大部分被用于慈善。所有马穆鲁克中最受人尊敬和欢迎的、曾在萨拉丁·赫利勒死后拒绝登上苏丹之位的埃米尔贝萨里享受着没有限度的奢侈生活。贝萨里有很多杯子，每次喝酒都用不同的杯子，并且如同大英博物馆收藏的贝萨里的香炉那样，他的杯子都镶嵌着银。贝萨里住在用钱可以建造出的最辉煌的宫殿里。马穆鲁克贵族有大面积的封地，以及各种薪酬和额外津贴。这使他们能维持尊贵的生活，虽然他们经常被废黜、监禁和没收财产。纳西尔·阿德-丁·穆罕默德统治时期拥有丰富的奢侈品和艺术作品，文学创作和历史研究显著发展，学者拥有崇高地位。这与当时持续不断的暴力行为、骚乱、街头斗殴、谋杀和残暴的折磨形成奇怪的对比。毫无疑问，在马穆鲁克这个奇怪而复杂的统治阶层的统治下，埃及是繁荣的。埃及赋税很重，但尼罗河水源充足，埃及与欧洲的贸易量庞大。据说，一艘进入亚历山大港的船要交四万第纳尔关税。埃及与印度的贸易同样重要。凡经过埃及的货物都收取百分之十的重税。即使只算贸易税，埃及的收入也很可观[12]。

但纳西尔·阿德-丁·穆罕默德不会从中收到任何东西。他被专横的大臣们弄得十分拮据。当萨拉尔和拜巴尔为争夺苏丹之位爆发冲突时，纳西尔·阿德-丁·穆罕默德的处境更难以忍受了。一次，他试图谋杀萨拉尔和拜巴尔，但计划被泄露了，事情变得更糟。埃及人的确站在纳西尔·阿德-丁·穆罕默德这一边。埃及人一听到有人要谋害纳西尔·阿德-丁·穆罕默德的性命，就很激动。对嘉拉温家族的忠诚已经成为埃及人性格的一部分。但埃米尔们的行为使纳西尔·阿德-丁·穆罕默德不可能实施统治。一天，纳西尔·阿德-丁·穆罕默德以朝圣为借口骑马来到卡拉克，并且在坚固的城堡内宣布退位。埃米尔们的规劝无论真诚与否，都是徒劳的。纳西尔·阿德-丁·穆罕默德下定决心过平静的生活，埃米尔们必须选择一个苏丹之位的继承人。

作为管家，乌斯塔达尔的加什内吉尔人拜巴尔逐渐获得了强大的影响力。萨拉尔的确是总督，但拜巴尔得到了所有布尔吉马穆鲁克的支持，并且布尔吉马穆鲁克的力量不可战胜。布尔吉马穆鲁克早就计划让拜巴尔二世登上苏丹之位，纳西尔·阿德-丁·穆罕默德退位正合布尔吉马穆鲁克的心意。于是，1308年4月，拜巴尔二世[13]成为苏丹。拜巴尔二世的统治很短暂，他是一位失败的统治者。他从来没有得到人民的支持。无知的人们将尼罗河水位下降以及由此造成的物资匮乏归咎于拜巴尔二世治理不力。马穆鲁克埃米尔中许多人属于萨拉尔派。虽然萨拉尔接受了埃及总督的职位，但暗中与以前的同事拜巴尔二世作对。其间，在卡拉克的前苏丹纳西尔·阿德-丁·穆罕默德也没有闲着。纳西尔·阿德-丁·穆罕默德说，他退位是为了休息。但他的行动表明，他是为了在叙利亚组织一个效忠自己、不受埃及埃米尔控制的党派。面对纳西尔·阿德-丁·穆罕默德的复辟准备和叛乱信号，拜巴尔二世做的只是让穆斯塔克菲一世重新宣布自己即位。但没人尊敬软弱的拜巴尔二世。拜巴尔二世的一位支持者埃米尔布卢吉大笑，并且说"苏莱曼·穆斯塔克菲是风的指挥官"。人们在宣言中听见纳西尔·阿德-丁·穆罕默德的名字，就喊道："愿真主拯救他。"人们听见拜巴尔二世的名字，就喊道："我们不要他。"1310年1月，消息传到埃及，纳西尔·阿德-丁·穆罕默德已经进入大马士革，叙利亚、阿勒颇、哈马、霍姆斯、特里波里斯、采法特和耶路撒冷的埃米尔们表示效忠纳西尔·阿德-丁·穆罕默德。纳西尔·阿德-丁·穆罕默德的先头部队到达加沙，击退了埃及的边境部队。拜巴尔二世没有抗击纳西尔·阿德-丁·穆罕默德军队的计划，也无法获得有效支持。他采取了唯一谨慎的办法，将自己的退位和臣服声明送到正向埃及进军的纳西尔·阿德-丁·穆罕默德手中。纳西尔·阿德-丁·穆罕默德接受了拜巴尔二世的投降,赦免了拜巴尔二世,并且让拜巴尔二世统治萨拉丁城堡。但与此同时,拜巴尔二世内心充满恐惧,他和自己的马穆鲁克卫兵一起逃离开罗。马穆鲁克卫兵很快就抛弃了拜巴尔二世。由于在几个逃跑计划之间犹豫不决,最终,拜巴尔二世在加沙成为一名囚犯。

退位十一个月后,纳西尔·阿德-丁·穆罕默德开始了第三次统治。他在1310年3月5日进入开罗。他年轻时具有的任何善良美德,都由于他不幸的经历消失了。他虽然才二十五岁,但已经成为一个愤世嫉俗、两面三刀的人。纳西尔·阿德-丁·穆罕默德渴望报复给自己的童年时代和青年时代带来不幸的人,渴望摆脱强大的埃米尔们的干涉。他通过诡计和欺骗达到目的。拜巴尔二世虽然受到萨拉丁城堡内人士的欢迎,但他接受邀请来到开罗,并且被弓箭杀死。纳西尔·阿德-丁·穆罕默德对拜巴尔二世有着痛苦的回忆。因此,他不能原谅拜巴尔二世,因为拜巴尔二世在他受辱的那些年,拒绝了他想要吃烤鹅的请求。萨拉尔很快跟上了对手拜巴尔二世的步伐。他帮助纳西尔·阿德-丁·穆罕默德复辟,用昂贵的礼物欢迎纳西尔·阿德-丁·穆罕默德再次回到开罗。作为回报,纳西尔·阿德-丁·穆罕默德任命萨拉尔为肖贝克的总督。萨拉尔被召回开罗后,被关进监狱,最后活活饿死。在萨拉尔挨饿的第八天,纳西尔·阿德-丁·穆罕默德派人向他送去三个有盖的盘

图 67 ●塔塔尔·希加齐亚公主在开罗的清真寺的铭文，1360 年雕刻

子。盘子的盖子依次打开，第一个盘子盛的是金币，第二个盘子盛的是银子，第三个盘子盛的是宝石和珍珠。萨拉尔说："感谢真主，苏丹在今生惩罚了我。"在挨饿的第十二天，萨拉尔去世了。去世时，他嘴里咬着一根被咬掉的手指。萨拉尔的巨额财富被充公。据估算，他的地产收入为每天一千第纳尔。一位同时期的历史学家了解萨拉尔的家产。这位历史学家说，清点萨拉尔的财产用了四天。萨拉尔的财产包括价值五十万第纳尔的银币、装满宝石和珍珠的宝箱、银器、华丽的服饰、马、单峰驼、成群的牛羊和众多奴隶。曾与纳西尔·阿德-丁·穆罕默德的父亲嘉拉温并肩作战，在纳西尔·阿德-丁·穆罕默德统治早期控制他的老埃米尔们一个接一个地遭到诱骗、背叛、监禁和处决。纳西尔·阿德-丁·穆罕默德决心单

独统治,毫不犹豫地"砍掉高大的罂粟"。

在外交政策方面,纳西尔·阿德-丁·穆罕默德遵循父亲嘉拉温和拜巴尔一世的外交原则。不过,后来,基于局势变化,他更愿意接近波斯的蒙古人。他和伊儿汗不赛因关系密切。1333年,他与不赛因缔结了友好条约。不赛因驾崩后,纳西尔·阿德-丁·穆罕默德和不赛因的汗位候选人进行了各种谈判。其中,谢伊赫·哈桑·布祖尔格是实力最强大的汗位候选人。他很想得到纳西尔·阿德-丁·穆罕默德的支持,就承诺在巴格达的祈祷中承认纳西尔·阿德-丁·穆罕默德为宗主。为了换取武装援助,1341年,谢伊赫·哈桑·布祖尔格在巴格达发行的钱币上印了纳西尔·阿德-丁·穆罕默德的名字。然而,纳西尔·阿德-丁·穆罕默德从没有给予谢伊赫·哈桑·布祖尔格武装援助。与此同时,他与位于伏尔加河萨莱的金帐汗国的友谊得以维持。埃及与波斯的交往给乌兹别克汗造成了一些不安,纳西尔·阿德-丁·穆罕默德和乌兹别克汗的女儿结婚的提议也因埃及方面要的嫁妆过多而落空。然而,1319年,乌兹别克汗的一位女性亲戚图尔比亚的嫁妆较少,并且最终与纳西尔·阿德-丁·穆罕默德结婚。图尔比亚位于卡拉法东部的墓有关于她与纳西尔·阿德-丁·穆罕默德结婚的铭文。

Mira al Cayro que incluye tres ciudades

Eel palacio real de Dultibea,

Las torres, los jardines e heredades
Que su espacioso circolo rodea.

同以前一样，埃及和奇里乞亚王国发生了多次小规模战争。麦加的地方长官由埃及任命，并且埃及军队驻扎在麦加。此前，埃及和麦加多次发生冲突。1317年，麦地那承认纳西尔·阿德-丁·穆罕默德的统治。纳西尔·阿德-丁·穆罕默德三次亲自前往麦加朝圣，并且一如既往地慷慨施舍。在拉苏里王朝的统治下，也门是一个独立国家，不时向埃及赠送礼物。纳西尔·阿德-丁·穆罕默德认为这是也门的贡物。然

图68 ●开罗城堡的高塔

而，1325年，尽管五千名埃及远征军士兵应也门统治者的要求前往也门，但未能控制也门。也门不承认纳西尔·阿德-丁·穆罕默德是当地统治者。当时，努比亚在篡位者肯兹-达拉的领导下，处于独立状态[14]。1311年到1317年，在埃及西部，得到纳西尔·阿德-丁·穆罕默德帮助成为哈夫斯王朝君主的阿布·叶海亚·扎卡里亚·利希亚尼，以纳西尔·阿德-丁·穆罕默德的名义在特里波里斯和突尼斯宣礼。

上述地区的统治者明显是纳西尔·阿德-丁·穆罕默德的附庸，这是因为埃及援助其他地区的内战和王位继承战争。这些统治者与其说是屈服于纳西尔·阿德-丁·穆罕默德的权力，不如说是恐惧马穆鲁克军队作战的能力。埃及虽然已经成为周边地区事务的重要影响者，但没有扩张领土。长期以来，埃及边界在叙利亚沙漠、幼发拉底河、埃及东部和北部的皮拉玛斯、南部的萨瓦金和阿斯旺，以及西部的特里波里斯。纳西尔·阿德-丁·穆罕默德雄心勃勃，想建立一个帝国，但他不是能干的将军，不擅长指挥庞大的军队攻击对手。他虽然曾经被迫使用武力镇压德鲁兹和努赛里斯的叛乱，并且与小亚美尼亚开战，但他更愿意使用外交手段扩大自己的影响力。纳西尔·阿德-丁·穆罕默德在埃及以北地区的谈判，使他与小亚细亚的阿蒂纳和杜尔-卡德尔的诸侯们结盟。他不断与钦察汗国的蒙古人，波斯的蒙古人，也门、阿比西尼亚、西非的君主们，拜占庭帝国皇帝和保加利亚国王互派使者。甚至印度的苏丹、阿拉贡国王、教皇和法兰西国王都派使者来到纳西尔·阿德-丁·穆罕默德的宫廷。拜占庭帝国代表团经常访问埃及，比如在1317年和1326年访问了埃及。显然，拜占庭帝国的目标是与纳西尔·阿德-丁·穆罕默德通过谈判实现结盟，共同对抗土库曼人。土库曼人的势力在小亚细亚不断壮大，已经威胁到拜占庭帝国。1331年到1332年，德里苏丹穆罕默德·伊本·图格鲁克通过巴格达向纳西尔·阿德-丁·穆罕默德派遣使者。当时，穆罕默德·伊本·图格鲁克正谋划征服波斯东部地区，他可能希望与纳西尔·阿德-丁·穆

图69●纳西尔·阿德-丁·穆罕默德的椅子，14世纪制作，目前收藏在开罗博物馆

罕默德同时向波斯西部的蒙古帝国发起进攻。1327年，教皇派来一名特使，敦促纳西尔·阿德-丁·穆罕默德人道地对待其信奉基督教的臣民，并且承诺尽可能保护生活在基督教世界的穆斯林不受骚扰来回报。1330年，法兰西国王腓力六世派遣使者访问埃及，并且要求纳西尔·阿德-丁·穆罕默德将耶路撒冷及巴勒斯坦海岸的一部分交给基督教徒。这个要求自然被纳西尔·阿德-丁·穆罕默德轻蔑地回绝了。

在纳西尔·阿德-丁·穆罕默德第三次统治时期，与前两次统治时期相比，基督教徒处于更好的境地。纳西尔·阿德-丁·穆罕默德试图取消1301年颁布的羞辱基督教徒的法令，这引起了伊斯兰教神学家们的愤怒。他保护基督教教堂不受破坏，拒绝将每一场火灾或其他灾难归咎于基督教徒的阴谋——这是顽固穆斯林的说法。但对他来说，狂热的穆斯林太难对付。两万人聚集在赛马场，高喊："唯一真正的宗教是伊斯兰教！真主保佑穆罕默德的信仰！信仰伊斯兰教的苏丹啊，保护我们，而不是基督教徒！"纳西尔·阿德-丁·穆罕默德屈服于舆论，1301年的法令再次生效，违背法令者将被处以死刑。基督教徒关闭了教堂。除非乔装打扮，否则他们不敢露面。毫无疑问，他们烧毁了许多清真寺和房屋。为了报复，穆斯林摧毁基督教的教堂和修道院。然而，只要有机会，纳西尔·阿德-丁·穆罕默德会利用自己的影响力帮助基督教徒。他的维齐尔们——其中有几名基督教徒，后来名义上是穆斯林——竭尽全力为基督教徒谋福利，并且尽可能榨取穆

图 70 ● 森格尔·舒盖和萨拉尔的清真寺，1323 年建造

斯林臣民的财富。他雇用基督教徒，即科普特人。许多科普特人在政府任职，因为他们比穆斯林更有能力，并且不能对纳西尔·阿德-丁·穆罕默德的统治造成大的威胁——穆斯林则不同。纳西尔·阿德-丁·穆罕默德面对穆斯林军官永远提高警惕，并且严格限制他们的行为。

在纳西尔·阿德-丁·穆罕默德的统治下，他的侍者和官员，以及埃及大部分百姓过着富裕的生活。许多重税——如对盐、鸡、甘蔗、船和船上乘客、奴隶、马等征收的税——都被废除，损失由大贵族弥补。纳西尔·阿德-丁·穆罕默德下令重新调查埃及的土地及收入。在全埃及二十四个地区中，他按军衔将十个地区的税收纳入国库,将另外十四个地区的税收分配给埃米尔和军队。他反对在物资匮乏时期抬高物价,并且鞭打抬高价格的磨坊主和面包师。他从叙利亚进口粮食并稳定粮价。1336年,他迫使埃米尔们将各自谷仓的储粮公开出售,而不是私下以过高的价格出售。他的穆赫提卜(市场督察员)迪亚德丁·优素福是一个正直无畏的人。迪亚德丁·优素福将任何不当获利行为都报告给纳西尔·阿德-丁·穆罕默德。他公开批评自己的女婿埃米尔卡瓦森,并且鞭打了卡瓦森。这些有力的措施产生了效果。当时,埃及粮食价格适中。纳西尔·阿德-丁·穆罕默德严厉禁止饮酒和各种不道德的行为,他的惩罚手

图71 ● 一个玻璃灯罩,上面有埃米尔马里达尼的徽章,14世纪作品

段很野蛮也很原始，因为他没收财产是大范围和非法的。有时，法官们觉得确实有必要抗议纳西尔·阿德-丁·穆罕默德专横的做法。法官们召开了一个会议。学者们认为纳西尔·阿德-丁·穆罕默德沉着冷静、精于算计，并且致力于慈善事业，才智非同一般。萨拉丁的弟弟阿迪勒一世的后裔——博学的历史学家阿布·菲达是纳西尔·阿德-丁·穆罕默德的密友。1310年，纳西尔·阿德-丁·穆罕默德宣布阿布·菲达恢复统治其祖先曾经的领土哈马，恢复阿布·菲达家族古老的头衔和特权，并且带阿布·菲达一起前往麦加朝圣，令叙利亚总

图72 ● 纳西尔·阿德-丁·穆罕默德在开罗城堡中的圆柱厅，1313年建造

图73 ● 一个灯罩，上面印有埃米尔图库兹德米尔的徽章，收藏在大英博物馆

督如同对待苏丹一样对待阿布·菲达，称呼阿布·菲达为"兄弟"，关爱和尊敬他，直到他在1331年去世。纳西尔·阿德-丁·穆罕默德第三次统治时期有许多有学问的人，学者们拥有崇高的地位和可观的报酬。

纳西尔·阿德-丁·穆罕默德统治时期是一个几乎在各个方面都十分辉煌的时期。尽管偶尔会出现物资短缺和物价高昂的情况，但埃及国库充盈，财富来自肥沃的土地及和欧洲与东方日益增长的贸易。阿拉伯编年史中对埃及埃米尔们的奢侈生活的记录令人难以置信。这显示埃米尔们拥有巨额财富。他们建造了三十多座华丽的清真寺，现在仍然是宏伟的遗迹。这有时表明埃米尔们将自己的金钱花在正确的用途上。这一时期的建筑可能是埃及阿拉伯艺术历史上最好的。小件艺术品的制作技艺堪称完美。漂亮的碗、香水瓶、棺材、装《古兰经》的匣

图 74 ●纳西尔·阿德-丁·穆罕默德统治时期的一第纳尔钱币，1340 年在开罗发行

子和小桌子都是用青铜或黄铜制成的，并且刻着精美的银质图案。搪瓷玻璃灯、木板上的雕刻、油漆过的天花板和各种装饰，这一时期的艺术品比以往任何时期都更完美。如果博物馆内保存着一件精美的阿拉伯风格的艺术作品，那么我们一定可以在雕刻的文字中找到"马利克·纳西里"——意为"属于马利克·纳西尔"——的字样。

纳西尔·阿德-丁·穆罕默德本人就具有这么高级的审美。他保留下来的一些家具，或者他的清真寺，以及他的两座主要建筑，即建于1299年到1304年的纳西里亚学院和建于1318年的位于开罗城堡的清真寺是阿拉伯风格遗迹中最引人注目的。纳西尔·阿德-丁·穆罕默德在城堡里的精美宫殿，建于1313年的卡斯尔-阿布拉克(或称条纹宫殿，因它用黑色和白色的石头相间砌成而得名)花费了五亿迪拉姆建造，但很不幸，这座建筑没有被保留下来。19世纪早期，条纹宫殿的圆柱厅仍然存在。1312年到1313年，开罗城堡的大部分被重建，并且城堡中增加了一些新建筑。据估计，纳西尔·阿德-丁·穆罕默德一天要花八千迪拉姆，大约为三百英镑，修建建筑。修建亚历山大运河是纳西尔·阿德-丁·穆罕默德统治时期的一项公共工程。亚历山大运河将亚历山大港与尼罗河连接在一起，为埃及的商业发展和生产力提高做出了巨大贡献，也为开罗成为重镇做出了巨大贡献。纳西尔·阿德-丁·穆罕默德在尼罗河边建造的大堤道既用于通行，又用于河水泛滥时拦截河水。尽管人们普遍认为从尼罗河到开罗城堡的渡槽是萨拉丁统治时期建造的工程，但它实际上建于1311年，也就是纳西尔·阿德-丁·穆罕默德统治时期建造的。为了高质量地修建公共工程，纳西尔·阿德-丁·穆罕默德需要投入大量资金，但他不缺钱。他将自己的十一个女儿嫁给埃米尔们为妻。每场婚礼花费纳西尔·阿德-丁·穆罕默德八十万第纳尔，其中仅音乐一项的花费就达一万第纳尔。他擅长鉴赏马匹，愿意出资一百万迪拉姆，即四千英镑，买一匹好马。他有一本种马簿，详细记录了每匹马的

图 75 ●纳西尔·哈桑统治时期的一第纳尔钱币，1349 年在开罗发行

名字、年龄、价格和血统。他的马厩里每年喂养三千匹小母马。他将小母马送给埃米尔们或参加马术比赛。他擅长训练跑马。另外，他是一位农民。他在城堡内饲养了三万头羊，他还会从外国引进优质品种的羊。他是一位热爱狩猎的运动员。在宫廷里，他手下的猎犬人、猎鹰人和猎场看守人都占有重要的

图76 ●位于开罗的埃米尔耶什贝克的宫殿，旁边是纳西尔·哈桑的清真寺

地位，并且得到丰厚的报酬。他是一位宝石收藏家，但他之所以收藏宝石，只是因为宝石可随身携带而且流通性好，可以随时换成资金。在宫廷里，他虽然鼓励官员享受奢华的生活，但他不戴珠宝，穿着最简单、最便宜的衣服。纳西尔·阿德-丁·穆罕默德沉着冷静，意志坚强，乾纲独断，身材瘦小，一只眼睛有白内障，穿着朴素。他严格遵守道德、思维敏锐、充满智慧、精力充沛，具有超凡的品位和兴趣、高超的外交能力，永远对人警觉，并且喜欢用残酷的手段报复对手，善于理政。他的上述特点及他下令修建的宏伟建筑，使他成为中世纪最引人注目的人物之一。他的统治无疑标志着埃及文化和文明的顶峰。

1341年6月6日，纳西尔·阿德-丁·穆罕默德在忏悔自己的罪行时驾崩，享年五十八岁。不幸的是，他身后没有任何可以继承他的事业的人。他驾崩后，对他的坚定统治充满信心的埃及人对将会发生的事不胜忧虑，陷入恐慌。埃及人听到纳西尔·阿德-丁·穆罕默德驾崩的消息时，关闭商店，囤积粮食，以备不时之需。埃米尔们聚集在纳西尔·阿德-丁·穆罕默德的床边，庄严宣布："我们是纳西尔·阿德-丁·穆罕默德的马穆鲁克，只要纳西尔·阿德-丁·穆罕默德家族还有一个后代，我们就会至死支持他、追随他。"事实上，在四十一年内，纳西尔·阿德-丁·穆罕默德的十二个后裔先后继承苏丹之位，但他们不能被称为"统治者"。纳西尔·阿德-丁·穆罕默德的八个儿子、两个孙子、两个曾孙，一个接一个

图 77 ● 纳西尔·哈桑陵内的纪念铭文，1384 年雕刻

地继位。有人继位时还只是孩子，有人的苏丹头衔只维持了几个月。他的一个儿子纳西尔·哈桑，第一次在位四年，第二次在位六年。他的一个孙子沙班，拥有苏丹头衔长达十四年。但这些继位者即使不是无助的孩子，也是无助的放荡者，真正的权力掌握在埃米尔们手中，其中最突出的是库苏、塔什捷米尔、阿克松库尔、谢库、耶尔布哈和西尔吉米什。埃及宫廷依然奢华无比，埃米尔们继续聚敛财富，建造精美的清真寺和宫殿，埃及仍然受到外国的尊重。然而，埃米尔们的斗争和随之而来的无政府状态使埃及陷入财政困境，前往麦加的朝圣之旅因缺乏资金不止一次被取消，尽管大量金钱仍然花在宫殿歌手

和女奴身上。谢库断断续续地努力阻止埃及减少收入。他削减开支，只允许苏丹纳西尔·哈桑每天使用四英镑，并且镇压在尼罗河流域肆虐的贝都因强盗。但1348年到1349年鼠疫——同一时期在欧洲蔓延的黑死病——的波及使埃及陷入绝望状态。一天之内，开罗有一万人到两万人死亡。伴随瘟疫而来的是牲畜死亡和水果腐烂，河里的鱼被毒死，城市里的物资被劫掠一空，耕地荒废。

在纳西尔·阿德-丁·穆罕默德后裔们的短暂统治时期，几乎没有对外事务的记录。在麦加战胜也门国王，在美索不达米亚战胜一支库尔德强盗团伙，与巴格达总督的临时结盟，他作为埃及的附庸铸造货币（1365年），对在上埃及掠夺的贝都因人进行惩罚性远征，在努比亚对同一个目标进行的另一场远征，对小亚美尼亚（阿德哈纳、塔尔苏斯和马西萨被占领，前两地被驻军）进行的惯常袭击，都是小事。1365年10月，距上次十字军东征一个世纪后，一支欧洲舰队在亚历山大登陆。在罗得岛骑士、热那亚人和威尼斯人的支持下，塞浦路斯国王彼得一世率领一万两千人占领亚历山大，掠夺城中财物，并且带走五千名俘虏。埃及的基督教徒被迫支付亚历山大俘虏的赎金，并且为在开罗和特里波里斯建立舰队捐款。1369年，塞浦路斯舰队再次进攻特里波里斯，并且在亚历山大附近出现，但获得的战利品不多。1370年，塞浦路斯和埃及经过谈判达成和平协议。更严重的冲突是，1378年，埃及军队和杜尔-卡德尔的土库曼裔酋长的军队在叙利亚北部边境交战。一些负责保护埃及行军的

图78 ●纳西尔·哈桑的清真寺，1362年修建

雇佣军投靠了土库曼人。实际上，叛变者的后代是一百四十年后（1517年）征服埃及的土耳其人的先驱。

纳西尔·阿德-丁·穆罕默德驾崩后，一系列傀儡扮演着名义上的苏丹，他们可能只有一个结局。如同一个世纪前的拜巴尔一世和嘉拉温那样，一些强大、幸运的埃米尔夺取了苏丹之位。此时，夺取苏丹之位的是巴库克。1382年，他在接连除掉竞争者后，废黜嘉拉温家族的最后一位成员，建立布尔吉王朝，即切尔克斯苏丹王朝。唯一的奇迹是纳西尔·阿德-丁·穆罕默德软弱的后代竟然能在一个风雨交加的世界里生存这么久。

【注释】

1 1280年3月，穆罕默德·巴雷凯·汗驾崩。穆罕默德·巴雷凯·汗葬在大马士革拜巴尔一世旁。穆罕默德·巴雷凯·汗的弟弟梅苏德·海德尔接替穆罕默德·巴雷凯·汗成为卡拉克首领。——原注

2 意为"胜利的国王，信仰之剑，萨利赫的马穆鲁克嘉拉温"。"嘉拉温"是埃及语的发音，但在突厥语中写作"基拉温"，意思是"鸭子"。在刻有嘉拉温或他儿子名字的银碗、黄铜碗及其他遗迹中，野鸭的形象很常见。参见我的《埃及阿拉伯人的艺术》，第164页、第190页、第194页。嘉拉温被以一千第纳尔购买，是个地道道的突厥人，几乎不会说阿拉伯语。嘉拉温统治时期的钱币很少被保存下来，其中一枚钱币印有铸造时间伊斯兰历682年和铸币地点大马士革。——原注

3 马克里齐描述了来自穆拉部落的四千名阿拉伯人组成的小分队。这支小分队的成员装备精良，头戴钢盔，身穿铠甲，身披丝绸，手持长剑和长矛，由一名唱战歌的少女陪同。——原注

4 如果想了解19世纪比马里斯坦的使用情况，那么请参阅爱德华·威廉·莱恩的《五十年前的开罗》，1896年。至于比马里斯坦的建筑和装饰情况，请参阅我的《埃及阿拉伯人的艺术》。——原注

5 已发现的萨拉丁·赫利勒的钱币于1292年在开罗发行、1293年在亚历山大发行。——原注

6 扎维拉门是开罗的一个城门。——译者注

7 阿尔-阿迪勒·怯的不花和拉金统治时期的几枚钱币都被磨损，钱币上的字样模糊不清，但阿尔-阿迪勒·怯的不花的一个钱币上印有伊斯兰历694年，即公元1294和1295年。——原注

8 欧洲人认为拉金是德意志人的观点没有得到任何阿拉伯历史学家的证实，而且很可能毫无根据。——原注

9 后来，阿尔-阿迪勒·怯的不花效忠自己老主人嘉拉温的儿子纳西尔·阿德-丁·穆罕默德。阿尔-阿迪勒·怯的不花在战争中忠心耿耿。后来，阿尔-阿迪勒·怯的不花再次拜访开罗，并且在1303年去世。阿尔-阿迪勒·怯的不花的高尚品德赢得了人们的尊敬。——原注

10 纳西尔·阿德-丁·穆罕默德的第二次统治从1299年到1310年，他统治时期的钱币在开罗、阿勒颇、哈马、特里波里斯、大马士革的铸币厂铸造。——原注

11 历史学家阿布-菲达和努韦里都亲自参加了战斗。——原注

12 根据1418年去世、接触过许多早期历史学家统计资料的卡尔卡沙迪的记载，埃及的主要收入来源，即土地税，要么用实物支付——通常在上埃及，税额为每亩一亚德伯到三亚德伯；要么用钱巾支付——如尼罗河三角洲。1370年，埃及肥沃土地的土地税为四十油拉姆，即二纳尔，约一基尼；因种植小麦等作物枯竭的土地税为三十迪拉姆，但后来土地税提高了。如果作物歉收或收成不好，会按比例减税。埃及城镇——显然指省区——的税被分配到政府或埃米尔和军队，小部分税收被分配给清真寺、学校等。参见卡尔卡沙迪著，斐迪南·维斯滕费尔德翻译，《埃及的地理与政治》，1879年，第155页。——原注

13 拜巴尔二世的几块铜币上印有伊斯兰历708年、709年的时间。——原注

14 从萨拉丁时代起，肯兹部落就是埃及的眼中钉。14世纪，埃及与肯兹部落经常发生冲突。1366年、1385年、1390年、1396年，肯兹部落袭击阿斯旺。1403年后的一段时间，阿斯旺地区一度不由埃及统治。——原注

第 11 章

马穆鲁克王朝后期：布尔吉王朝

(1382年—1517年)

THE CIRCASSIAN MAMLUKS

(1382—1517)

布尔吉王朝苏丹的姓名	登基时间	备注
萨西尔·赛义夫-阿德-丁·巴库克 (被曼苏尔·哈吉中断,他的统治期为1389年6月至1390年2月)	1382年11月	
纳西尔-阿德-丁·法拉吉	1399年6月	
伊兹丁·阿卜杜勒-阿齐兹	1405年9月	
纳西尔-阿德-丁·法拉吉	1405年11月	第二次统治
穆斯塔因二世	1412年5月	
谢赫·马穆迪	1412年11月	
穆扎法尔·艾哈迈德	1421年1月	
塞非丁·塔塔尔	1421年8月	
纳西尔·阿德-丁·穆罕默德	1421年11月	
巴尔斯拜	1422年4月	
阿齐兹·格玛尔丁·优素福	1438年6月	
扎希尔·塞非丁·加玛克	1438年9月	
曼苏尔·法克丁·奥斯曼	1453年2月	
阿什拉弗·塞夫丁·伊纳尔	1453年3月	
穆亚德·什哈布丁·艾哈迈德	1461年2月	
塞非丁·库什卡达姆	1461年6月	
塞非丁·比尔巴伊	1467年10月	
提姆布加	1467年12月	
阿什拉弗·卡特贝	1468年1月	
纳西尔·穆罕默德·伊本·卡特贝	1496年8月	
阿布-赛义德·卡苏	1498年11月	
阿什拉弗·加巴拉特	1500年6月	
图曼贝一世	1501年1月	
阿什拉弗·卡苏-古里	1501年4月	
图曼贝二世	1516年10月—1517年1月	

马穆鲁克苏丹的第二王朝与第一王朝的主要区别在于种族和不存在世袭继承制，这一制度在第一王朝确立，苏丹之位在嘉拉温家族中传承。布尔吉王朝的苏丹中，除了希腊裔的塞非丁·库什卡达姆和提姆布加，其他都是切尔克斯人。而且没有一位布尔吉苏丹能在自己家族中确立世袭原则。实际上，切尔克斯苏丹是马穆鲁克的领袖或首席埃米尔，而不是东方世界理解的绝对意义上的君主。切尔克斯苏丹不过是由其马穆鲁克同胞选出的"同侪之首"。苏丹管理马穆鲁克的能力越强，他的权力就越大。因此，马穆鲁克才是布尔吉王朝的真正统治者。苏丹的成功与否取决于他是否机智圆滑，能否恰当运用外交手腕，是否慷慨待人，以及能否调和几个马穆鲁克派系的分歧。苏丹驾崩后，每位苏丹的追随者组成一个独特的政治派别。这些政治派别以苏丹的头衔——如阿什拉弗斯、纳西里斯、米拉亚迪斯、扎西里斯——命名。马穆鲁克具有强大的团队精神，其目标是获取尽可能大的权力和尽可能多的财富。埃米尔与苏丹的追随者组成的政治派别之间钩心斗角。这些派别要么结成联盟或挑拨离间，要么耍阴谋诡计或贿赂对手，设法使己方获得支持并被选为苏丹。然而，篡位的苏丹登上苏丹之位后会发现自己只是不服从前任苏丹的政治派别成员的代表，并不能真正控制马穆鲁克。如果苏丹一直担任苏丹到死，苏丹的儿子通常会继承苏丹之位，但苏丹儿子的在位时间只有几个月。让苏丹之子继承苏丹之位与其说是为了遵从巴赫里王朝的世袭传统，不如说是为了缓解与敌对埃米尔的关系。当主要的马穆鲁克贵族为继承苏丹之位而战时，前任苏丹的儿子会暂时成为苏丹。当权力斗争的获胜者出现时，前任苏丹的儿子会遭废黜。一般来说，前任苏丹的儿子要么被体面地关起来，要么被允许在埃及某座城市自由地生活，而不是像过去那样被处死。布尔吉王朝延续了一百三十四年，一共有二十三位苏丹。其中九位苏丹，即巴库克、纳西尔-阿德-丁·法拉吉、谢赫·马穆迪、巴尔斯拜、扎希尔·塞非丁·加玛克、阿什拉弗·塞夫丁·伊纳尔、塞非丁·库什卡达姆、阿什拉弗·卡特贝和阿什拉弗·卡苏-古里共统治一百二十五年，另外十四位苏丹共统治九年。

布尔吉王朝的历史主要由这九位苏丹书写。他们都是非凡人物，这一点可从他们成功维持长达八年、十六年，甚至二十六年的统治看出来。处理与敌对的埃米尔及马穆鲁克的关系要求苏丹具有非同寻常的能力。然而，苏丹的能力并不完全体现在战场上。苏丹通常为争夺王位杀死对手。然而，一旦登上王位，苏丹就很少在战场上指挥军队了。纳西尔-阿德-丁·法拉吉可能是唯一的切尔克斯将军。部分苏丹，如巴库克、谢赫·马穆迪、扎希尔·塞非丁·加玛克、卡特贝，以及统治短暂的塞非丁·塔塔尔和提姆布加，十分重视文学创作和学术发展。另外，这九位苏丹是严格的穆斯林。他们建立了许多慈善基金，下令建造许多清真寺、学院、医院和学校。人们可以从上述机构的遗迹中见到这九位苏丹的审美品位。或许苏丹下令建造像巴库克清真寺和卡特贝清真寺这样精美的建筑是为了弥补切尔克斯苏丹普遍犯下的暴力、压迫的罪行。巴库克将对手敏塔什"拷问"了一顿,并且让他说出隐藏的宝藏。可怜的埃米尔敏塔什的四肢相继被砍断,遭受火刑并遭到拷打,被各种新奇的酷刑折磨,但仍然拒绝说出宝藏的位置。最后,他的头被一支长矛刺穿,他从痛苦中解脱了。士兵举着长矛在叙利亚各座城镇游行,最后将敏塔什的头挂在开罗的扎维拉门。敏塔什的同谋被钉在骆驼鞍上,游街示众,直到死去。由于存在这样残酷的行为,巴库克虽然修建了美丽的清真寺和高贵的陵墓,但都不足以赎罪。继任者们也仿效他野蛮、残暴的行径。

埃及人的确在切尔克斯苏丹的统治下吃尽了苦头。马穆鲁克各派系之间无休止的冲突、街头斗殴、占统治地位的马穆鲁克士兵的肆无忌惮,造成了一段恐怖统治。当然,马穆鲁克对受苦受难的百姓毫无怜悯之心。他们都是外国人,虽然不一定是切尔克斯人,因为巴库克在他的切尔克斯追随者的一场阴谋后,从希腊、突厥和蒙古的奴隶中招募马穆鲁克。巴库克购买了五千个奴隶,七千名马穆鲁克骑马在上埃及和下埃及各地镇压贝都因人和农民的叛乱,从这两点就可以判断当时埃及雇佣兵的数量,埃及人经历的恐怖生活只好留给想象。

埃及军人十分堕落。即使在最强大的切尔克斯苏丹巴尔斯拜统治时期,女性也不能出现在街头。另外,女性不能参加婚礼或游行。试图参加葬礼或前往墓地拜祭的女性会被士兵赶回家。农民由于害怕自己在农村种植的农产品或圈养的牲畜被马穆鲁克侵占，或被政府强制没收，以供应宫廷使用，常常不敢将它们带到开罗的市场上。巴尔斯拜统治时期，宫内每天消耗一千二百磅肉。埃及政府很腐败，"正义"往往属于权贵。谢赫·马穆迪统治时期，首席法官，即伊斯兰教长，盗窃委托教长托管的资金。首席法官是波斯人，不会说阿拉伯语。在穆亚德清真寺的一场公共辩论中，他的无知暴露了出来。于是，这位波斯裔首席法官遭到解职。大约在同一时期，在亚历山大，渔民们用自己的双手对付压迫者。他们剃了亚历山大地方长官的半边脸。亚历山大地方长官与耶利哥人一样，由歌手和乐师护送，骑着骆驼在街上游行。最后，渔民们让他站在审判官面前，然后将他打死。然而，成功执行私刑的例子很罕见。通常的情况是普通民众被迫受苦，得不到补偿，也没有机会报复政府。埃及经常发生叛乱，特别是在贝都因部落定居的地方。当沉重的赋税和征兵、普遍的无政府状态、生命财产遭到威胁，以及遇上鼠疫和饥荒时，埃及人陷入更深的绝望境地。但叛乱只是导致了更严重的苦难、残酷的报复，以及无情的马穆鲁克的血腥镇压。据说，纳西尔-阿德-丁·法拉吉统治时期，埃及人口减少到正常时期的三分之一。

苏丹无力约束自己的卫队。谢赫·马穆迪统治时期，埃及社会出现了最严重的混乱。他虔诚、有文化，是一位音乐家、诗人和演说家，严格遵守伊斯兰教义，生活俭朴，衣着朴素，并且与其他穆斯林一样参加所有宗教活动。当瘟疫在埃及肆虐时，谢赫·马穆迪身着白色羊毛长袍，表达痛苦的心情。他在自己身上花钱很少，但在他曾经被囚的地方花费四十万第纳尔修建清真寺。另外，他下令建造了一家医院和其他建筑物。这显示了他的慈善之心。尽管如此，他不能控制臣民。他鞭打压迫者，却不能保护受压迫者。他优柔寡断的性格和糟糕的治理能力使其个人品德失色。谢赫·马穆迪五十二岁驾崩时，虽然他的宝库内有一百多万第纳尔，但没有跟随者悼念他。他没有裹尸布，甚至连洗尸体的毛巾都没有。人们对继承权的忧虑淹没了对死者的关怀。

后来的一位苏丹塞非丁·库什卡达姆是一个中世纪的希腊人。他坦率地承认不可能约束自己的仆人，并且将仆人的腐败和暴力转化为自己的利益。为了使两个派系失去权力，塞非丁·库什卡达姆挑拨一个派系对抗另一个派系，并且让自己的马穆鲁克控制埃及。马穆鲁克几乎可以随心所欲地谋杀百姓并掠夺财物。狡猾的塞非丁·库什卡达姆知道如何最大限度地利用不当途径谋利。政府官职被公开出售。特里波里斯总督为了晋升为大马士革总督，支付了四万五千第纳尔。另一位埃米尔以一万第纳尔的价格买走了空缺的特里波里斯总督之位。采法特总督之位以四千第纳尔的低价出售。更糟糕的是，塞非丁·库什卡达姆收受马穆鲁克的贿赂，赋予马穆鲁克折磨和杀死对手的特权。一个不受欢迎的维齐尔被鞭笞、折磨，最后未经审判就被处决，因为他的对手已经用七万五千第纳尔贿赂了塞非丁·库什卡达姆。毫无疑问，塞非丁·库什卡达姆要马穆鲁克为自己的享乐付费。他缺钱时，就会召见某位有钱的贵族，并且狠狠地宰这位贵族一顿。

虽然存在暴动、阴谋和叛乱，频繁的内战，不断爆发的派系斗争，以及无法清除的腐败，但显然，切尔克斯苏丹及其马穆鲁克拥有集体保护能力，知道如何将斗争控制在埃及内部，并且不让对手有插手埃及内部事务的机会。尽管埃及政府声名狼藉，马穆鲁克的相互嫉妒经常导致毁灭性后果，但马穆鲁克组成了一支出色的军队。因此，他们不仅继续控制埃及和叙利亚长达一百三十四年之久，还击退了一次看似势不可当的入侵和几次小规模攻击。当整个西亚都在帖木儿的征战中颤抖时，埃及的马穆鲁克勇敢地打败了帖木儿的军队。然而，帖木儿进军时，埃及的政治局势不利于形成稳固的防御阵线。1382

图79 ●一位埃米尔的徽章，雕刻在象牙和彩色木材上

图 80 ● 巴库克统治时期的一第纳尔钱币，1385年在阿勒颇发行

年11月26日，第一位切尔克斯苏丹巴库克废黜了当时还是孩子的巴赫里王朝的最后一位苏丹塞莱赫丁·哈吉。巴库克登基没有遇到太大的阻碍，并且被接纳为整个埃及和叙利亚的苏丹。但一年后（1383年），一次拥立哈里发穆阿台绥姆一世的阴谋动摇了巴库克的地位。虽然这次阴谋被强力镇压，但不满已经蔓延到叙利亚北部并迅速增强。1389年4月17日，反叛分子在姆拉提亚和阿勒颇总督敏塔什及耶尔布哈的带领下，以及埃及北部边境的蒙古人和土库曼人的支持下，在大马士革附近击退埃及军队，进入叙利亚首都大马士革，并且进军开罗。巴库克在开罗废除所有税收、武装百姓、封锁街道、巩固城堡的防御后，流下眼泪，并且在一家裁缝店避难。

叛乱分子洗劫了开罗，1389年6月1日让塞莱赫丁·哈吉重新登上苏丹之位。随后，叛乱分子内部发生争吵，敏塔什和耶尔布哈分别在哈桑清真寺的屋顶和城堡对面的城垛互相

图81 ●位于开罗郊外巴库克墓地清真寺的讲坛，1401年到1411年修建

攻击。这为此时在叙利亚准备镇压叛乱的巴库克复辟铺平了道路。1390年，巴库克从卡拉克要塞逃跑后，召集了一支军队，并且在萨尔卡布附近挫败叛乱分子。1390年2月1日，他俘虏了塞莱赫丁·哈吉，胜利进入开罗。开罗守军和百姓出来欢迎巴库克。此时，犹太人拿着《托拉》，基督教徒拿着《福音书》。人们点燃蜡烛，铺上地毯，向巴库克表示敬意。年轻的苏丹塞莱赫丁·哈吉再次被废黜，但被允许在城堡内过舒适的生活，直到1412年去世。塞莱赫丁·哈吉对女奴隶极端残

忍。他试图在歌声和欢乐的喧闹声中淹没女奴隶的尖叫声。在接下来的两年里（1390年到1392年），巴库克致力于剿灭敏塔什领导下的叙利亚反叛分子，但他刚把反叛分子剿灭，帖木儿的入侵就逼近埃及边境了。1393年8月，帖木儿占领巴格达，并且在1394年侵占了美索不达米亚，吞并了马里丁"这种承认巴库克为宗主"的土地。因此，帖木儿与埃及直接发生了冲突。

巴库克并不勇敢。实际上，他生活在被暗杀的恐惧中，但他在入侵者面前能够保持坚定的立场。巴库克和包括锡瓦斯的布尔汉丁、黑羊王朝的土库曼人领袖卡拉-优素福、金帐汗国可汗脱脱迷失，以及奥斯曼土耳其苏丹巴耶济德一世在内的叙利亚北方地区的诸侯们组成抵抗帖木儿军队的同盟。帖木儿派使者前往开罗，表面上的目的是开启和平谈判。巴库克怀疑帖木儿的动机，杀死了帖木儿的使者。此外，为了表示同情帖木儿入侵的受害者，巴库克邀请被驱逐的巴格达苏丹穆扎法尔·艾哈迈德前往开罗，并且以高贵的礼节接待了他。他在回复帖木儿发来的威胁信时，使用了傲慢的语言。1394年，埃及集结了一支强大的军队，穿过大马士革，向阿勒颇和幼发拉底河岸的比拉挺进，但当时，帖木儿正在格鲁吉亚全力投入与脱脱迷失的战斗。于是，入侵埃及的时间被推迟了。不久，帖木儿入侵叙利亚的行动暂停，巴库克很满意看到盟友脱脱迷失遭到攻击。与帖木儿的势力相比，巴库克更担心崛起的奥斯曼土耳其帝国。1399年6月20日，巴库克驾崩，享年六十多岁。他从1378年开始统治埃及。虽然他野蛮地处决过一些人，但从总体上看，他还是睿智、温和的。巴库克免除部分最繁重的赋税。另外，他热爱学习，是一位出色的建设者。他的清真寺位于开罗郊外的东边墓地，有两座穹顶，是他的儿子纳西尔-阿德-丁·法拉吉（也埋在这里）建造的。贝恩-卡斯林美丽的巴库克清真寺是巴库克统治初期建造的，19世纪末曾被修复，证明了巴库克的艺术品位。

在巴库克的三个儿子之中，长子纳西尔·阿德-丁·法拉吉继承了苏丹之位，他的母亲是希腊人。纳西尔·阿德-丁·法拉吉原名布尔加克，意为"灾难"，因为他出生在敏塔什叛乱时期，但巴库克战胜叛乱者后，他改名为纳西尔·阿德-丁·法拉吉，意为"解救"。他继承苏丹之位时，只有

图82 ● 巴库克的珐琅玻璃灯，收藏在开罗博物馆

十三岁，但他的统治时间不长。1400年底，纳西尔-阿德-丁·法拉吉在叙利亚率领一支埃及大军，试图阻止帖木儿的进攻。这时，帖木儿的军队已经洗劫了阿勒颇，并且对大马士革构成威胁。起初，埃及人似乎击退了蒙古入侵者，但帖木儿的撤退可能是战略性的，因为当埃及人进攻时，遭到蒙古入侵者的大力反扑。纳西尔·阿德-丁·法拉吉发现战败导致手下的埃米尔滋生了叛乱，因为他们希望在这场危机中有一位更有经验的领导人。于是，纳西尔·阿德-丁·法拉吉匆忙撤退到开罗，并且抛弃了自己的军队。1401年，埃及在大马士革的军队按条件投降，但大马士革还是遭到无情的鞑靼人的洗劫并被烧毁。整个叙利亚北部被无情地摧毁。1402年，帖木儿的军队在小亚细亚之战中获胜，接着在安卡拉之战中彻底击败奥斯曼土耳其帝国的军队。此后，纳西尔·阿德-丁·法拉吉同意帖木儿所派使者提出的要求，交出俘虏的帖木儿军队的士兵，甚至同意以帖木儿的名义铸造钱币。然而，至今没有发现铸有帖木儿名字的钱币，帖木儿也从未进入或控制埃及。1405年2月，帖木儿去世。当时，纳西尔·阿德-丁·法拉吉正组建一支新的军队抵抗可能提出新要求的帖木儿。

然而，纳西尔·阿德-丁·法拉吉在抵抗入侵者的行动中已经失去信誉。马穆鲁克之间再次爆发权力斗争，纳西尔-阿德-丁·法拉吉受到无礼对待，甚至在权力斗争中被击败。最后，他突然消失。1405年9月20日，他的弟弟伊兹丁·阿卜杜勒-阿齐兹登上空缺的苏丹之位。但大约两个月后，1405年11

图83 ●纳西尔·阿德-丁·法拉吉统治时期的一第纳尔钱币，1407年在开罗发行

月20日，纳西尔·阿德-丁·法拉吉从恐慌中恢复，并且在埃米尔耶什贝克的支持下重新掌权。在以后的统治期间，他致力于恢复叙利亚的秩序。此时，叙利亚已经成为敌对的埃米尔们的战场。其中的一位埃米尔盖克姆甚至自封为"马利克阿德尔"。叙利亚虽然大约爆发了七场战争，但仍然无人统治。在大马士革，埃米尔谢赫·马穆迪和纳瓦鲁兹的势力越来越强大。因此，纳西尔·阿德-丁·法拉吉的苏丹之位受到威胁。他在大马士革向谢赫·马穆迪投降，谢赫·马穆迪承诺饶他一命。但哈里发穆斯塔因二世下令处死他，因为他是个臭名昭著的不可信的人。1412年5月28日，纳西尔·阿德-丁·法拉吉抵抗无效被杀，其尸体被扔在粪堆上。纳西尔·阿德-丁·法拉吉是个酒鬼，曾杀死自己的马穆鲁克，甚至亲手杀死前妻。埃及民众面对沉重的赋税和战争费用苦不堪言。欧洲海

盗1403年袭击了亚历山大，1404年又袭击了叙利亚的特里波里斯、贝鲁特和西顿。奥斯曼土耳其帝国军队逐渐侵入埃及北部边境。

在接下来的五位苏丹的统治时期，埃及的情况几乎没有变化。穆斯塔因二世即位只是权宜之计。当时，谢赫·马穆迪和纳瓦鲁兹在争夺苏丹之位。不到六个月后，1412年11月6日，当头衔是"穆亚德"的谢赫·马穆迪接受苏丹之位时，穆斯塔因二世如释重负地自愿退位。谢赫·马穆迪统治时期的主要活动是埃及北部边境爆发的两场战争，战争的目标是将

图84 ● 谢赫·马穆迪的库法体铭文

土库曼边境的卡拉曼、杜尔-卡德尔和拉马丹等国重新变成埃及的附庸。1418年,谢赫·马穆迪向阿布拉斯廷和塔尔苏斯进军。当地首领们纷纷向谢赫·马穆迪投降,卡拉曼甚至以谢赫·马穆迪的名义发行钱币。但谢赫·马穆迪离开后,土库曼人重新占领了谢赫·马穆迪的领地。因此,1419年,谢赫·马穆迪的儿子易卜拉欣向北进军,占领了恺撒利亚、科尼亚和尼格达。上述地区以谢赫·马穆迪的名义铸造钱币,并且从土库曼家族的士官学员中挑选总督人选。埃雷克利、拉伦达、阿达纳和塔尔苏斯被埃及军队占领。易卜拉欣在开罗受到热烈欢迎,但第二年(1420年),他就死了,据说,是被嫉妒他的谢赫·马穆迪毒死的。然而,埃及几乎没有从胜利中获得什么。谢赫·马穆迪无法控制马穆鲁克,埃及人也遭受了巨大痛苦。1421年1月13日,谢赫·马穆迪的儿子穆扎法尔·艾哈迈德即位,塞非丁·塔塔尔担任摄政。穆扎法尔·艾哈迈德的统治很短暂。1421年8月29日,塞非丁·塔塔尔即位。塞非丁·塔塔尔的统治时间比穆扎法尔·艾哈迈德的统治时间更短暂。1421年11月30日,塞非丁·塔塔尔的儿子纳西尔·阿德-丁·穆罕默德即位,巴尔斯拜担任摄政。1422年4月1日,巴尔斯拜即位。

巴尔斯拜统治了十六年多,尽管他使用异常的高压政策统治,埃及人在贸易垄断政策下呻吟,有马穆鲁克的肆意妄为,物资稀缺,高物价,以及随之而来的劫掠和不安全状态,社会一片混乱。巴尔斯拜不仅具有强大的实力,挫败了埃

图 85 ● 谢赫·马穆迪统治时期的一第纳尔钱币，1415 年在亚历山大发行

及边境上的入侵者和埃及内部的反叛者，而且在1424年占领了塞浦路斯，开拓了埃及的领土。在埃及和叙利亚海岸出没的海盗虽然不一定是塞浦路斯人，但会把塞浦路斯的海港作为基地。事实上，海盗们只要藏在塞浦路斯的海港，就不可能被抓捕。1424年夏，来自布拉克、达米亚特和特里波里斯的几艘船驶向塞浦路斯，埃及船员洗劫了利马索尔，船上满载俘虏和战利品返回埃及。1425年8月，受这次成功的鼓舞，埃及派出一支由四十艘船组成的舰队，法马古斯塔的热那亚驻军向埃及军队投降。埃及军队占领了拉纳卡，利马索尔也在短暂抵抗之后投降，埃及将军格巴什带着一千多名俘虏和许多战利品回到埃及[1]。然而，巴尔斯拜没有打算匆忙返回开罗，而是打算永久征服塞浦路斯。1426年7月，他拒绝拜占庭皇帝约翰八世的调解，派遣了一支规模更大的舰队来到塞浦路斯，马穆鲁克负责指挥战船，但船员主要是自愿的冒险者和贝都因

人。这支舰队在利马索尔登陆。虽然利马索尔守军修复了当地的防御工事，但几天内就被埃及军队击溃，利马索尔也被占领。埃及军队向拉纳卡进发，舰队沿着海岸护送埃及军队。塞浦路斯吕西尼昂国王詹姆斯杀死前来劝降的传令官。然后，他从海路和陆地反击入侵者。在切罗蒂库姆的一次交战中，塞浦路斯人失去最初的优势，马穆鲁克重新掌握了战场。在塞浦路斯舰队到来前，埃及军队俘虏了吕西尼昂的詹姆斯及其麾下的许多骑士。接着，1426年8月13日，埃及军队征服尼科西亚。在这场短暂的、具有决定性的战斗后，开罗像过节一样庆祝征服者归来。获胜的埃及军队举着塞浦路斯王冠和皇家旗帜穿过街道。埃及士兵后面跟着几千名俘虏。吕西尼昂的詹姆斯走进城堡，被带到巴尔斯拜面前。巴尔斯拜旁边是出色的宫廷官员、奥斯曼土耳其帝国特使、小亚细亚的土库曼埃米尔、阿拉伯部落代表、麦加的谢里夫、突尼斯国王。吕西尼昂的詹姆斯没戴帽子，戴着镣铐，在巴尔斯拜面前亲吻地面，然后昏过去。后来，他在被逼着要赎金时，回答道："除了命，我什么都没有。苏丹可以视情况处理。"面对死亡的威胁，吕西尼昂的詹姆斯毫不畏惧。然而，1427年1月，威尼斯的执政官和欧洲的商人们为吕西尼昂的詹姆斯求情，并且保证先向埃及方面缴纳十万第纳尔赎金。吕西尼昂的詹姆斯回到塞浦路斯后，他们又向埃及方面缴纳了十万第纳尔。于是，吕西尼昂的詹姆斯被释放，巴尔斯拜赐给他房屋和食物。他骑着一匹装饰精致的马穿过开罗街道，参观了埃及的集市和教堂，最后和来与巴斯拜签订条约的罗得岛使者离开了埃及。吕西尼昂的詹姆斯每年向埃及进贡，贡品的价值不确定，但可能在五千达克特到八千达克特[2]之间，是他作为埃及的封臣支付的。

直到马穆鲁克王朝结束，塞浦路斯一直向埃及进贡。1432年，约翰二世继承了詹姆斯的王位，接着违背詹姆斯的承诺，不向埃及进贡。苏丹阿什拉弗·塞夫丁·伊纳尔在给约翰二世的一封信中，感谢约翰二世为自己登基而在塞浦路斯举行庆祝活动，并且为约翰二世拖延进贡的行为找借口。1458年，约翰二世驾崩后，阿什拉弗·塞夫丁·伊纳尔支持约翰二世的私生子雅各布即位，反对约翰二世的婚生女儿、塞浦路斯的路易的妻子夏洛特掌权，并且派遣四十八艘船远征塞浦路斯，帮助雅各布登上王位。但这次远征不成功，埃及士兵们大都发烧，雅各布带领一支埃及小分队占领罗得岛大部分地区。然而，在热那亚人和罗得岛骑士的支持下，夏洛特坚守塞林。一段时间内，加尼-贝克·阿布拉克和埃及小分队压制着新国王雅各布，但雅各布最终摆脱了他们的压制。然而，他没有拒绝进贡，也没有拒绝臣服埃及新苏丹塞非丁·库什卡达姆。

因为前任巴尔斯拜在塞浦路斯大获全胜，所以拥有强烈好胜心的扎希尔·塞非丁·加玛克在1440年8月企图占领罗得岛。主要由志愿兵驾驶的十五艘战船从布拉克出发。这十五艘战船在塞浦路斯补充给养后，驶往阿拉亚港，再从阿拉亚港驶往夏托鲁。夏托鲁只是圣约翰骑士守卫的一个岛，立刻就沦陷了。然而，罗得岛方面得到在埃及间谍的警告，做好了防御准备。骑士们的舰队在损失惨重的情况下，将埃及军队赶走了。埃及军队不止一次尝试占领罗得岛。1444年6月，除了来自特里波里斯的一万八千名志愿兵和新兵，还有扎希尔·塞非丁·加玛克的一千名马穆鲁克，带着大量武器装备从布拉克港出发，并且成功登陆罗得岛。但罗得岛所在的地理位置易守难攻。经过四十天的围困，1444年10月，埃及军队返回开罗，埃及和罗得岛签署了和平协议。

在切尔克斯马穆鲁克统治时期，塞浦路斯是埃及唯一新征服的领地。但征服塞浦路斯不是使巴尔斯拜的统治与其他苏丹的统治不同的唯一原因。巴尔斯拜特别重视与印度的贸易，并且设法从中获取更多利润。1422年，当一名来自科泽科德的船长航行经过亚丁——在亚丁，也门拉苏里王朝统治者的苛求使印度和也门的贸易无利可图——到达麦加的吉达港时，印度与其他地区的贸易有了新变化。这名船长在吉达与在也门一样，被骗得很惨。于是，他在第二年（1423年）驶过亚丁和吉达，在德列克和萨瓦金卖掉自己的货物。然而，他仍然对德列克和萨瓦金这两个市场不满意。第三年（1424年），他提议在麦地那的港口延布登陆。当时，延布在一位埃及总督的统治下。延布总督建议船长再次前往吉达，并且承诺保护船长免受敲诈勒索。船长很满意延布总督的安排。于是，他在1425年指挥十四艘装满货物的船到吉达，并且在1425年指挥来自印度和波斯的四十艘船来到延布。这四十艘船缴纳的关税高达七万第纳尔。毫无疑问，大部分关税进入了埃及国库。埃及人不满足于此。除了通常征收货物总额十分之一的关税，埃及通过征收各种税增加收益。于是，印度的货物开始运输到亚丁。1432年，巴尔斯拜下令恢复向所有进口货物只征收货物总额十分之一的关税，不征收其他名目的税，但为了恢复与印度的贸易，对从亚丁进口的所有货物征收双倍关税。也门的货物甚至被没收，朝圣者从麦加带回的任何东西都要付关税。

可惜的是，没有可靠的统计数据显示埃及与印度的贸易额。关税绝不限于进口的货物。埃及政府出台了一些垄断政策，所有糖、辣椒、木材、金属制品等都必须运到政府仓库，按政府规定的价格出售并缴纳关税。一船辣椒在开罗卖五十第纳尔，但在亚历山大按一百三十第纳尔的价格卖给欧洲人。威尼斯人通过其领事提出抗议，但没有得到赔偿，于是，威尼斯与埃及断绝商业合作，并且派一支舰队来亚历山大

图 86 ● 巴尔斯拜统治时期的一第纳尔钱币，1425 年在亚历山大发行

撤走威尼斯的所有商人。这令巴尔斯拜恢复了理智。于是，他向威尼斯开出更优惠的经商条件，埃及只保留胡椒专卖权。卡斯蒂利亚国王和阿拉贡国王也提出抗议，并且派遣舰队前往叙利亚海岸拦截埃及船舶。除了干涉贸易政策，巴尔斯拜还干预货币政策，改变黄金和白银的兑换率。马穆鲁克苏丹统治时期，白银迅速贬值。马穆鲁克苏丹从交易货币中剔除外国货币，然后重新接纳外国货币，这使商人们损失惨重，十分恼火。扎希尔·塞非丁·加玛克统治时期，王室依然垄断货物贸易并征收重税，但印度在吉达的进口税仍然是十分之一。阿什拉弗·塞夫丁·伊纳尔曾试图提高银币价值，但他的改革措施不受欢迎。货币价值越来越低。随着马穆鲁克王朝的衰落，埃及不得不为生存而战。因此，埃及的赋税越来越繁重。

1438年6月7日，巴尔斯拜驾崩。他的一生没有遗憾。他是一位严厉而暴虐的统治者。表面上的风平浪静并不能证明当时的埃及很繁荣。巴尔斯拜对塞浦路斯的征服使其手下的马穆鲁克很高兴，他的垄断政策也使马穆鲁克过上了富裕生活，但埃及百姓苦不堪言。根据马克里齐的记载，在巴尔斯拜统治期间，埃及和叙利亚变得荒凉。巴尔斯拜人生最后时刻的一项命令是处死一名医师，因为他无法医治自己。处决医师是在埃米尔们面前执行的，进谏的埃米尔们不能拯救受人尊敬的医师。然而，巴尔斯拜是一位虔诚的穆斯林，除了在每月五天的特殊日子禁食，每星期他还禁食两天。每星期的一个晚上，他会请历史学家巴德尔丁·艾尼用突厥语为自己朗读。1438

年9月9日，巴尔斯拜的儿子阿齐兹·格玛尔丁·优素福让位给巴尔斯拜的摄政扎希尔·塞非丁·加玛克。扎希尔·塞非丁·加玛克曾经是巴库克的一个奴隶。他在谢赫·马穆迪和塞非丁·塔塔尔统治时期担任军官，在巴尔斯拜统治时期担任大臣。与巴尔斯拜相比，扎希尔·塞非丁·加玛克的统治策略比较温和。他也拥有美德。他一丝不苟地遵守《古兰经》的律法，不食禁忌食品、不饮酒、不听渎神的音乐。扎希尔·塞非丁·加玛克的正统思想促使他迫害犹太人和基督教徒，并且强制禁止犹太人和基督教徒过奢侈生活。与巴尔斯拜不同，他如同熟悉突厥语一样熟悉阿拉伯语。他学习伊斯兰教神学，喜欢与有学问的人交往。1453年2月13日，扎希尔·塞非丁·加玛克驾崩，享年大约八十岁。他虽然生活简单，但给儿子曼苏尔·法克丁·奥斯曼留下了宝贵的财富。

曼苏尔·法克丁·奥斯曼的母亲是希腊人。1453年2月，扎希尔·塞非丁·加玛克最后一次生病期间，曼苏尔·法克丁·奥斯曼被宣布为苏丹。但1453年3月19日，不到一个半月后，他就被阿什拉弗·塞夫丁·伊纳尔废黜。阿什拉弗·塞夫丁·伊纳尔是一位随和、圆滑的老人。他几乎不能写自己的名字。面对马穆鲁克无休止的斗争，他对其统治感到痛苦甚至

图87●卡特贝统治时期的一第纳尔钱币

怨恨。1461年2月26日,阿什拉弗·塞夫丁·伊纳尔的儿子穆亚德·什哈布丁·艾哈迈德即位,6月28日让位给希腊人塞非丁·库什卡达姆。塞非丁·库什卡达姆的统治很腐败,1467年10月9日,他的儿子、被称为"疯子"的塞非丁·比尔巴伊即位。与往常一样,塞非丁·比尔巴伊在位几个月之后,他的统治就被马姆鲁克推翻了。1467年12月3日,马穆鲁克拥立另一位年迈的希腊人提姆布加登上苏丹之位。提姆布加受过良好教育,精通语言学、历史学和神学。他登上苏丹之位后做的第

图88 ● 阿什拉芙·卡特贝的陵墓清真寺,1474年建造

一件事是释放被监禁的各派埃米尔及前苏丹穆扎法尔·艾哈迈德和曼苏尔·法克丁·奥斯曼,并且努力与各方和解。他好心的结果是自己没有朋友,也没钱购买"友谊"。马穆鲁克对提姆布加失去了耐心。他们冲进城堡,关押了提姆布加,并且拥立卡尔·贝克成为苏丹,卡尔·贝克的头衔是"阿德尔"。然而,他只顾掠夺前任苏丹提姆布加的宫殿。1468年1月31日,强大的埃米尔阿什拉弗·卡特贝集合自己麾下的马穆鲁克,驱逐篡位者卡尔·贝克,自己篡夺了苏丹之位。提姆布加在同一天内遭到两次废黜,但被允许在达米亚特自由、舒适地生活。

阿什拉弗·卡特贝的统治时间为1468年到1496年,这是自嘉拉温以来所有马穆鲁克苏丹的统治时间中最长的——近二十九年。他是所有切尔克斯苏丹中最成功、最好战的。阿什拉弗·卡特贝从马穆鲁克中脱颖而出。最初,他被巴尔斯拜用二十五基尼,即五十第纳尔购买,后来转售给扎希尔·塞非丁·加玛克。在阿什拉弗·塞夫丁、伊纳尔和塞非丁·库什卡达姆统治时期,阿什拉弗·卡特贝从低级军官晋升为高级军官,最后在提姆布加统治时期成为马穆鲁克的最高指挥官。他是剑术高手,也是标枪高手。马穆鲁克的生涯令阿什拉弗·卡特贝积累了经验,增长了见识。阿什拉弗·卡特贝有勇气、判断力、洞察力、精力和决断力。另外,他性格坚强。这使马穆鲁克对他忠心耿耿,竞争对手对他充满敬畏。阿什拉弗·卡特贝体力很好,有时会亲手鞭打高级官员,目的是向高级官员勒索钱财以充盈国库。在战争支出方面,百姓的捐赠和额外征税是绝对必要的。因此,阿什拉弗·卡特贝不仅向土地上生产的农产品征收五分之一的税,还向农产品额外征收十分之一的税。富有的犹太人和基督教徒被无情地压榨。当时发生了许多野蛮的不人道行为,无辜的人被鞭笞,甚至被处死。由于不能将渣滓化为金子,化学家阿里·伊本·马苏希被弄瞎眼睛,割掉舌头。

阿什拉弗·卡特贝有吝啬的名声。然而,从他下令在埃及、叙利亚和阿拉伯建造的建筑物名单可以看出,他将税收花在了令人敬佩的事情上。他在开罗下令修建的两座清真寺及驿站都是将精心制作的阿拉伯装饰应用于最纯粹的萨拉森建筑的例子。阿什拉弗·卡特贝孜孜不倦地修复前任苏丹摇摇欲坠的纪念碑。开罗的清真寺、学校、城堡和其他建筑物上的大量碑文充分证明了这一点。除了前往麦加和耶路撒冷朝圣,阿什拉弗·卡特贝还常去叙利亚、幼发拉底河、上埃及、下埃及旅行。他无论走到哪里,都下令修建公共工程,如道路、桥梁、清真寺、学校、防御工事等。除了嘉拉温,在马穆鲁克苏丹中,没有哪位苏丹比阿什拉弗·卡特贝下令建造了更多的建筑或创作了更多的艺术作品。埃及人为他建造的许多建筑付出了代价,但后人因此能欣赏这些无与伦比的美丽建筑。

然而,比起建造建筑,阿什拉弗·卡特贝有更重要的事要处理。长期以来,叙利亚北部边境地区是马穆鲁克苏丹的眼中钉,这不仅是因为土库曼附庸不服从埃及方面的命令甚至发动叛乱,还因为叙利亚边境地区的骚乱会为奥斯曼土耳其帝国入侵埃及提供借口。奥斯曼土耳其帝国的实力从其征服君士坦丁堡就可以看出。谢赫·马穆迪及其儿子易卜拉欣曾经不止一次征服叙利亚边境麻烦不断的小国,但这些小国只是暂时屈服于埃及。1433年,巴尔斯拜向土库曼人开战,甚至围攻了白羊王朝的土库曼人在迪亚巴克尔的阿米德城,但没有取得成功。扎希尔·塞非丁·加玛克与叙利亚边境地区的酋长建立了

图89 ●卡特贝清真寺的门,1474年建造

图90 ● 阿什拉芙·卡特贝下令在艾资哈尔附近建造的驿站，1477年修建

友谊，娶了酋长的女儿，至少在形式上获得了边境酋长的效忠。阿什拉弗·塞夫丁·伊纳尔维持了扎希尔·塞非丁·加玛克对埃及边境地区的土库曼人和奥斯曼土耳其帝国采取的温和政策。1453年，当穆罕默德二世的一个特使带来君士坦丁堡被征服的消息时，阿什拉弗·塞夫丁·伊纳尔花了好几天时间装饰开罗。他和边境地区的酋长们，如白羊王朝的酋长和阿布拉斯廷的杜尔-卡德尔酋长，保持友好关系，即使是名义上的。但1456年，他派出一支军队从野心勃勃的卡拉曼酋长易卜拉欣手中收复了塔尔苏斯和阿达纳。然而，当乌尊·哈桑占领了如卡卡尔和卡特伯特等埃及城市和要塞，并且虚伪地将钥匙送到开罗时，白羊王朝酋长们的臣服变得特别可笑。

图91 ●阿什拉芙·卡特贝的徽章

有迹象表明，奥斯曼土耳其帝国不急于与埃及建立友好关系。1464年，穆罕默德二世派来的使者故意无视埃及的一些习俗礼仪。对卡拉曼公国继承人这一问题，奥斯曼土耳其帝国和埃及持相反立场，几乎发生冲突。对向埃及进贡的杜尔-卡德尔的两兄弟争夺继承人的问题，奥斯曼土耳其帝国秘密支持埃及反对的沙斯瓦。1468年，马穆鲁克在阿因-塔布战败，损失惨重。1469年，马穆鲁克在葛洪河战役中再次战败。最终，沙斯瓦失去奥斯曼土耳其帝国的支持，被迫投降，并且被带到开罗，处以绞刑。然而，两次战争的进程显示了奥斯曼土耳其帝国干涉埃及事务带来的危险。乌尊·哈桑继续假装是阿什拉弗·卡特贝的封臣，向阿什拉弗·卡特贝赠送骆驼、盔甲和切尔克斯奴隶。然而，只要他坚守要塞，只向宗主阿什拉弗·卡特贝提供钥匙，那么他的领土扩张政策会令阿什拉弗·卡特贝焦虑不安。乌尊·哈桑被奥斯曼土耳其帝国苏丹穆罕默德二世击败的消息让阿什拉弗·卡特贝感到些许满意。

所有这些小规模冲突都证明奥斯曼土耳其帝国日益强大的实力和对埃及事务的干涉。可以肯定的是，需要破裂的机会很容易在一些边界争端中找到。然而，当阿什拉弗·卡特贝邀请奥斯曼土耳其帝国新苏丹巴耶塞特二世的弟弟、苏丹之位竞争者、流亡者杰姆来到开罗，不但礼遇杰姆，而且支持杰姆在

图 92 ●一个灯罩，上面有阿什拉芙·卡特贝的徽章

图93 ●埃米尔埃兹贝克的徽章，发现于他的清真寺，1495年雕刻

小亚细亚叛乱时，埃及与奥斯曼土耳其帝国的关系出现了裂痕。当不幸的流亡者杰姆成为欧洲各方势力争夺的工具时，阿什拉弗·卡特贝也参与了这一卑鄙的悲剧。他和罗马教皇谈判，要求交出奥斯曼土耳其帝国苏丹继承人这一宝贵财产，但当他发现罗马教皇不可能放弃杰姆这一向巴耶塞特二世勒索的工具时，他便开始与君士坦丁堡的巴耶塞特二世和解。起初，巴耶塞特二世拒绝了阿什拉弗·卡特贝的所有提议，并且入侵奇里乞亚，占领塔尔苏斯和阿达纳。然而，在几场战斗中，埃米尔埃兹贝克率领的马穆鲁克运气更好。马提亚一世在匈牙利威胁奥斯曼土耳其帝国的统治。不过，所有争端的根源

杰姆仍然很好地生活在罗马。因此，奥斯曼土耳其帝国认为与阿什拉弗·卡特贝和解是更好的方案。阿什拉弗·卡特贝厌倦了代价高昂的战争，于是更新了和解条件。1491年，埃及派出的第一位特使马迈被巴耶塞特二世监禁。但埃及派出的第二位特使埃米尔加巴拉特·伊本·耶什贝克成功说服了巴耶塞特二世。最终，奥斯曼土耳其帝国交出其占领要塞的钥匙，埃及和奥斯曼土耳其帝国达成了和解。

阿什拉弗·卡特贝最后几年的统治充满坎坷，不仅因为沉重的税收和战争引发了众怒，还因为1492年爆发了致命的瘟疫。当时，瘟疫在开罗每天带走一万两千人的生命。瘟疫不仅杀死了三分之一的马穆鲁克，还杀死了阿什拉弗·卡特贝唯一的妻子和一个女儿。瘟疫过后，物资稀缺，牲畜患病。更糟的是，1495年，两大马穆鲁克派别爆发了一场激烈的斗争。年迈的阿什拉弗·卡特贝在城堡门口挥舞自己的旗帜，召集士兵准备战斗，暂时平息了暴乱，但马穆鲁克之间的阴谋和嫉妒继续存在。由于年老（当时阿什拉弗·卡特贝超过八十岁）、患病和忧虑，他让位给自己的儿子，并且于第二天（1496年8月7日）驾崩。

经过阿什拉弗·卡特贝无能的儿子——在位时间为1496年8月7日到1498年10月31日的纳西尔·穆罕默德·伊本·卡特贝，在位时间为1498年11月2日到1500年6月28日的阿布-赛义德·卡苏，在位时间为1500年6月30日到1501年6月25日的阿什拉弗·加巴拉特及在位时间为1501年1月到1501年4月20

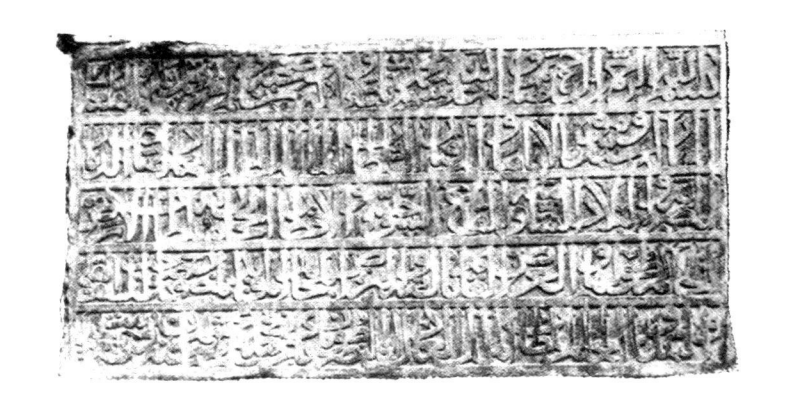

图94 ●开罗城堡中图曼贝一世的铭文，1500年雕刻

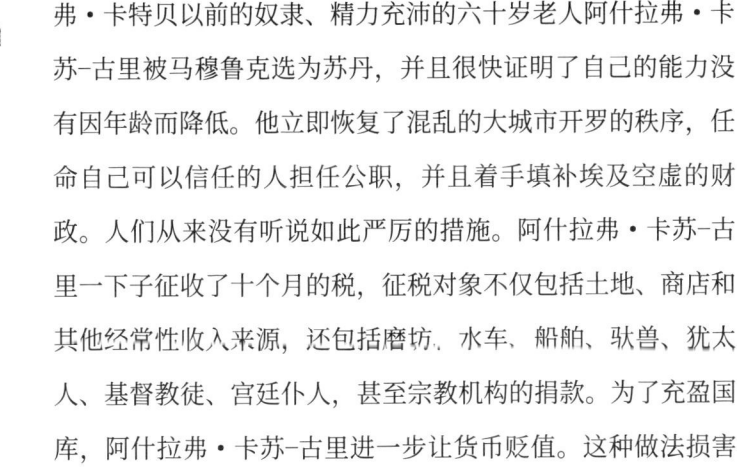

日的图曼贝一世——的短暂统治后，1501年4月20日，阿什拉弗·卡特贝以前的奴隶、精力充沛的六十岁老人阿什拉弗·卡苏-古里被马穆鲁克选为苏丹，并且很快证明了自己的能力没有因年龄而降低。他立即恢复了混乱的大城市开罗的秩序，任命自己可以信任的人担任公职，并且着手填补埃及空虚的财政。人们从来没有听说如此严厉的措施。阿什拉弗·卡苏-古里一下子征收了十个月的税，征税对象不仅包括土地、商店和其他经常性收入来源，还包括磨坊、水车、船舶、驮兽、犹太人、基督教徒、宫廷仆人，甚至宗教机构的捐款。为了充盈国库，阿什拉弗·卡苏-古里进一步让货币贬值。这种做法损害了商人的利益，其结果是以百姓贫困和不满为代价，埃及政府获得了可观的收入。阿什拉弗·卡苏-古里将钱花在购买马穆鲁克，建造以自己名字命名的清真寺和学院，修缮朝圣者前往

图 95 ● 16 世纪罗塞塔的房子

麦加的道路，修建驿站和挖井，建造运河、水渠，修建亚历山大和罗塞塔的防御工事，修复开罗的城堡，以及从总体上改善埃及的公共工程上。在宫廷中，他的地位显赫。他的马、珠宝、餐桌用具和厨房都很豪华。他虽然吝啬无情，甚至不向孤儿发放抚恤金，但慷慨地向诗人和音乐家赠送礼物。

除了几次军事政变和贝都因部落的叛乱，阿什拉弗·卡苏-古里统治早期没有发生大规模骚乱。埃及的主要远征是去红海，埃及人在红海遇到了一位新的强大对手。他威胁摧毁为埃及带来许多财富的印度过境贸易。1497年，瓦斯科·达·伽马绕过了好望角。1500年，葡萄牙人在科泽科德定居。经由亚丁、吉达和萨瓦金到达埃及的贸易转由好望角航线前往欧洲。埃及商船，或者前往红海的商船被葡萄牙人扣押。古吉拉特国王、印度和阿拉伯南部的其他穆斯林统治者恳求阿什拉弗·卡苏-古里前来救援。葡萄牙人威胁着埃及的海上贸易。这一点就足以让阿什拉弗·卡苏-古里对抗葡萄牙人。阿什拉弗·卡苏-古里首先要求教皇亚历山大六世进行外交干涉，制止西班牙人和葡萄牙人对东西方穆斯林的暴行，并且威胁说，如果他们继续迫害和掠夺穆斯林，那么他将摧毁巴勒斯坦圣地。欧洲各方势力认为阿什拉弗·卡苏-古里的威胁只是虚张声势，对此置之不理。随后，阿什拉弗·卡苏-古里在红海建立了一支新舰队。1508年，阿什拉弗·卡苏-古里的海军指挥官侯赛因在焦尔附近遇到并且击败葡萄牙舰队。在

图96 ● 阿什拉芙·卡苏-古里统治时期的一第纳尔钱币，1508年在开罗发行

这场战斗中，葡萄牙海军将军弗朗西斯科·德·阿尔梅达之子洛伦索·德·阿尔梅达被杀。然而，1509年，葡萄牙军队在第乌战役中击败了埃及军队。1513年，阿方索·德·阿尔布开克袭击亚丁。埃及与印度的贸易注定终结，马穆鲁克王朝也注定终结。

只要巴耶塞特二世还是奥斯曼土耳其帝国苏丹，奥斯曼土耳其帝国对埃及的入侵就可能推迟。但1512年，当巴耶塞特二世好战的、野心勃勃的儿子塞利姆一世即位时，长期酝酿的灾难再也无法避免了。1514年，波斯萨法维王朝的首位统治者伊斯玛仪一世在查尔迪兰战役中战败后，塞利姆一世将目标转向南方，挥师叙利亚和埃及。1514年，虽然埃及仍然和奥斯曼

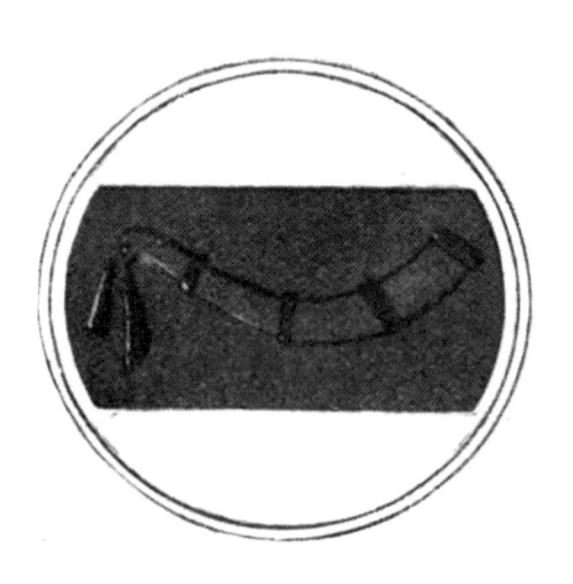

图97 ●指挥官阿克图的徽章

土耳其帝国处于和平状态，但塞利姆一世占领了当时位于埃及边境、附属于埃及的杜尔-卡德尔，并且将杜尔-卡德尔统治者的首级送往开罗。征服迪亚巴克尔使奥斯曼土耳其帝国与埃及在叙利亚和幼发拉底河的边境地区有了密切联系。塞利姆一世继续在埃及与奥斯曼土耳其帝国边境集结军队。阿什拉弗·卡苏-古里根本不在意塞利姆一世对自己的不满，他允许奥斯曼土耳其帝国的敌人，甚至奥斯曼土耳其帝国的逃亡王子途经埃及领土或在埃及领土上避难。塞利姆一世认为阿什拉弗·卡苏-古里与波斯的沙阿伊斯玛仪一世曾经秘密通信。阿什拉弗·卡苏-古里没有命令自己的杜尔-卡德尔附庸支持奥斯曼土耳其帝国对抗波斯人。然而，塞利姆一世不是等待一个公平的战争理由的人。他已经决定征服埃及，任何关于正义的问题都不能阻挡他的决定。

阿什拉弗·卡苏-古里错过了机会。他本应在1514年与伊斯玛仪一世结盟。如果他们结盟，那么查尔迪兰战役的结果可能会不同。然而，阿什拉弗·卡苏-古里已经七十多岁，精力正在衰退。1516年5月，他率军离开开罗，但为时已晚。在埃及的二十六名将军中，有十五名将军陪同他前往叙利亚。据估计，有五千名到一万四千名马穆鲁克骑兵追随他。他指挥的全部士兵人数没有记录，但包括从埃及、叙利亚和贝都因部落征来的兵。1516年6月，他成功进入大马士革，并且从大马士革向北进军到阿勒颇。他接待了塞利姆一世派来的两位使者。两位使者向他保证塞利姆一世心怀善意，并且重申奥斯曼土耳

图98 ● 18世纪时开罗城堡的大门——阿扎布门

其帝国集结军队是为了对抗波斯，而不是埃及。不过，阿什拉弗·卡苏-古里不相信两位使者的说法。当他派去面见塞利姆一世的使者被塞利姆一世粗暴而轻蔑地对待时，塞利姆一世的意图就很清晰了。1516年8月24日是星期日，埃及军队和奥斯曼土耳其帝国军队在阿勒颇以北的玛格达比克平原交战。虽然马穆鲁克士兵很勇敢，但埃及军队遭遇了彻底失败，这是由于奥斯曼土耳其帝国具有规模庞大的军队、数量众多的作战武器，以及凯尔·贝格背叛埃及导致的埃及军队内部不团结。凯尔·贝格被塞利姆一世收买，放弃了埃及军队的左翼，并且在士兵中传播阿什拉弗·卡苏-古里已经被杀的谣言。于是，埃及士兵士气衰落，逃离战场。事实上，阿什拉弗·卡苏-古里在这场战斗中被杀，埃及军队失去了领导者。

在开罗，阿什拉弗·卡苏-古里的奴隶、总督图曼贝二世得知主人阿什拉弗·卡苏-古里阵亡的消息后，立即被选为苏丹。1516年10月17日，在阿布苏德·埃芬迪保证埃米尔们绝对效忠自己后，图曼贝二世不情愿地登上了苏丹之位。塞利姆一世送来一封信，提议如果图曼贝二世愿意接受奥斯曼土耳其苏丹塞利姆一世的统治，在埃及货币上铸上他的名字，并且以他的名义祈祷，他就承认图曼贝二世为埃及总督。图曼贝二世愿意接受上述条件，但马穆鲁克埃米尔们迫使他拒绝这些条件。于是，奥斯曼土耳其帝国派到埃及的使者被杀。毫无疑问，大多数埃及人认为埃及不能抵抗奥斯曼土耳其帝国的征服。很快，奥斯曼土耳其帝国军队向埃及逼近。1517年1月22日，奥斯曼土耳其帝国军队在开罗城外打败了埃及军队。第二天（1517年1月23日），埃及人在开罗所有清真寺内为塞利姆一世祈祷。1517年1月26日，塞利姆一世在被俘哈里发穆阿绥姆三世的陪同下进入开罗。马穆鲁克的短暂抵抗被镇压，图曼贝二

图99 ● 苏莱曼一世统治时期的钱币，1520年在米瑟发行

图 100 ● 阿里·贝·卡比尔
的钱币，1769 年在米瑟发行

世遭到背叛，并于1517年4月14日在扎维拉门被绞死。埃及最后一位阿拔斯王朝的哈里发穆阿台绥姆三世被带到君士坦丁堡囚禁。但1520年9月，塞利姆一世驾崩后，苏莱曼一世释放了穆阿台绥姆三世，并且不久后允许他返回开罗。1538年，将自己的头衔和权力传给奥斯曼土耳其帝国苏丹苏莱曼一世后，穆阿台绥姆三世在开罗去世。奥斯曼土耳其苏丹继承权的合法性不仅被什叶派穆斯林，还被大多数有文化的逊尼派穆斯林否认。他们认为哈里发必须来自先知穆罕默德的古莱西部落。然而，不管奥斯曼土耳其苏丹继承权的合法性如何，穆阿台绥姆三世去世后，奥斯曼土耳其苏丹已经成为伊斯兰教大部分正统派事实上的哈里发。

被奥斯曼土耳其帝国征服后，埃及成为奥斯曼土耳其帝国的一个行省，并且与邻近的叙利亚行省和阿拉伯行省分离。叛国者凯尔·贝克是新政权下的第一任总督。然而，马穆鲁克的势力没有消失。随着时间的推移，以亲信士兵的支持为基础的奥斯曼土耳其帝国帕夏[3]的权威在马穆鲁克逐渐恢复的权势面前不断退缩。马穆鲁克的领袖是众所周知的贝勒谢赫，即市长。18世纪，一位叫阿里·贝·卡比尔的贝勒谢赫在勇敢的马穆鲁克大军和埃及人的支持下驱逐了奥斯曼土耳其帝国的帕夏，并且在1768年宣布埃及独立。随后，阿里·贝·卡比尔率领马穆鲁克征服了阿拉伯半岛的一部分，并且试图占领叙利亚。然而，1772年，阿里·贝·卡比尔的亲信穆罕默德·阿布·达哈布将军背叛了他。穆罕默德·阿布·达哈布击败并杀害了阿里·贝·卡比尔。马穆鲁克的领袖们为埃及的政府而战，或多或少服从奥斯曼土耳其帝国的宫廷。直到1798年7月21日拿破仑·波拿巴入侵埃及并在埃姆巴巴战役中获胜，埃及

图101 ● 1859年的开罗城堡

才成为法兰西帝国的一个省。大不列颠海军在阿布基尔湾战役（1798年8月1日）和亚历山大战役（1801年3月21日）中获胜，迫使法兰西军队在1801年9月撤离埃及。于是，奥斯曼土耳其帝国恢复了对埃及的统治。1805年，穆罕默德·阿里[4]驱逐了帕夏，并且在1805年和1811年屠杀了马穆鲁克的领袖。接着，他建立总督王朝或赫迪夫制[5]，结束了马穆鲁克的嫉妒和他们与奥斯曼土耳其帝国帕夏的无休止斗争。

【注释】

1　值得赞扬的是，当俘虏被公开出售时，巴尔斯拜不允许把父母子女和其他近亲分开。每名俘虏的售价为三第纳尔或七第纳尔，收益归国库。七第纳尔可能是士兵俘虏的价格。——原注
2　达克特是当时流行于欧洲各国的钱币。——原注
3　帕夏是奥斯曼帝国高级官吏的称谓。——译者注
4　穆罕默德·阿里原是奥斯曼土耳其军中一名阿尔巴尼亚裔军官，被派遣击退拿破仑·波拿巴在埃及的军队。法军撤出后，1805年，穆罕默德·阿里集中权力并迫使奥斯曼帝国苏丹马哈茂德二世承认自己是埃及瓦利。穆罕默德·阿里被视为现代埃及的创立者，穆罕默德·阿里王朝（1805—1953年）又称阿拉维王朝。——译者注
5　穆罕默德·阿里及其后继者以赫迪夫取代地位较低的瓦利。——译者注